MINERVA
TEXT
LIBRARY
60

国際教育協力の社会学

山内乾史 編著

ミネルヴァ書房

はじめに

近年，新しく設置される大学や大学院に「国際」という名を冠した例をよく目にする。そういった大学・学部では教育に関わる領域もあつかわれている。もちろん従来から比較教育学という分野があり教育学部を拠点に教育研究が行われてきたことは言うまでもない。ただ，比較教育学では先進国の教育研究に重点が置かれる傾向が強く，国際教育協力，国際教育開発に関する教育研究は，ここ数年「国際」という名を冠した新設学部・大学院が中心となって行っているように見受けられる。また旧来の比較教育学は教育学をベースにしているが，国際教育協力，国際教育開発といった領域は社会科学をベースにしている。

我々の場合も，執筆者のすべては神戸大学大学院国際協力研究科の現教員（小川，山内，武），元教員（内田，西村，鈴木），OB／OG（原，乾，正楽，桜井，江連），院生（杉野，山崎，藤井）のいずれかであり，教育と関連する分野に関心をもっている。

国際教育協力や国際教育開発を教えようとする場合，教材としてどのようなものがあるのだろうか。確かに様々なテキストが開発されてきたのは事実であるが，フィールドは世界中に広がり，また先述のように学問的ベースが社会科学にあるといっても，教育経済学，教育社会学，教育行政学などかなり異なる学問領域にまたがっている。したがって，まだあらたなテキストを編む余地は残されているように考える。そもそも教育の国際協力・国際開発という分野は，急激な開発途上にあり，学問分野として十分に成然しておらず，したがってテキストの定型というものが，まだ定まっていないのではないだろうか。

本書は，2007年3月に『開発と教育協力の社会学』と題して発刊され，幸いに多くの読者を得ることができ，またいろいろなご意見を頂戴した。そのご意見を踏まえながら，改訂作業を行った。改訂の要点は下記の3点である。①4部構成であったのを2部構成にして理論編と実践編と題した。②より適切な書名として『国際教育協力の社会学』と改題した。③開発途上国の現場での実践

に関わる章を増補した。特にラテン・アメリカに関する章をいれてほしいとの要望が多く寄せられたので，それに応えた。

　具体的に各章について簡単に紹介しておきたい。まず，第Ⅰ部「理論編」においては，理論的な研究に加えて，日本をフィールドとした実証研究を配置した。取り上げるべきトピックは数多いが，ここでは国際理解教育および開発教育の展開と課題，ニューカマーの問題，若年就労の問題を扱った。
　まず，第1章では，山内が国際理解教育についてその課題について述べるとともに，アメリカ合衆国，イギリス，フランスの例を挙げながら，国際理解教育実施の困難性に言及している。第2章と第3章では，武が日本と欧米の開発教育の歴史を概観している。多文化教育，異文化間教育，グローバル教育，国際理解教育そして開発教育など，門外漢にはどのような共通点と相違点があるのか判然としない概念が，いくつかある。第2章と第3章では，開発教育に絞ってその概念の発展の過程を検討しているわけである。第4章では，乾が難民ニューカマーの子どもの教育と職業を検討している。ニューカマー研究は，教育の世界では今もっともポピュラーなものの一つであるが，残されている課題はあまりにも多いといわざるを得ない。特に問題が複雑なのは，ニューカマーとひとくくりにすることはあまりにも大雑把すぎ，まず，どこから来た難民であるか，出身国によって大きく異なることである。たとえば，日系ブラジル人と中国系移民，インドシナ難民では事情が全く異なる。第4章で扱われているのは，インドシナ難民であるが，さまざまなニューカマーの中でももっとも社会的に不利な状況に置かれているグループの一つである。このグループについて乾は検討している。第5章では，原が日本における「使い捨てられる若者たち」の問題について学力を鍵概念として検討している。原は日本を他の先進諸国と比べつつ，日本独自の「使い捨てられる若者たち」が存在することを学力との関係で明らかにする。第6章では，山崎が日本の留学生受け入れの現状を検討している。「留学生受け入れ10万人計画」から「同30万人計画」までの期間に，受け入れ体制はどう変わったのか，新たに発生した問題は何かを詳細に検討して提言している。第7章では，内田が東アジアの新興工業国＝フォー・

ドラゴンのなかでも特に香港とシンガポールに着目して，日本と比較し，グローバル経済化の流れの中で日本の高等教育にどのような改革が求められているのかを検討している。

　第II部では，開発途上国の教育について具体的な検討を加えている。第8章では，正楽がアジアの高等教育政策について，特にカンボジアを事例として検討している。東南・南アジア諸国では初等教育の就学率がかなり高い水準になり，当然進学意欲も高まり，中等教育を超えて高等教育への進学意欲もかなり高まっている。しかし，第7章で内田が述べているようにこれからの高等教育は一国内で完結するものではなく，グローバル化，国際協力の渦に否応なく巻き込まれる。成長し始めたばかりのカンボジアの高等教育がその渦にどう対応しているかを正楽は詳述している。第9章では，藤井がインドネシアの教育の地方分権化と教員の職業意識の変化を分析している。地方分権化は，日本自身を含めて多くの国で喫緊の課題とされている。しかし，開発途上国での急速な地方分権化には課題が多い。教育の領域でも，地方分権化はホット・イッシューである。ただ，地方分権化をめぐる議論は，しばしば財源と権限の問題に収斂しがちであるが，たとえば教育の領域では他の面においても大きな変化を迫られるのではないのだろうか。たとえば地方分権化の推進とナショナル・カリキュラムの実施とがセットになっているケースも多い。このような場合に，学校現場ではどのような問題が起きているのかを藤井は検討している。第10章では，杉野がイタリアにおける外国人児童・生徒の教育問題を扱っている。第4章で乾が取り上げたように，日本におけるニューカマーの子どもたちの教育問題への対応は，喫緊の課題であるが，ヨーロッパはこの点先進的であり，南アジア系，アラブ系，アフリカ系の移民が古くから多数おり，また新しい移住者も増えている。その先進的な社会の例からわれわれが何を学べるのかについて，一つの事例を検討したというわけである。第11章では，小川がトルコを事例にして，教育と労働市場の問題を扱っている。教育の発展と労働市場の変動をいかにして対応させるかは非常に難しい問題である。現在若者の就労を巡る問題は，日本だけではなく，世界的な問題である。小川はトルコの職業教育と職業

訓練のシステムと労働市場のマッチングを検討して，この問題に取り組んでいる。第12章では，桜井がイエメンを事例にして基礎教育実施への地域住民参加の効果と問題点を検討している。第9章で藤井が検討した地方分権化のもう一つの大きな課題，地域住民の参加という問題が検討されているのである。地域住民参加と一言に言っても，社会の伝統，歴史と切り離して考えることはできず，いわゆる古くから「市民社会」が定着している社会と，全く根付いていない社会とでは，地域住民の「参加」の仕方・内容は全く異なる。この問題に桜井は取り組んだわけである。第13章では，西村がケニアをケースにして，低所得国でなぜ教育の発展が貧困削減と結びつかないのかを検討している。1990年代までは世界の中の最貧地帯と言えば，サブサハラ・アフリカと南アジアだったが，現在では南アジアの状況が著しく改善される一方，アフリカでは逆に諸指標の悪化が観察されるケースすらある。教育に関していえば，「貧困→十分な教育を受けられない→知識・技術の不足→不十分な就業機会→貧困」という悪循環を断ち切るべく，先進国でも開発途上国でも等しく教育の普及に取り組んできた。しかし，期待したような成果が挙がらなかった国では，なぜ挙がらなかったのかを検討することは非常に重要な課題である。第14章では，鈴木が日本，ネパール，ザンビアを事例にして，複式学級の効果を検討している。複式学級は教育の普及に大きく貢献しているにもかかわらず，多くの開発途上国においては正式に国の学校教育制度としてみなされず，きちんとした方針も政策もないことが多いといわれる。そこで鈴木は制度・方針が確立している日本と，日本と比べて明瞭ではないネパール・ザンビアを比較検討している。最後に，第15章では，江連がラテン・アメリカ諸国における教育改革の流れと，政府・教育省と教員組合の葛藤を検討している。ラテン・アメリカは教育紛争が多発する地域として知られ，1980年代以降のめざましい教育発展と共に教育紛争も多発した。江連はグァテマラを中心に，ラテン・アメリカ諸国を比較検討し，この問題を検討している。

　以上，本書は，国際教育協力，国際教育開発の理論的な研究と実践的な研究をミックスして，1セメスター15回の授業に適合するように構成されている。

これはもともと，かなり欲張りな要求である。執筆者一同，これがテキストとして最善であるという，うぬぼれなど，もちろんない。しかしテキストとしてあり得る一つの形態ではないかと考えている。新版についても広く諸賢のご批評，ご批判を仰ぎたい。

　末筆ながら，新版についてもミネルヴァ書房編集部の浅井久仁人氏には大変お世話になった。記して感謝する。

　　　平成22年3月

　　　　　　　　　　　　　　　　　神戸大学・鶴甲キャンパスの研究室にて

　　　　　　　　　　　　　　　　　　　　　　　　　　　　　山内乾史

国際教育協力の社会学　目　次

はじめに

第Ⅰ部　理論編

第1章　国際理解教育の可能性……………………………………2
　　　　――米英仏のケース・スタディから
　1　国際理解教育とは何か………………………………………2
　2　アメリカ合衆国のケース……………………………………4
　3　イギリスのケース……………………………………………6
　4　フランスのケース……………………………………………10
　5　国際理解教育実施に関する問題点…………………………12
　　補論　アジアにおける国民国家と教育………………………13

第2章　欧米諸国における開発教育の変遷………………………18
　1　はじめに………………………………………………………18
　2　第一期：胎動期――宣教活動（第二次世界大戦から1950年代）………19
　3　第二期：萌芽期――知識としての開発教育（1960年代）…………20
　5　第三期：形成期――南北構造理解（1970年代）……………21
　5　第四期：危機対応期――相互依存関係の認識（1980年代）………24
　6　第五期：人間開発志向期――生きるための知識・スキル獲得（1990年代）…25
　7　第六期：持続可能性志向期……………………………………26
　　　　――持続可能な開発に向けての教育（2000年から）

第3章　日本における開発教育の変遷……………………………30
　1　はじめに………………………………………………………30
　2　第一期：胎動・萌芽期――開発についての教育（1972～82年）………31
　3　第二期：模索・試行錯誤期――「開発」の探求（1983～88年）………33
　4　第三期：拡大期――理念と活動の拡大・普及期（1990年代）………35

  5　第四期：持続可能性志向期 …………………………………………37
    ──持続可能な開発に向けての教育（2000年から）
  6　欧米諸国と日本の開発教育の比較 ……………………………………39

第4章　難民ニューカマーの子どもの教育と職業 ………………………45
  1　インドシナ難民の定住──その背景と忘れられた存在 ……………45
  2　本研究の視点 ……………………………………………………………46
  3　本研究の目的と方法 ……………………………………………………48
  4　調査の結果 ………………………………………………………………49
  5　考　察 ……………………………………………………………………53

第5章　低賃金で働く「使い捨てられる」若者たち …………………57
  1　先進国にみられる「使い捨てられる若者たち」の問題 ……………57
  2　日本におけるフリーターをめぐる議論 ………………………………59
  3　塾に通う子どもたちの実態と，「使い捨てられる若者」の共通点 …62
  4　「使い捨てられる若者」の実態調査 …………………………………65
  5　「使い捨てられる若者たち」の背景にあるもの ……………………72

第6章　日本の留学生受入れの現状 ………………………………………76
  1　留学生受入れに関する世界的な動向 …………………………………76
  2　日本における留学生受入れの歴史 ……………………………………79
  3　データにみる留学生受入れの現状 ……………………………………81
  4　日本における留学生受入れの課題と展望 ……………………………85
  5　国際理解教育の観点からみた留学生受入れの意義 …………………87

第7章　グローバル経済化と高等教育の国際化 …………………………90
    ──香港とシンガポールの教育政策と産業政策の考察
  1　アジア太平洋地域の高等教育の改革 …………………………………91
  2　香港の高等教育の政策形成 ……………………………………………93
  3　シンガポールの高等教育の政策形成 …………………………………96
  4　香港とシンガポールとの相違点 ……………………………………100

第Ⅱ部　実　践　編

第8章　アジアの高等教育発展 …………………………………108
　　　　──国際教育交流と高等教育協力
　1　アジアの高等教育の拡大と国際教育交流 ……………………108
　2　アジアの高等教育の発展と教育協力 …………………………114
　3　カンボジアの高等教育の発展と展望 …………………………117
　4　お わ り に ………………………………………………………125

第9章　教育の分権化と教員としての職業意識の変化 ………128
　　　　──インドネシア　西ジャワ州のケース・スタディから
　1　は じ め に ………………………………………………………128
　2　教育の分権化 ……………………………………………………130
　3　分 析 手 法 ………………………………………………………135
　4　結　　果 …………………………………………………………137
　5　分　　析 …………………………………………………………139
　6　結　　論 …………………………………………………………145

第10章　外国人生徒への教育支援 ………………………………148
　　　　──イタリアのケース・スタディから
　1　イタリアの学校教育 ……………………………………………148
　2　外国人生徒の状況と課題 ………………………………………151
　3　イタリアの異文化間教育 ………………………………………154
　4　学校教育外の異文化間教育 ……………………………………156
　5　お わ り に ………………………………………………………157

第11章　労働市場参入への教育の役割 …………………………160
　　　　──トルコのケース・スタディから
　1　は じ め に ………………………………………………………160
　2　トルコの教育について …………………………………………161
　3　トルコの労働市場の現状 ………………………………………164
　4　大学卒業者と職業訓練高校卒業者 ……………………………167

　　5　アプレンティスシップ・プログラム ………………………………………168
　　6　教育と労働市場への参加——アプレンティスシップ・プログラムの効率性…170
　　7　お わ り に ………………………………………………………………………172

第12章　地域住民参加による基礎教育の推進 ……………………………………173
　　　　　――イエメンのケース・スタディから
　　1　背　　景 …………………………………………………………………………173
　　2　地域住民参加の目的，成果，要件，定義 ……………………………………174
　　3　学校と地域住民とのパートナーシップ構築に向けて ………………………176
　　4　お わ り に ………………………………………………………………………179

第13章　教育・貧困を取り巻く社会構造 …………………………………………181
　　　　　――ケニアのケース・スタディから
　　1　は じ め に ………………………………………………………………………181
　　2　ケニアにおける教育と貧困の歴史的背景 ……………………………………182
　　3　ケニアにおける教育と貧困の力学 ……………………………………………184
　　4　貧困と教育の理論的枠組み ……………………………………………………188
　　5　お わ り に ………………………………………………………………………191

第14章　農村小学校における複式学級の現状と課題 ……………………………195
　　　　　――日本・ネパール・ザンビアの比較事例から
　　1　は じ め に ………………………………………………………………………195
　　2　途上国における複式学級の現状 ………………………………………………198
　　3　日本の複式学級 …………………………………………………………………200
　　4　ネパールの複式学級 ……………………………………………………………204
　　5　ザンビアの複式学級 ……………………………………………………………206
　　6　日本・ネパール・ザンビアの複式学級の比較 ………………………………207
　　7　お わ り に ………………………………………………………………………211

第15章　グァテマラ教育改革の新展開 ……………………………………………216
　　　　　――政府・教育省と教員組合の対立緩和がもたらすもの
　　1　90年代以降のラテン・アメリカ諸国の教育改革 ……………………………217
　　2　和平合意以降のグァテマラ教育改革の進行状況 ……………………………223
　　3　教育省と教員組合の衝突2003年（前々ポルティジョ政権） ………………223

4	教育省と教員組合の衝突2006年（前ベルシェ政権）	224
5	2つの衝突（2003年と2006年）の比較	226
6	対立を乗り越えた教育改革推進の可能性	227
7	教育改革の新展開がもたらすもの	230
8	今後の教育改革と教育協力	231

索　　引

主な略語一覧

DAC	Development Assistance Committee	開発援助委員会
EFA	Education For All	万人のための教育
IDA	International Development Association	国際開発協会
IMF	International Monetary Fund	国際通貨基金
JBIC	Japan Bank for International Cooperation	国際協力銀行
JICA	Japan International Cooperation Agency	独立行政法人国際協力機構
MDGs	Millennium Development Goals	国連ミレニアム開発目標
NGO	Non-Governmental Organization	非政府組織
ODA	Official Development Assistance	政府開発援助
OECD	Organization for Economic Co-operation and Development	経済協力開発機構
UNDESD	United Nations Decade of Education for Sustainable Development	国連持続可能な開発のための教育
UNDP	United Nations Development Programme	国連開発計画
UNESCO	United Nations Educational, Scientific and Cultural Organization	国連教育科学文化機構（ユネスコ）
UNICEF	United Nations Children's Fund	国連児童基金（ユニセフ）
UPE	Universal Primary Education	初等教育の完全普及
WSSD	World Summit on Sustainable Development	持続可能な開発に関する世界首脳会議（通称ヨハネスブルク・サミット）

第Ⅰ部

理論編

第1章　国際理解教育の可能性
—— 米英仏のケース・スタディから

　　　　国際理解教育とはいったい何か、それはいったい何を目的として行われようとしているのか。そしてどのような成果をあげ、どのような問題点を生み出しているのか。本章では米英仏3カ国の事例をもとに、これらの問いに対する回答を模索する。

1　国際理解教育とは何か

　多民族・多文化ということに関して2006年はエポック・メイキングな1年であった。2005年10月末から2006年始めにかけてのフランスでのマグレブ系住民の暴動、ドイツ・ワールドカップ決勝でのフランス代表主将ジダン選手の頭突き（le coup de tête）、そして8月中旬の南アジア系英国人のテロ未遂事件など……。これらの出来事の背景には何があるのか。またこれらの出来事と国際理解教育の必要性と可能性がどのような関係にあるのか、本章では簡潔に考察してみたい。

　さて、学校で教授される教科の多くが、結局のところ自己理解につながるものであるとすれば、国際理解教育は、「他者理解を通じて自己理解を図る」というところに究極の目的があるように思われる。すなわち他者（他国・他社会）の文化や歴史、伝統について知り、学ぶことを通じて、自分たちの文化や歴史、伝統を一度突き放して（つまり、相対化して）みつめ直し、他者との共通点および相違点をみつめ、そこから自己理解に至るというわけである。

　この自己理解につながるというのは、日本を念頭に置いているとピンとこないかもしれないが、たとえば多民族国家であれば、自分とは異なる民族ではあるが同じ国家に属する人々のルーツを理解することは、自分の属する国家のある側面について理解することにもなるのであり、他者理解が相互理解、自己理

解につながるのである。いいかえれば，国際理解教育というのは，多民族国家にとっては，どこか遠い（自分たちとは関係のない）世界に関する浮世離れした教育というのではなく，非常に差し迫った教育でもある。さまざまな民族間の紛争などに悩まされる国家では，国内問題に立脚したものになる可能性がある。

　このような観点からすれば「いろいろな文化がありますよ」といった表層的な文化の多様性の紹介に終始する教育だけでは，国際理解教育の使命は十二分に果たせないと考えられる。また，「日本文化（たとえば歌舞伎や生け花）を知ることによって」国際理解教育を行うという主張も一部にはみられるが，この方法も国際理解教育の本質に反したものとなる。ここで問題となるのは，一国・一社会内でも必ずしも一様な文化状況にあるわけではなく，むしろ圧倒的多数のケースにおいて，文化的に多様な状況がみられることである。これを文化多元主義とか多元文化主義（＝多文化主義）と表現するのが通例である。

　この両者をさほど区別せずに用いる場合も多く，概して1980年代までは厳密な区別を求めてこなかった。ところが，1990年代に入って状況は変化してくる。『アメリカの分裂』を著したアーサー・シュレジンガー Jr. (Arthur Shlesinger Jr.) によれば，文化多元主義（cultural pluralism）と多元文化主義・多文化主義（multiculturalism）は明白に異なる，というよりもむしろ，対立した概念ということになる。文化的多元主義は，共通文化としてのアメリカ文化の存在を承認し，すべての構成員はそれを学ぶべきだが，他方，私的空間では多元性を容認するというものである。それに対して，多文化主義は「英国中心またはヨーロッパ中心の立場への反動として発生する」ものであり，エスノセントリックで，分離主義的ということになる。それはシュレジンガーの次のような言葉に表れている。「民族性を強く主張する人たちは現在，公的教育の主目的は，民族的起源と自己同一性の擁護と強化，賞揚と永続化であるべきだ」と強調するのだが，「分離主義は差違を誇張し敵対心を煽る。その結果として増大する民族的・人種的構想のおかげで，『多民族主義』や『政治的妥当性』について，あるいは『ヨーロッパ中心』的カリキュラムの不法性についての騒々しい議論があり，さらには，歴史や文学の教育は知的な訓練としてではなく，少数派民族

の自尊心を高める療法であるべきだという考え方についての論争がみられる」[シュレジンガー，1992：11] と述べ，アメリカの将来の姿を考えたときに，「別個かつ不易の民族的・人種的集団に分けられて」いくことに危機感を覚えると述べる。これはいうまでもなく，かつて「坩堝と呼ばれたものはバベルの塔に取って代わられる」ことを意味する。

これは，つまるところ，国家とは何か，社会とは何か，そしてそこにおける公教育に果たすべき役割は何か，といった根本的な問題につながる発言である。

さて一方，逆に国際理解教育とグローバル教育も異なるものと考えられる。国際化とグローバル化との違いにも関連するのだが，国際理解教育とは，国が確固たるものとしてあり，そのうえで国家間の，あるいは異なる国民間の相互理解を深めようというところに要諦がある。それに対して，グローバル教育とは，国が徐々に確固たるものではなくなり，国家間の壁が低くなり（つまり，グローバル化し），それぞれがある特定の一国の国民であるというよりも，すべての地球上に住む人々が「宇宙船地球号」の住民であり，地球市民であり，特定の文化にエスノセントリックな価値を置くのではない。たとえば，ある国の人々が貧しい状況に置かれていたとしよう。しかし，それを知り「かわいそう」と同情の念を子どもたちに呼び覚ますだけにとどまらず，それが自分たちの豊かさと関係がある，という認識にまでもっていくことを企図している。つまり，世界のシステム的理解，国家間の相互依存性に重点を置いた理解の方法なのである。しかし，これはともすれば従属理論や世界システム論などのイデオロギー的な側面に絡め取られてしまう危険性をはらむといえる。「国際理解教育」としては，いったいどのような教育が求められ，どのような方法で展開されていくのであろうか。ここではアメリカ合衆国，イギリス，フランスの社会的背景を例にとって簡単に概略しておこう。

2 アメリカ合衆国のケース

アメリカ合衆国は，「移民の国」とか「民族の坩堝」とかいったフレーズに違わず，非常に早い時期からその人種的・民族的構成の多様さが進んでいた国

家である。そしてその多様性を，新生国家の活力であり，資源であるという考えを通してきた。しかし，現実には1964年の公民権法成立までは，黒人は州法などによって社会生活の各場面で差別を受けてきたのも事実である。公民権法成立によって黒人に対する法的，制度的差別は解消される。しかし，意識の面での差別は当然残る。そこで地道な啓蒙活動が必要となる。

　アメリカ合衆国も多くの国家と同様に，教育を含む社会政策はまず人種主義，ついで同化主義へと進んでいく。人種主義とは，人種によって与えられる教育が異なり，マイノリティがマジョリティと同じ社会的権利を行使することは認められないという考え方である。教育についても分離学校が基本となる。ついで同化主義（アングロ・コンフォーミティ）では，マジョリティの言語，文化を修得したマイノリティに限って，マジョリティと同じ社会的権利の行使が容認される。教育でも，英語の習得が必要な前提とされ，ESL（第二言語としての英語）が盛んに展開される。

　しかし，マイノリティの権利意識の高まりの前にWASP (White Anglo-Saxon Protestant) を中心としたアングロ・コンフォーミティの考え方だけではたちいかなくなり，文化的多元主義の考え方が登場する。文化的多元主義には，リベラルな文化的多元主義とコーポレイトな文化的多元主義の2種が存在する。前者は私的空間では文化的多様性を容認し，公的空間では共通文化の存在を認めそれへの同化を求める。ただし，共通文化とはWASP文化そのものではなく，マイノリティの文化をも取り入れた「共通のアメリカ文化」である。さらに社会参加にかかわる構造的側面（構造的多元化）については，個人主義と業績原理に基づいて社会的権利を配分するので，人種や民族による優遇や差別はない。いわばアメリカ合衆国の建国の理念の受容が求められているのである。これに対してコーポレイトな文化的多元主義では，私的空間同様に公的空間でも多元化を推し進めることが謳われている。これは具体的には，学校ではエスニシティを考慮した教育，（英語ではない）母語による教育という形で展開されバイリンガル教育法の制定ということにつながり，社会参加に際しては，やはりエスニシティを考慮して，クオーター・システムやアファーマティヴ・アクションを導入するということになる。

しかし，このように社会参加，構造的側面での多元化を推し進めれば推し進めるほどよいのかというと必ずしもそうはいいきれない。学校教育の多元化は，ともすれば施設，設備，カリキュラム開発，教員養成などに多額の出費を強いられることになる（二言語教育ができる教員の養成など）し，クオーター・システムやアファーマティヴ・アクションは逆差別であるとして白人層の猛烈な反発を受けることにもつながるからである。

現に，住民の人種的・民族的多様化が進んだカリフォルニア州では，バイリンガル教育の廃止や，アファーマティヴ・アクションの廃止などが20世紀末に相次いで起こり，問題化している。イングリッシュ・プラスというバイリンガル，トライリンガル化を目指す運動がみられる一方で，イングリッシュ・オンリーという英語公用語化運動がみられるのもカリフォルニアなど人種的・民族的多様化が進んだ地域である。カリキュラムにしても言語にしても社会参加にしても，進歩的政策を推進すればするほど国民は拍手喝采するわけではなく，マジョリティの容認できる限度を超える政策は大きな揺り戻しをともない，住民の相互理解と共存へと導かれるどころか，分裂や感情的対立を煽ることになりかねないし，いわゆる「極右勢力」の台頭を招来することにもなりかねないのである。さらに対立はマジョリティ＝白人とマイノリティの間にのみあるのではない。近年は黒人とヒスパニスクの対立が報じられている。人種間の対立は構図を変えて続いているのである。

3　イギリスのケース

次にイギリスのケースをみてみよう。共同通信社のEUROSCOPE，2001年2月20日号（http://www.kyodo.co.jp/shiryo/shiten/euro055.html，2001年6月27日閲覧）によると，EUが2000年に行ったEU加盟国内におけるレイシズムの実態調査では，イギリス人の33％は人種的偏見を抱いていることを認めている。イギリス人は第7位で，第1位はオランダ46％，ついでフランス43％となっている。5年後の今日どのように変化しているのだろうか。ちなみに同調査によれば，「有色人多数化の現状は放置すべきではない」と答えたイギリス人は66％

とのことである。この状況は，たとえば，1966年から1967年に行われたローズ他の調査，1972年から1973年に行われたバグレイの調査などの結果と比べてどの程度の違いがあるというのだろうか（表1-1参照）。

さて，イギリスではやはり人種主義，同化主義からスタートしたが，その後統合主義へと進み，さらに多文化主義へと進んだ。松井清［1994］によると，人種主義や同化主義ではマジョリティの文化が普遍主義的なものであるのに対して，マイノリティの文化は特殊主義的なものという認識からマイノリティの文化をカリキュラムから極力排除するということになる。それに対して統合主義は，マジョリティとマイノリティの相互理解を目指し，ブラック・スタディーズなどエスニックなカリキュラムを導入する一方，教員研修などにおいても第三世界の文化・歴史についての啓蒙活動を展開して，マイノリティをイギリス社会に定着させることをねらっている。しかし，これも現実の姿としては白人が90％以上を占めるイギリス社会への定着とは白人社会への同化とほぼ同義であり，批判を受けて多文化主義へと進むことになる。多文化教育とは，文化の多様性とあらゆる文化を尊重することを前提として異文化の尊重とその学習を目標とするものである。つまり，イギリス社会はもうすでに多民族・多文化の国家・社会であるということを前提にしている。しかし，これでも生ぬるいという批判があり，反人種差別主義（教育）なるものも展開されている。これは多文化教育以前のすべてのプログラムが，問題はマイノリティの側にあるということを前提にしてきたのに対し，反人種差別主義（教育）は，問題は白人の側にあるということを前提にする。差別という社会構造のゆがみを除去することこそ，重要な目的であるという認識から，白人生徒，白人教員への反人種差別の吹き込みを展開する。しかし，これも行き過ぎると，かえって人種集団間の軋轢を増大させかねないのである。なぜなら差別は白人対マイノリティの図式の中で起きるとは限らず，アジア人対黒人といった図式でも起こりえるからである。また，教師が人種差別主義者のレッテルを貼られるのを恐れるあまり，荒れるマイノリティの生徒に適切な指導ができず放任し，結果として学校が一層荒れるのだという批判も展開されている。

もう１つの問題は，マイノリティの側でも，実は多文化教育を望まないグル

表1-1 ローズ（Rose, E. J. B.）他による調査（1966〜1967，①〜③）
及びバグレイ（Bagley, C.）による調査（1972〜73，④〜⑤）

① 5都市におけるカラードに対する白人の寛容・偏見の発生率

寛容・偏見	発生率
寛容	35%
寛容傾向	38
偏見傾向	17
偏見	10
合計	100%

② 5都市におけるカラードに対する寛容・偏見の海外旅行経験別にみた態度の変化

寛容・偏見	アジア・アフリカ旅行	ヨーロッパ旅行	海外旅行の経験なし
寛容	27%	35%	37%
寛容傾向	44	39	35
偏見傾向	17	17	18
偏見	12	9	10
合計	100%	100%	100%

③ イギリス人の，自民族と世界の人々との比較

イギリス人は	アフリカの人々と比べ	アジアの人々と比べ	ヨーロッパの人々と比べ	アメリカの人々と比べ
決定的に優秀	33%	27%	8%	5%
ある程度まで優秀	32	34	28	18
同等	18	20	52	58
劣等	4	3	4	11
知らない	13	16	8	8
合計	100%	100%	100%	100%

④ 多人種8校におけるイギリス人児童の各人種に対する好き・嫌いの比率

グループ	友好的	中立的	敵対的	コメント総数
イギリス人	77.2%	7.1%	16.0%	198件
西インド諸島系	43.8	14.8	41.4	169
ドイツ系	33.3	14.5	52.1	165
アフリカ系	30.9	22.8	46.3	162
インド系	26.4	11.9	61.7	201
アイルランド系	22.0	10.8	67.2	195
ユダヤ系	20.1	14.1	65.8	199
パキスタン系	17.5	13.2	69.3	189
イスラエル系	17.1	33.7	49.2	193
アラブ系	13.5	24.3	62.1	177

⑤ イギリス人白人児童による各人種に関する主な否定的評価の内容

グループ	否定的なステレオタイプ	非友好的な全ステレオタイプの比率
イギリス人	頭でっかち，押しが強い，疑い深い，非友好的	20.7%
西インド諸島系	汚い，臭い，攻撃的，不親切	41.4
ドイツ系	攻撃的，不親切，不正直な，ずるい，詐欺的な	52.1
アフリカ系	未開な，愚鈍な，頭でっかち，押しが強い	46.3
インド系	汚い，臭い	61.7
アイルランド系	愚鈍な，不平家，トラブルメーカー，攻撃的，大酒飲み	67.2
ユダヤ系	卑劣な，利己的	65.8
パキスタン系	汚い，臭い	69.3
イスラエル系	攻撃的	49.2
アラブ系	攻撃的，汚い，臭い	62.1

注：否定的なステレオタイプとは特定グループの全否定的ステレオタイプで10%以上を数えたものである．
出所：富岡 [1998]．

ープがあるということである。イギリスには厳格なイスラム教徒が多いが，イスラム教徒は，セックスや麻薬に耽る，堕落しきった白人からは学ぶものはないとして，厳格なコーランの教えにのっとった一文化教育を求める。イスラム教徒にとって，理想の学校は分離学校であり，公的補助を受けるイスラム学校もすでに登場している。多文化的状況を積極的に認めてきたイギリス型の対処法にも限界がきているとの指摘は後を絶たない。

　すべての構成員が多文化教育を望み，多文化共生社会を理想の社会とするならば，ここでいう国際理解教育も行いやすいであろうし，建設的な提言も生まれてこよう。しかし，現実はそう単純ではないのである。

　言語面でも佐久間孝正が指摘するようにイギリス在住のアフロ・カリブ系の若者の使用するクレオール・イングリッシュは，いわゆる「標準イギリス英語」とかけ離れているばかりでなく，クレオール内部でもかなりの相違がみられる（表1-2参照）。「若者の中には，自分たちの島々のアイデンティティを確認するために好んでクレオールを使用する傾向にあり，教育現場を複雑なものに

表1-2　英語とクレオールの表現の違い

①

英語	I	you	we	they	I am going down that street. I want to go home.
ジャマイカ	mi(a)	yu	wi	dem	Me a go down dat street.
バルバドス	a	yu	wi	de(dem)	Mi waan fi go huom.

出所：佐久間［1998］。

②

標準的英語
He used to go to school every day last year, now sometimes he goes and sometimes he doesn't go.
ジャマイカ
Him go a school every day last year, now sometime him go, sometime him no go.
ギアナ
Him a go a school every day last year, now sometime him a go, sometime him naa go.

出所：小林［2001］。

している」［佐久間，1998：212］といった現状においては，同一クラス・同一学校内での摩擦や対立がアフロ・カリブ系内の諸グループ間においても容易に起きるのは当然であるといえよう。ヨーロッパにおける現代的なカウンター・グループとしてムスリムがひとまとまりのグループとしてしばしば取り上げられるが，この面でも現実は見かけほど単純ではないのである。

4　フランスのケース

フランスでは，近年学校教育をめぐって，イスラム教徒のスカーフ論争が繰り返し起き，国際理解教育は喫緊の課題となっているが，しかし，そもそもこの異文化間の対立が国際理解教育によって解決可能なことであるのかをめぐっても論争が多い。

フランスでは同化（アシミラシオン＝assimilation），統合（アンテグラシオン＝integration），挿入（アンセルシオン＝insertion）という流れを経験してきた［池田，2001］。移民の子弟，外国人に，フランス文化に親しませ，フランス語を修得させることが同化主義の時代の学校教育の目的であったが，移民の増大とともに統合主義へと変わる。これはマジョリティ・マイノリティの相互の変容を前提とする主義で，第3の共通のフランス文化が生まれ，それをすべての国民の学習の内容にすべきであるという考え方である。移民の存在を貴重な資源と考え，多様性を活力の源と考える見方である。

他方，挿入主義とは，フランス文化の本体を損なわずに移民や外国人を受け入れていくものであり，モザイク状の国家像を描く。これは国民戦線他保守系の団体から主張される傾向が強い。相違を積極的に容認しようとする「相違への権利（la droit à la difference）」も，保守系の団体から利用される傾向にある。

フランスへの移民の多くは，ラテン系移民とマグレブ系（アルジェリア，チュニジア，モロッコ）アフリカ移民である。しかも，後者の急増と前者の漸減がみられる。アルジェリア，チュニジア，モロッコはアフリカ全土の中でもとくにイスラム教徒の多い国家で，今後移民の増大とともに，イスラム文化の流入もスピードアップし摩擦も増大すると考えられる。当然のことながら，ここ

でいう移民には政治的・経済的難民や合法的・非合法的移民のもろもろを含む。おそらく公式統計以上に移民の流入は進んでおり，それにともない摩擦も増大している。2004年9月には正式にスカーフ着用を禁ずる法が発効した。イギリスにおけるシク教徒同様，フランスにおけるイスラム教徒も，宗教上の理由で着用するスカーフがしばしば論争の対象になる。原理主義的傾向の強いフランスのイスラム組織連合（UOIF）はスカーフ着用運動を熱心に進め，トラブルが頻発するようになった。

　日本でも運転免許証の脱帽・無背景写真をめぐって在日イスラム教徒と当局の間に摩擦が発生したが，この類の論争はヨーロッパ諸国を中心に世界中でヒートアップしている。

　移民を受け入れるということは，異文化を受け入れるということでもあり，便宜的に低賃金労働者として都合よく働いてもらう（そして，仕事が終わったら，あるいは国内情勢が変化したら帰国してもらう）といった身勝手な考え方は許されない。受け入れるならば移民の文化について学習を進めていくのは当然であろう。ただし，その進め方はあまりにも急進的であってはならず，住民の理解を得ながら進めなければ，せっかくの相互理解のプログラムの導入も，相互の対立と憎しみに火をつけて煽るプログラムになりかねないのである。実際に国民戦線は着実に支持を伸ばし，記憶に新しい直近の大統領選挙ではルペン党首が決選投票まで残った。1990年代以降の一般市民間に根深く芽生えている反移民・反外国人感情の反映と考えることができる。

　なお，EUが拡大していくにしたがって，従来マグレブ系移民の従事していた仕事に東欧系移民が就くようになった結果，マグレブ系移民が失業し，彼ら／彼女らの不満が高まっているようである。また移民グループ間の対立も表面化している。

　またフランスは伝統的に政治難民は積極的に受け入れる一方，経済難民の受入れには消極的であった。しかし，政治難民に少なからぬエリートが存在するのに引きかえ，経済難民の多数が貧困層である現実を社会的正義の観点からどう評価するか，など移民・難民をめぐる課題は多い。

5 国際理解教育実施に関する問題点

　以上，国際理解教育の行われていく意義と社会的背景からみた困難さについて簡潔ながら述べてきたが，国際理解教育の困難な点として現実に，どの程度まで教えるべきかについての問題がある。最も悪い授業例としては，授業終了後の子どもたちの感想に，「発展途上国の人たちはかわいそう」「日本に生まれてよかった」のような「自らの問題としてとらえない」ような姿勢がみられるケースがある。したがって，「いろいろな人がいますよ」と「文化の多様性」を強調するだけでは，国際理解教育を十分に行ったとはいい難い。国際理解教育は現在，総合的な学習を中心とする生徒・児童の主体的な学習の一環として考えられており，知識を教え込むタイプの授業とは考えられていないのはもちろんである。

　上述のような例は，いわば「頭の中の知識にとどまる」国際理解の悪例であり，そのレベルにとどまらず，冒頭に述べた他者理解を通じた相互理解や自己理解につながらねばならない。

　しかし，そこからさらに一歩踏み込んで教えようとすると，いろいろな問題が生じてくる。ものの見方，たとえば世界観・民族観や歴史観を教えることによって上述の問題を避けようとすると，教師は結局，自らの身に染みこんでいる世界観・民族観や歴史観を教え込むということになるのであり，多分にイデオロギー的になる危険性をはらんでいる。つまり，素材を与えて児童・生徒に自発的に学習させるのではなく，ある種のものの見方に意図的に導いていくということであれば，それこそ国際理解教育の前提にある民族の多様性や，思考パターンの多様性を理解するという国際理解教育の目的に反する。多様な人々，多様な文化の存在を理解するといいながら実は児童・生徒の思考の多様性を損なうということになりかねないという問題に直面するのである。もちろん，これは歴史や国語の教育の場合にも直面する問題ではあるが，とくに国際理解教育の場合には，教科書がなく教師の個人的力量に負うところが大きいだけに，問題は大きいといえる。

補論　アジアにおける国民国家と教育

　最後に，補論として国民国家と教育との関係について簡単な考察を加えておきたい。従来の国民国家と教育との関係は大きく揺らぎつつあるようにみえる。その1つの見方が，さまざまな規制を通じた官僚による統制から，需給を通じた市場による調整へ，という流れである。趣旨にあるように事前統制から事後統制への変化とみることもできる。この官僚による統制から市場による調整へ，という流れは，アメリカ合衆国のチャブ（John E. Chubb）とモー（Terry M. Moe）が1990年に出版した *Politics, Markets & America's Schools*（Brookings）以降の国際的な流れであるといえる。

　例としてアジアにおける国民国家と教育の関係をみると，確かに教育を通じた国民形成機能に大きな変化が2つの点でみられる。1つは，民営化の推進による私立学校の繁栄である。当然のことながら，先進国と比べると途上国の場合，教育リソースは乏しく，いかにしてそれを効率的に配分するか，効果的な学校をつくりあげるかということは喫緊の課題である。ただし，国家が一定の経済発展を遂げて中産階級が台頭してくると，様相は変わってくる。中産階級が薄く，裕福な層と貧困な層に二分された，いわゆる格差社会においては，私立学校は特権階級の専有物であり，貧困層には絶対にアクセス不可能な学校である。しかし，途上国においても中産階級が台頭してくると，中産階級向きの私立学校が登場してくる。いくつかの先進国においては教育リソースの分配を通じて私立学校をある程度統制している。だが，乏しい教育リソースしかもちあわせない途上国においては，わずかばかりの教育リソースの分配にあずかるかわりに自由を失うよりも，分配を拒否してその代わりに生徒・父兄のニーズに応える教育，公立学校には求め得ない教育を提供する自由を獲得しようとする私立学校が登場してくる。私立学校への対抗策として，いくつかの国家では学区の自由化が図られているが，これは私立学校対公立学校という学校間格差を生み出すばかりではなく，公立学校内の格差を生み出す結果につながっている。私立学校が，政府の統制に従わず，自由な教育を実践しだすと，教育の国

民形成機能にも当然，大きな影響が出ると予測される。

　さて，もう1つは，ノン・フォーマル教育の重視である。先進国においては，ノン・フォーマル教育というと，学校外教育であると認識される傾向にあるが，途上国においてはフォーマル教育が十分に配給されない，あるいは機能していない地域に対する非政府サイドの教育事業という側面がある。つまり，人口のまばらな山岳地帯（往々にして少数民族が居住している）や，農村部においては，政府が十二分な学校を設立するだけのリソースをもたないばかりでなく，生徒・保護者側にも学校に通い続けるインセンティブが薄いケースが多々あり，従来のような国家・政府を通したフォーマル教育の配給という方法だけでは十分な教育の普及は望めない。そこで登場するのが，国際NPOや地域の教育NPOによる教育事業＝ノン・フォーマル教育である。この場合，ノン・フォーマル教育はフォーマル教育の二級の代替物としてではなく，まったく違った概念で運営されることが多くある。つまり，地方分権化の動向とも結びつき，地元の教育ニーズをより反映する形で教育を提供するために，国家の統制から比較的自由になるということである。従来のノン・フォーマル教育のイメージ，すなわち国家の統制に従いながら乏しいリソースで準フォーマル教育を行う，というイメージとはかけ離れている。このような事態が起こるのは，政府の教育リソースが乏しく，国際機関や裕福なNPOなど政府以外のドナーによって，これらの活動が可能になっていることが主たる原因の1つである。

　いずれにせよ，国民国家が学校を国民形成の手段として利用する時代は遠のきつつあるような印象を与える。しかし，事態はそう単純なのだろうか。『現代フランス──移民から見た世界』［1997］の著者，アリック・G・ハーグリーヴス（Alec G. Hargreaves）は次のように述べる。

　　「今日，三つの主要な要素が文化体系の伝達に影響を及ぼしている。個々の人生に最も早くから影響を及ぼすのは家族である。次にくるのが，子が成人になる準備として経由する教育である。これとともに，その後の人生を通して，マスメディアが個々の世界観に多大な影響を及ぼす映像と情報を伝える。」
　　　　　　　　　　　　　　　　　　　　　　［ハーグリーヴス，1997：140］

これら家族，教育，マスメディアのうち，国家は家族に対して統制を及ぼすのは難しいが，教育とマスメディアをかなり統制している。マスメディアの統制に関しては，独裁国家を除いて完全ではなく，しかも近年弱体化しているのに対して，教育制度に対しては相当程度統制に成功しているとみる。このハーグリーヴスの見方がアジアにおいてどの程度当てはまるのか。フランスにおけるマグレブ系移民の教育の問題と共通する面はあるが，アジアにおいては家族の教育＝インフォーマル教育とフォーマル教育との衝突が頻繁にみられる。その背景には，宗教や民族の問題が絡む。先進国がもたらした近代的価値観を拒否する宗教や民族がある。ことにイスラム教徒にとっては現世の人間のつくり出したものよりも，神の言葉が上位にくる。フォーマル教育が機能せずインフォーマル教育が圧倒的な影響力をもつ場合に，どうするのか。ここで考慮されるべきことは，国家が教育への介入の度合いを果たして弱めたのか，ということである。私のみるところ，介入の様式を変えただけであると思える。その一例がいくつかのアジア諸国でみられるナショナル・カリキュラムあるいはナショナル・テストの設定である。事後評価に備えて，教育プロセスの自由化を図りオートノミーを高めると同時に，教育の結果責任のプレッシャーを高めるという方式は，この観点からすれば，国家の教育への介入を弱めるものではない。ただ介入の様式を変えるだけである。ロンドン大学教育研究所のアンディ・グリーン（Andy Green）は，その著書『教育・グローバリゼーション・国民国家』（東京都立大学出版会）において，やはり1988年教育改革法によってナショナル・カリキュラムとナショナル・テストが導入された英国について，「第二次世界大戦以来，英連邦（Commonwealth）や他の国々からの移住者の出現によって，連合王国の文化的，言語的，宗教的多様性は大いに増大してきている。伝統的な英国史とイギリス文学を強調するナショナル・カリキュラムは，大英帝国と英連邦から継承し，いまや連合王国自身に戻ってきた文化的帝国主義の継続とみなすことができるだろう」と述べる。オートノミーと結果責任のプレッシャーのバランスがどうなるかによって，国家の介入の度合いも変化するのではないだろうか。つまり，こういうことである。いろいろな立場の人々が教育の自由化，民営化，地方分権化を評価する。しかし実際のところ，何を評価してい

るのだろうか。オートノミーの高まりを進歩主義者は評価し，選択の自由をリベラリストは評価し，能力主義をコンザバティブは評価するのである。しかし，これは完全な同床異夢であり，これら諸勢力の綱引きで国家の介入の度合いが変化するということである。

今回の一連のフランス暴動の中で提起された重要な問題の1つは，ヨーロッパという概念は単なる地理的概念であるのか，それとも文化的アイデンティティの対象であるのか，ということである。また，国民国家（nation-state）は，共同幻想体（imagined communities）に過ぎないのか，それとも実質的な統合体（つまりnation）であるのかということである。見方によっては，公教育とは，社会への準備を図るという名のもとに，ある民族の特殊な文化を，普遍的な「国民文化」としてすべての構成員に修得を強制する，支配のための暴力装置であるともいえる。抽象的なレベルでは「教育は人権である」という考え方には，異は唱えにくい。しかし，当然のことではあるが，具体的なレベルで教育が広がれば広がるほどよいという考え方に対する評価は，何が教えられるのかによって変化するのである。

引用・参考文献

池田賢市（2001）『フランスの移民と学校教育』明石書店．
江原武一編（2001）『多文化教育の国際比較——エスニシティへの教育の対応』玉川大学出版部．
大津和子（1992）『国際理解教育——地球市民を育てる授業と構想』国土社．
木村一子（2000）『イギリスのグローバル教育』勁草書房．
A.グリーン，大田直子訳（2000）『教育・グローバリゼーション・国民国家』東京都立大学出版会．
M.M.ゴードン，倉田和四郎・山本剛郎訳編（2000）『アメリカンライフにおける同化理論の諸相——人種・宗教および出身国の役割』晃洋書房．
小林章夫（2001）『イギリス英語の裏表』筑摩書房．
駒井洋監修・小井土彰宏編（2003）『移民政策の国際比較』明石書店．
坂井一成（2006）「ヨーロッパ国際政治における少数民族とガヴァナンス」『国際文化学研究』第26号，神戸大学国際文化学部．
佐久間孝正（1993）『イギリスの多文化・多民族教育——アジア系外国人労働者の生活・文化・宗教』国土社．
佐久間孝正（1998）『変貌する多民族国家イギリス——「多文化」と「多分化」にゆれる

教育』明石書店.
佐藤誠・A. J. フィールディング編（1998）『移動と定住——日欧比較の国際労働移動』同文舘.
佐藤群巳・有田和正編（1986）『「国際理解をめざす」学習と方法（新社会科授業の展開3）』教育出版.
柴沼晶子・新井浅浩編（2001）『現代英国の宗教教育と人格教育（PSE）』東信堂.
志水宏吉（2002）『学校文化の比較社会学——日本とイギリスの中等教育』東京大学出版会.
A. シュレジンガー Jr., 都留重人監訳（1992）『アメリカの分裂——多元文化社会についての所見』岩波書店.
M. ジョリヴェ, 鳥取絹子訳（2003）『移民と現代フランス——フランスは「住めば都」か』集英社.
辻内鏡人（2001）『現代アメリカの政治文化——多文化主義とポストコロニアリズムの交錯』ミネルヴァ書房.
富岡次郎（1998）『イギリスにおける人種と教育』明石書店.
D. トレンハルト編, 宮島喬他訳（1994）『新しい移民大陸ヨーロッパ』明石書店.
A. G. ハーグリーヴス, 石井伸一訳（1997）『現代フランス——移民から見た世界』明石書店.
松井清（1994）『教育とマイノリティ——文化葛藤のなかのイギリスの学校』弘文堂.
宮島喬・西川長夫編（1995）『ヨーロッパ統合と文化・民族問題——ポスト国民国家時代の可能性を問う』人文書院.
宮島喬編（1998）『現代ヨーロッパ社会論——統合のなかの変容と葛藤』人文書院.
薬師院仁志（2006）『日本とフランス 二つの民主主義——不平等か不自由か』光文社.
J. E. Chubb & T. M. Moe (1990) *Politics, Markets & America's Schools*, Brookings.
A. Green (1990) *Education and State Formation: The Rise of Education Systems in England, France and the USA*, MacMillan Press LTD.

　［付記］　本稿は，田中圭治郎編（2004）『総合演習の基礎』（ミネルヴァ書房）所収の拙稿「国際協力の実践」の中核部分に加筆削除と修正を施し，さらに2006年10月8日に神戸大学で開催された日仏教育学会シンポジウムにおける筆者の講演原稿に加筆したものを補論として加えたものである。

（山内乾史）

第 2 章　欧米諸国における開発教育の変遷

　本章では，欧米諸国における開発教育の変遷をみていく。開発教育の時代区分ごとに，開発理念がどのように移り変わってきたのかもあわせて概説する。なぜなら，「開発教育は現にその概念を開発の趣旨にそって拡大，深化してきている」[室・矢島・赤石，1981]からである。国際機関やヨーロッパにおける教育会議において，どのように開発教育が定義されてきたのかをふまえ，開発教育が取り組まれた経緯，背景，理由を整理する。

1　はじめに

　2000年9月の国連ミレニアムサミットにおいて，MDGs（ミレニアム開発目標）が決議され，貧困撲滅，人間の尊厳の促進と平和，民主主義，環境の持続性を達成することが共通目標として設置された。中でも，最も早急に解決すべき問題として貧困があげられている。これらの対象は，ほとんどが開発途上国である。「貧困はテロの温床」といわれ，国民の基本的ニーズを満たせない国は，テロの温床となる危険性があるといわれ，貧困の早期解決が掲げられている。世界規模で深刻な貧困による影響をなくすためにも，先進国・途上国双方によるアクションが求められる。OECD（経済協力開発機構）の DAC（開発援助委員会）も，MDGs 達成のために，開発教育によって各国民の国際協力への理解を深め，世論を盛り上げることに期待を寄せている。

　本章の目的は，欧米諸国における開発教育の理念と方法論の推移をみていくことである。開発教育とは，"Development Education" の英語訳である。本章で取り上げる開発教育とは，開発をめぐる世界の現状とそれに関連する諸問題の原因を把握し，問題解決するための意識と行動を養う教育活動ととらえる。

　先進国で途上国の現状を伝えるために取り組まれた開発教育は，「開発」戦

略とその理念の影響を受けて，開発教育の理念や方法論も推移してきた。湯本浩之［2003］によると，「開発教育とは一定の問題状況への対応として生み出された概念」であるため，国際社会や開発概念自体の変遷によってつねに新しい意味や内容が，付加され続けている。それゆえ，それぞれの時代区分を設定することによって，開発教育の潮流を整理することを試みる。

　欧米諸国をみる理由として，開発教育の原点となる地域であることと，日本よりも約20年も前から取り組まれていることがあげられる。欧米諸国とは，アメリカ・ヨーロッパを指すが，開発教育は厳密にいうとアメリカとヨーロッパでは定義が変わってくる。しかし，開発教育を開発理念とともにみる場合，アメリカの動きを除くことはできない。各国の細かい社会の動態と開発の変遷などを除き，共通の流れをくむために，マクロ視点から欧米諸国における開発教育の歴史をみる。

2　第一期：胎動期
──宣教活動（第二次世界大戦から1950年代末）

　開発支援は第二次世界大戦後，敗戦国への援助復興を目的として行われた。戦争直後は主にヨーロッパ諸国における敗戦国への援助が対象だった。1948年，アメリカからヨーロッパへの援助復興を目的に国際通貨・金融体制が設立された。当時の開発は，国民所得の増加を意味しており，経済成長のための工業化・資本投下の考えがあった［江原，2001］。当時，第二次世界大戦によって経済的・社会的ダメージを受けたヨーロッパ諸国は，途上国への援助を行える状態ではなかった。このため，1950年代の開発とは，主にアメリカからヨーロッパ諸国への経済的援助のことを意味する。

　アメリカからの援助体制が整い，FAO（国連食糧農業機関，1945），ユニセフ（国連児童基金，1946），ユネスコ（国連教育科学文化機関，1946），世界銀行（国際復興開発銀行，1946）などの国際機関が設立された［江原，2001］中，1950年代に現在の開発教育の原点となった取り組みが欧米のキリスト教会によって始まった。これは，教会が海外での宣教活動をすることが目的だったといわれている［飯田，

2000］。現地で援助活動を宣教活動の1つとして行うために，その資金を得る手段として途上国の現状を伝える募金・広報活動が行われたのが開発教育の始まりだった。

3　第二期：萌芽期
――知識としての開発教育（1960年代）

　1961年の第16回国連総会で，1960年代を「国連開発の10年」とすることが採決された。経済協力により南北間の格差是正を目的とし，1960年代は途上国のGNPの実質成長率を5.7％向上することが決められ，実際には5.7％以上の経済成長が達成された。国家の経済成長が主要目標となり，GNPが成長すれば国民の所得も増大し，生活が改善されるだろうという単線的な考え方があった。

　1960年代に入り，欧米のNGOによって開発教育が始められた。欧米のNGOを通して途上国での協力活動をしていた青年たちは，現地で自国との格差を目の当たりにし，帰国後途上国の人々の貧困や現状を訴えた。その貧困を改善するための活動をしているNGOに対して一般市民の協力を促すためのPR活動として開発教育を始めた［飯田，2000］。開発教育は途上国の現状を市民にアピールするための広報活動として行われており，NGOによるODAの改善要求活動や募金活動の一環であった。

　1960年代において取り組まれた開発教育は，途上国への贖罪意識によるものであった。室らによれば，この時期の開発教育は，開発途上国の低開発を先進国側が正しく理解することに主眼が置かれていて，悲惨な開発途上国の現状の知識を伝達することによって国際機関やNGOが資金集めをするといったチャリティ思想に基づいていた［室・矢島・赤石，1981］。この時期の開発教育は，途上国の状況について知るための「知識としての開発教育」［木村，2000］を特色としていた。

　開発教育が，開発援助の拠出金を得るための手段として途上国の現状について学ぶといったものであったにもかかわらず，途上国が抱える諸問題は先進国にとっても共通課題であると示唆した「第1次国連開発の10年」による認識は

意義のあることといえる。しかし，先進国の国民にとっては国際連合が提示したような開発途上国における課題は人類共通の問題であるという考え方は少なく，途上国に対する援助は「先進国から途上国にしてあげる」という考え方が主流であった。途上国は貧しい国であるから，西欧化をもたらすことで貧困から脱出できるだろうという考えがあり，途上国における諸問題は南側だけの問題ととらえられた。この時期の「知識としての開発教育」は，そのような考え方に影響した部分が大きいと考えられる。

4　第三期：形成期
―― 南北構造理解（1970年代）

1970年の国連総会において，1970年代を「第2次国連開発の10年」として，途上国の年平均GNP成長率を7％以上とするなどの目標が定められたが，この目標を達成することはできず，5.3％の成長にとどまった。さらに，この時期には，石油ショックなどにより南北間格差が一層広がった。依然として改善されない南北間格差から，それまで経済成長が主な目的だった開発思想への反省がなされた。このことから，すべての国が開発に関する国民の理解を深めるための努力をするようになり，多くの先進諸国の政府が，開発教育を支援するための財政措置をとるようになった［飯田，2000］。室［1991］がいうように，開発教育の普及によって国民の南北問題への関心が深まれば，援助予算の獲得・拡大にとって望ましい状況になるからである。

1974年，NIEO宣言（新国際経済秩序樹立に関する宣言）が採択された。NIEO宣言によって，植民地政策下での経済システムでは，先進国と途上国との従属関係が一向に改善されないという国際経済秩序への疑問を，途上国側から先進国側へと投げかけた。先進国では貧困の現状を理解するのではなく，その原因を解明しようという意識がもたれた。開発途上国が共通してかかえる貧困，栄養不良，病気，教育の低迷などの諸問題は先進国を含めた全地球的課題であり，その解決なしに人類の平和・発展はないという認識が，NGOや，一部の一般人の間で生まれた［木村，2000］。

1970年代には，2つのレベルによって開発教育が取り組まれた。1つは，NGOや教育関係者などの市民レベルでの動きで，もう1つは，ユニセフ，FAO，ユネスコなどの国際機関によるものだった。

1970年10月にスウェーデンのベルゲンダルで開かれた"The School open to the Third World（第三世界に窓を開く学校）"において，「開発教育」という用語が公式会議で用いられた。この会議は，スウェーデンの全国教育委員会と国際開発庁（Sida：Swedish International Development Cooperation Agency），FAO，ユネスコが共催した，開発教育を学校教育に導入するために行われたヨーロッパ規模のワークショップである。国連では，第1次国連開発の10年の失敗から，開発途上国側から南北問題の責任は，途上国側だけにあるのではなく，先進国側にもあるという主張があり，先進国側の市民が南北・開発問題に対する理解を得る必要があるとの認識が広まった［田中，1994］。これらが背景となって，ベルゲンダル・ワークショップでは「開発教育」を次のように定義している。

ベルゲンダル・ワークショップ　開発教育の定義

開発教育にまつわる基本課題は人々が当代の諸問題に対して心を開くようにするという急を要するものである。このことは情報を人々にとって入手可能にし，批判的・道徳的判断を促して自分の技能・関心に応じて変革に参加せしめることができるかどうかにかかっている。開発教育はまた，人々の個人としての成長と社会全体の発展ともかかわるものである。

［国際協力推進会，1984：3-4］

このワークショップでの定義づけは，開発教育初期の定義として歴史的な意義をもって［国際協力推進会，1984］おり，先進国で開発教育を受ける人たちへの啓蒙的な要素を含んでいる。定義の中で，「変革に参加せしめる」とあることで，開発教育は「知識としての開発教育」から途上国で起こっている貧困や飢餓といった諸問題に対する現状と原因を理解し，その解決方法を探る教育活動として「参加を促す開発教育」への認識がもたれた。ここにおいて開発教育は正式に国連の場に持ち出され，ユニセフ，ILOなど各国連機関で使用される［田中，1994］ようになったことから，この会議の意義は大きかったことがわ

かる。

1970年代に始まった「第2次国連開発の10年」で設置された国連合同情報委員会は，1975年に開発教育を次のように説明している。

国際連合合同情報委員会　1975年
　開発教育の目的は，人々が自らの地域，社会，国家そして世界全体の開発に参加できるようにすることである。参加のためには，社会的・経済的・政治的な諸問題の理解に基づいて，地域の・国家の・そして世界全体の状況をはっきり認識していかなければならない。開発教育は先進国と開発途上国双方における人権・人間の尊厳・自立・社会正義の問題と結びついている。低開発の原因や開発の意味するものへの理解の促進，そして新国際経済社会秩序を達成する研究方法とも関連している。

[オスラー編，2002：9]

ここでは，開発教育は低開発に関する知識だけでなく，国民が途上国と先進国における諸問題に対して批判的に取り組み，理解していくことだとしている。同年，国連が加盟国政府に対し，国内の開発教育に財政援助をするよう要請したことや，ユニセフが「開発教育報告書（Development Education Paper）」を発効したことで，70年代には世界各国で組織的な開発教育が行われるようになった［開発教育協議会，1995］。大津［1993］によると，このような国際機関によるアクションも加わったことから，低開発の原因はどこにあるのか，国家間の問題はこれからの人類の平和と繁栄にどのようにかかわっているのか，世界は相互依存関係の上に成り立っているという認識に基づいてはじめて，南北問題の解決が可能ではないか，という議論をへて，開発教育理論は質的な深まりをみせた。先進諸国の政府は，開発教育を行っている国内のNGOや教育機関への財政援助を開始し，開発教育はほとんどの諸先進諸国の援助官庁，国連組織，各国のNGOで本格的に取り組まれるようになった。

1974年，パリで第18回ユネスコ本会議が開かれ，『国際理解，国際協力，国際平和のための教育並びに人権および基本的自由についての教育に関する勧告』が採択された。その45の項目には，開発教育，平和教育，環境教育，グロ

ーバル教育，ワールド・スタディ，人権教育といった一般に個別で知られるすべての分野を推進するものであった［オスラー，2002］。先進国の人々が，地球全体の人類共通のテーマについて，グローバルな視野にたって取り組む教育活動について発表したのである。

　国際援助機関の働きかけは，加盟国の開発教育の教育活動に対して影響を与えることになったという点で評価できる。開発教育は，貧困が途上国自身のみによって発生するのではなく，先進国側の責任やその解決のためにすべきことなど南北問題の背景の考察を前面に立てた考え方になる。飯田［2000］が述べるように，開発教育は，援助広報といったある一定の情報・知識を一方的に与えるだけのものではなく，貧困や飢餓といった問題の背景には何があるのか，南北問題の構造的原因を探るものとして進展していった。

5　第四期：危機対応期
——相互依存関係の認識（1980年代）

　1980年代は，第2次石油ショック以降の世界不況，一次産品の価格下落，累積債務問題の悪化により，多くの国が経済危機にさらされた。室［1991］がいうように，これらのことは1950年代から多くの途上国が追求してきた開発戦略と，先進国からの経済・技術援助を得ながら推進してきた「開発」は，国内の貧困や飢餓の問題を改善する効果がみえず，むしろ南北問題は拡大する傾向にあった。

　1980年代半ばのアフリカにおける飢餓問題は，貧困層は環境破壊による影響を受けやすく，環境は貧困層に破壊されるという，貧困と環境破壊の深い相互関係を認識させるきっかけとなった［飯田，2000］。これらは，市民レベルで開発教育の重要性を再確認し，開発教育をいかに行うか，という実践レベルでの認識が深まっていった［吉田，1990］。

　1983年に国連総会は「環境と開発に関する世界委員会」を設置した。同委員会は，1987年にブルントラント報告書を発表し，その中で「持続可能な開発（sustainable development）」の概念を提唱した。経済開発だけでなく，社会開発，

環境保全の3つがバランスよく行われ，現在世代と将来世代の公平性を実現する開発を目指す概念である。「持続可能な開発」の考えは，環境問題への関心を集め，開発との深いかかわりを示した。開発教育と環境教育との相互の関連性・重要性が改めて認識され，開発と環境との双方向からによるアプローチが示唆された。途上国における開発だけに限らず，先進国における開発問題をも視野に入れ，グローバルな，そしてローカルな環境を取り巻く『開発』のあり方について考えることに重点が置かれるようになった。公正な地球社会を目指し，人類共通の開発課題に取り組むことに主眼が置かれた。この結果，開発教育は，単に「援助教育」や「南北問題教育」の側面だけでなく，私たちの社会も含めた地球社会全体の「開発のあり方を考える教育」となった。

6　第五期：人間開発志向期
―― 生きるための知識・スキル獲得（1990年代）

　1990年代における開発理念には，人間中心の特徴がみられた。開発戦略が経済成長至上主義に偏っていたことへの反省から，より直接的に貧困や教育，保健医療などの向上に焦点を当てた社会開発の改善を重視するようになった。このことから，開発の理念がそれまでの経済開発中心から，人間開発中心へと移行した。この概念は，国連開発計画（UNDP）が中心となって提唱した。人間開発とは，国民の所得を増加させることだけではなく，「人間の選択肢の拡大プロセス」であるとしている（http://www.undp.or.jp/publications/pdf/whats_hd200509.pdf）。健康，教育，生活といった人間の本質的な可能性や選択肢を広げることに必要性を掲げている。このような人間開発への移行は，開発戦略にも影響を与えることとなった。

　開発の理念が変わったことをうけて，ユニセフは「開発のための教育」を発表した。1991年，フランスでユニセフ国内委員会の教育担当職員の協議会が開かれ，「開発のための教育」が提唱された。この会議で，「開発教育」を改め「開発のための教育」と呼称することを公表した。「開発のための教育」の定義は，「子どもや若い人々が，地球規模の連帯・平和・寛容・社会正義・環境意

識などの価値観と行動姿勢を確立し，かつ，このような価値観を実践し，地域および地球レベルで自分たちの生活や社会に変革をもたらすことのできる知識と能力を身に付けることを促進するプロセス」とし，「開発のための教育は単に開発問題に関する知識を得るだけでは済まされない。知識は確かに重要であるが，それに加えてそのための試行方法と行動を起こすための技能も身に付ける必要もある」としている。開発のための教育は，対象を子どもや若い人とし，次世代を担う人たちが，グローバルな視野をもって人類共通の課題に立ち向かうための知識や能力を身に付けることを目的としている。途上国・先進国に関係なく，その課題に立ち向かうためのノウハウは人々が生きていく上で必要なスキルであり，両国にとって不可欠な教育であることを主張している。

人間開発へと開発理念が変わったこと，ユニセフが「開発のための教育」を発表したことは，開発教育活動にも影響を与えた。地球的規模の問題解決を導く過程は，人が生きるための知識やスキルを身に付けることに注目が置かれた。

7　第六期：持続可能性志向期
―― 持続可能な開発に向けての教育（2000年から）

2000年9月での国連総会において，「ミレニアム宣言」と「ミレニアム開発目標（MDGs）」が採択された。貧困や，教育，医療保健，女性の地位向上などに関する8項目にわたる国際開発目標を2015年までに達成することが決議された。

2002年に南アフリカ共和国のヨハネスブルクで行われた「持続可能な開発」に関する世界首脳会議（WSSD）（通称ヨハネスブルク・サミット）の実施計画文書において「国連持続可能な開発のための教育（UNDESD）」の重要性が確認され，同年12月の第57回国連総会において2005年から2015年を「持続可能な開発のための教育の10年」とすることが全会一致で採択された。ユネスコが主導機関となり，国際実施計画を作成した。2005年9月に採択された最終的な実施計画では，「地域に根ざした活動」や「教員養成教育の重要性」「限られた省庁ではなく，政府全体で国内実施計画づくりに取り組む」「市民参加のプロセスを

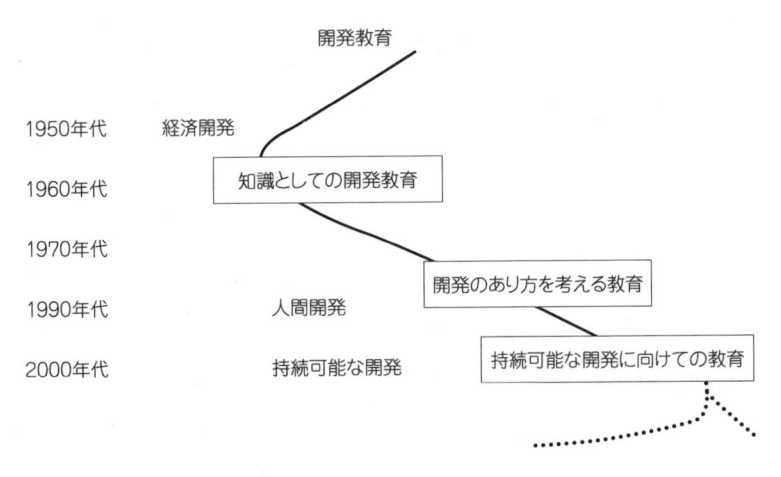

```
                        開発教育
1950年代    経済開発
          ┌─────────────────┐
1960年代   │ 知識としての開発教育  │
          └─────────────────┘
1970年代
                      ┌─────────────────────┐
1990年代    人間開発    │ 開発のあり方を考える教育  │
                      └─────────────────────┘
                              ┌─────────────────────────┐
2000年代    持続可能な開発       │ 持続可能な開発に向けての教育  │
                              └─────────────────────────┘
```

図2-1　開発教育の変遷

出所：筆者作成．

重視し，幅広い意見を得るためのフォーラムを設ける」ことなどが求められている。スウェーデンやイギリスでは，すでに持続可能な開発のための国家戦略を基盤にして，実施段階に入っている (http://www.esd-j.org/documents/esdgawa-karu.pdf)。

　開発教育も，MDGs や UNDESD を達成するために，先進諸国に住む人々がどうするべきか，どのように開発教育に盛り込んでいくべきか，という議論がなされた。2002年11月，欧州グローバル教育会議 (Europe-wide Global Education Congress) がオランダで開催された。ここでは，ヨハネスブルク・サミットでの協議をうけてのフォローアップと，MDGs の実現に焦点を当てた議論がなされた［岩崎，2003］。この会議の内容は，地球社会というグローバルな視点から北と南との連携，地球上の諸課題への理解とその解決を探るために，MDGs をキーとして持続可能な地球社会を築いていこうとするものであった。このために，質の高いグローバル教育，開発教育，人権教育，環境教育，異文化間教育が広く行われることが求められた［岩崎，2003］。先進国に住む人々が国際社会の目標にどのように行動していけばいいのか，具体的な態度が求められている。

引用・参考文献

飯田友紀（2000）「欧米諸国における開発教育の移り変わりと今後の展望」財団法人国際開発センター編『IDCJ FORUM』第20号．
岩崎裕保（2003）「報告・欧州グローバル教育会議――持続可能な社会のために」『開発教育』第47号，開発教育協会．
岩崎裕保（2004）「持続可能な開発のための教育の10年――経緯と課題」『国際理解』第35号，国際理解教育研究所．
江原裕美編（2001）『開発と教育――国際協力と子どもたちの未来』新評論．
江原裕美編（2003）『内発的発展と教育――人間主体の社会変革とNGOの地平』新評論．
オスラー，オードリー編，中里亜夫監訳（2002）『世界の開発教育――教師のためのグローバル・カリキュラム』明石書店．
甲斐田万智子（1994）「海外協力の広報と開発教育」開発教育協会編『機関誌『開発教育』論文20撰』開発教育協会．
開発教育協会編（2004）『開発教育ってなあに？――開発教育Q＆A集〔改訂版〕』開発教育協会．
開発教育協会編（2005）「国際協力と開発教育」『開発教育』第52号，開発教育協会．
木村一子（2000）『イギリスのグローバル教育』勁草書房．
国際協力推進会（1984）『開発教育に関する調査研究――諸外国における開発教育の現状と文献』外務省昭和59年度補助事業．
国際協力推進会（1997）『海外における国際協力に関する広報活動及び開発教育の現状――マス・メディアとの連携』国際協力推進会．
国連開発計画（2004）『人間開発報告書――この多様な世界で文化の自由を』国際協力出版会．
田中治彦（1994）『南北問題と開発教育』亜紀書房．
浜野隆（2002）『国際協力論入門――地域と世界の共生』角川書店．
室靖（1991）「『開発教育』の展開と今日的課題」『社会教育』第46巻第5号，社会教育連合会．
室靖・矢島毅・赤石和則（1981）「新しい国際理解教育としての開発教育」『国際理解』第13号，国際理解教育研究所．
山内乾史（2004）「国際協力の実践」田中圭治郎編『総合演習の基礎』ミネルヴァ書房．
UNICEF（1994）『開発のための教育――ユニセフによる地球学習の手引き（パイロットバージョン）』日本ユニセフ協会．
吉田晴彦（1990）「国際開発問題の新次元――『開発教育』運動の構造と動態」馬場伸也編『現代国際関係の新次元』日本評論社．
Ida Mc Donnell, Henri-Bernard Solignac and Liam Wegimon (2003) *Public Opinion Research, Global Education and Development Co-operation Reform: In Search of a Virtuous Circle*, Working Paper No. 222 (Formerly Webdoc No. 10), OECD Development Centre, November 2003, DEV/ DOC(2003) 20.
Mc Donnell, I., H.-B. Solignac Lecomte and L. Wegimont (eds.) (2003) *Public Opinion*

and the Fight against Poverty, Development Centre Studies, OECD and North-South Centre of the Council of Europe, Paris.
OECD (2001) *Citizens as Partners: OECD Handbook on Information, Consultation and Public Participation in Policy-Making*, OECD, Paris.
  (http://puck.sourceoecd.org/vl=5907667/cl=27/nw=1/rpsv/cgi-bin/fulltextew.pl?prpsv=/ij/oecdthemes/99980096/v2001n29/s1/p1l.idx)
Osler, Audrey (1994) *Development Education-Global Perspectives in the Curriculum*, CASSEL.
Smillie, I.and Helmich H. in collaboration with German T. and Randel J. (eds.) (1998) *Public attitudes and International Development Cooperation*, Development Centre Studies, OECD and North-South Centre of the Council of Europe, Paris.
  (http://puck.sourceoecd.org/vl=5907667/cl=27/nw=1/rpsv/cgi-bin/fulltextew.pl?prpsv=/ij/oecdthemes/99980010/v1998n22/s1/p1l.idx)
Stern, M. (1998) *Development Aid: What the Public Thinks*, Working Paper4, Office of Development Studies, UNDP/ODS, New York.
  (http://www.undp.org/ods/pdfs/dev-aid-what-public.pdf.)
UNESCO (1974) *1974: The Recommendation concerning Education for International Understanding, Co-operation and Peace, and Education relating to Human Rights and Fundamental Freedoms*, UNESCO.
  (http://www.unesco.org/education/nfsunesco/pdf/Peace-e.pdf)
UNESCO (1994) *International practical guide on the Implementation of the Recommendation concerning Education for International Understanding, Co-operation and Peace and Education relating to Human Rights and Fundamental Freedoms*, UNESCO.
  (http://unesdoc.unesco.org/images/0010/001066/106627e.pdf)
UNESCO (1996) *Education for International Understanding-An Idea gaining ground*, UNESCO.
  (http://unesdoc.unesco.org/images/0012/001248/124833e.pdf)

(武　寛子)

第3章　日本における開発教育の変遷

　　　　本章では日本における開発教育の歴史と理念の変遷を，開発教育協議会に焦点を置いてみていく。日本では，1970年代に開発教育が紹介された。第一期の胎動・萌芽期を日本に開発教育の用語が会議の報告書で用いられた1972年から，日本での開発教育の活動に中心的な役割をしている開発教育協議会（現，開発教育協会）が設立した1982年とする。1983年から1988年を第二期の模索・試行錯誤期，1990年代を第三期の拡大期，2000年を第四期の持続可能性志向期と区分していく。

1　はじめに

　第2章の欧米諸国における開発教育の変遷をふまえて，本章では，日本における開発教育の変遷を整理する。欧米諸国における開発教育の変遷をみてから，日本における開発教育の変遷をみる理由は，日本の開発教育は欧米の影響を受けていると考えられているからである。日本においても，民間組織によって開発教育が取り組まれてから，国際社会・国内における経済的・社会的影響を受けて新しい理念や方法論が取り組まれてきた。今では，NGO・NPO，国際機関，政府，学校がその目的や対象によってさまざまな開発教育を展開している。最後に，欧米諸国と日本の開発教育の比較をして，今後の開発教育の方向性を示唆する。さまざまな開発教育実践主体によって各地で行われている開発教育が，ある種の共通概念を共有して進められていくことは重要だからである。

　国際社会において，2000年9月にミレニアム開発目標（MDGs）が決議され，日本もまた，ODA大綱にてMDGsの支持を表明している。日本のODA拠出金額はDAC諸国の中で1, 2を競うほどの実績をもち，世界に多大な貢献をする国家の1つとして重要な役割を担っている。近年では，日本の財政難からODA予算額は削減傾向にあるものの，内海［2001］が説明するように，「国際

協力は現代の日本が担わなければならない現実的課題」といえる。戦後復興を成し遂げ，経済成長・技術進歩を経て今なお経済大国である日本が，世界に対して国際協力をすることは義務である。国民に対して，国際協力の対象となる途上国や，地球規模の開発問題に対する理解をどのように求めるかが今後の課題となってくる。しかし，国民の国際協力への認識やODA，援助対象となる途上国への理解はあまり高くない。筆者は，小・中・高校の総合学習の時間，社会科の授業で世界の貧困・南北問題について授業を行っている。ある高校で，インドや中国についての授業をした後にアンケートを実施したところ，「途上国には興味はない」「ヨーロッパについて授業をしてほしい」とのコメントがみうけられた（2004年11月3日）。日本の国際協力への世論を高めるために，国民が途上国の現状や開発・南北問題に関する諸様相を学ぶ必要性は高いといえる。

　日本の開発教育の歴史を整理するに当たり，開発教育協会を中心に取り上げた。開発教育協会を取り上げた理由として，設立当初から教師や他NGOといった会員の交流の場として学び合うことが目的とされており，そのためNGOや教師からの実践面や所感といった，多面的な意見が得られるからである。また，NGOや教育機関などとの連携，海外の機関との連携の場として，情報リソースが豊富だからである。

2　第一期：胎動・萌芽期
——開発についての教育（1972〜82年）

　開発教育が初めて日本に紹介されたのは，1972年に行われた第8回世界青年会議（WAY：World Assembly of Youth，青少年団体の国際的な連合体）［湯本，2003］総会の報告書において，WAY日本委員会である中央青少年団体連絡協議会から発行された報告書翻訳で「開発教育」が用いられたことに始まる［田中，1994］。1977年4月には青年海外協力隊事務局の教科書調査委員会から『新たな「開発教育」を目指して——南北問題・開発途上国に関する教科書調査報告書』という報告書が刊行され，これが日本で初めて開発教育を扱った最初の文献といわ

れている。この文献は，国際化の時代を迎えるに当たって国民の知識を涵養する必要から，中でも南北問題に対する国民の関心がいまだ不充分であることを問題視し，「義務教育段階で，児童・生徒に対し，南北問題，とくに開発途上国理解のための取り組みが，どのように行われているか社会科教科書における記載事実について」調査したものである［田中，1994］。湯本［2000］によると，報告書や文献で開発教育の用語は取り上げられていたが，その認知度は関係者をのぞくと皆無に近かったといえる。

1974年には，ユネスコが「国際教育勧告」を採択し，国際平和・国際理解・国際協力への理解を促すための教育活動を発表した。1975年には，国連合同情報委員会が開発教育の必要性を認識し，その定義を発表した。1979年に，国連広報センターを中心として開発教育の概念が本格的に紹介された。当時のユニセフ駐日代表が，日本の開発教育が遅れているということに関心を示し，ユニセフの仕事として開発教育の普及に力を入れた［湯本，2000］。その年の11月，国連センターとユニセフ駐日事務所が，国連大学と共催して東京で「開発教育シンポジウム」を開き，日本の社会に対して開発教育の紹介と導入に積極的に取り組む始まりとなった［室，1991］。

「開発教育シンポジウム」がきっかけとなり，1982年に，開発教育の普及，推進のために，関心をもつ個人や団体があつまり開発教育協議会（現，開発教育協会）が結成され，次のように開発教育を定義した。

「これから21世紀にかけて急速な克服を必要としている人類社会共通な課題，つまり低開発について，その様相と原因を理解し，地球社会構成国の相互依存性についての認識を深め，開発を進めていこうとする多くの努力や試みを知り，そして開発のために積極的に参加しようという態度を養うことをねらいとする学校内外の教育活動。」

この定義は，途上国と先進国を含めた開発や国際協力，国際理解への考えを深めるために市民が一丸となって行うことを強調している。普遍的な概念ではあるが，世界の相互依存性に目を向け，低開発の原因解決のために学校教育だけにかぎらず社会教育としても学んでいくことの必要性を提示している。当時

の開発教育は,「低開発」や「欠乏」を問題として取り上げ,その解決のために先進国に住む我々は何ができるのかを考えることと同時に,途上国の貧困の原因は北側にあるという認識をもつことが目的の教育活動であった。開発や,それにまつわる問題について学ぶことに主眼が置かれ,「開発についての」教育だった。当時の担い手は,青年海外協力隊のOB・OG,国際協力NGOの関係者,YMCAなどの国際的なつながりをもった青少年団体だった(http://www.rikkyo.ne.jp/~htanaka/03/ESD01.html)。

3　第二期：模索・試行錯誤期
——「開発」の探求（1983〜88年）

　1980年代の日本社会は,経済の安定成長期から「バブル景気」へと突入していた。1979年から大学入試に「共通一次試験」が導入されたことで,受験戦争や偏差値教育が加熱する傾向にあった。こうした社会背景の中,「日本の貧しさを問い直す」「望ましい開発のあり方を考える」といった開発教育のメッセージは伝わりにくかった［湯本, 2000］。

　開発教育協議会は,開発教育を広めていく上でも,「開発教育とは何か?」といった疑問に対して関係者自らが理解する必要があった。とくに,「開発」という用語自体,多義的であり,例えば欧州では途上国における社会的・経済的開発を意味する用語として用いられていた。一方,日本では開発とは観光開発や都市開発,ダム開発といった国土づくりとして「開発」が用いられた。教育関係者の中には,「子どもの才能開発を目的とする教育」と誤解した人もいた。そのため「開発」についてもその意味をはっきりと提示する必要性があった。

　開発教育理論の説明に努める一方で,開発教育の取り組みに先進的な欧米での実践や教材を紹介したり,国内での共有を少しずつ図ったりした時代でもあった［湯本, 2000］。欧米諸国における開発教育の教材をもとに,実践の場として学校での教材や教授法に関する本が開発・発行された。開発教育協議会からは,「開発教育ハンドブック」や「開発教育手引きシリーズ」が発行された。

また学校教育や，社会教育においても，NGO や教員などによる実践が行われた。しかし，これらの動きはほんの一部でしかなかった。

　1985年，外務省はその年の ODA 実施効率化研究報告の中で，広報活動としての開発教育普及の必要性について提言した。これは政府として初めて開発教育の必要性を説いた公文書である。ここで，開発教育は援助に対する国民の理解と支持を得るために，国民各層に対する PR として，その必要性が述べられた。86年には外務省の諮問機関として「開発教育を考える会」が設置され，「開発教育を考える会」の報告（1989年3月）が発行された。それによると，開発教育を通して「国民一人一人が政府が行っている援助の内容について理解するだけでなく，(中略) わが国のなすべき役割を自覚し，責任感をもって人類社会の調和ある発展のために貢献しようとする態度を身につけることが必要である」と述べている [鳥山，1988]。1987年には，この「考える会」は解散した。このときの政府は，外交政策の一部として開発教育についてその意義をみいだしただけであり，それらが学校での教育制度に取り入れられることはなかった。

　この時期には，メディアによる影響も大きかった。1984年から85年ごろにアフリカで大規模な飢餓があり，多くの難民がでた。日本でもテレビによる「アフリカ飢餓キャンペーン」によって，国民は途上国の実態，環境と開発の問題への関心が寄せられた。文字通り「キャンペーン」であったために，途上国の悲惨さを売りにして募金や援助を求めた要素が強かった。1980年代は，国際社会の中の社会貢献という意味で，「豊かな日本が貧しい国に援助をしてあげる」という図式が受け入れられやすく，開発教育による参加型学習のスタイルや教材を用いて，途上国と先進国との相互依存性や，貧しさへの根本的な原因を考えるまでは至らなかった。

　1980年代後半は，開発教育協議会にとってこれまでの流れを大きく変える時期となった。1989年，小・中学校および高等学校における学習指導要領が改訂され，教育の国際化に対応する方針を示したこと，日本の ODA の拠出金額が世界第1位になったことなどが重なった。国民の豊かさへの疑問や，豊かさとは何か，日本の物質主義への反省の気運もでてきた [開発教育協議会，1997]。また，1980年代後半にニューカマーといわれる多くの外国人労働者が流入したこ

とによって地域の国際化は，身近な問題となった。同じ地域に住む日本人と外国人との共生の意識をどのように育成するかが問題となった。

社会の情勢がかわり，開発教育協議会自体のあり方も変容した。それまでは開発教育振興のために，開発教育全国研究集会や機関誌などの場を提供してきたが，開発教育全国研究集会への参加者が増大したことにより，開発教育についての宣伝だけでなく，質的な面も重視された。南北問題やその課題解決を模索することや，日本の豊かさについて問いかけるような開発教育が求められ，社会に対して働きかける役割が期待された。

4　第三期：拡大期
——理念と活動の拡大・普及期（1990年代）

この時代の日本の開発教育は，理念と活動の拡大・普及の時期である。

理念の拡大には，1990年のUNDP「人間開発」戦略や，1992年の国連環境開発会議による「持続可能な開発」の概念，1995年の社会開発サミットにおける「社会開発」戦略などによる影響が大きかった。「開発」の概念が，経済的な指標の向上ではなく，人間を中心とした社会開発であるという概念が，日本の開発教育にも影響を与えた。日本国内では，バブル経済が崩壊したことから，物質的・経済的豊かさを問い直す風潮があった。このような背景は生活スタイルの見直しや，環境に配慮をした自然との共生，人生の豊かさとは経済的な指標だけではなく，教育や社会福祉などの充実や人生の選択肢が確保されていることであるという認識の拡大に影響した。開発教育は，すべての国，地域で貧困や格差，抑圧のない新しい地球社会をつくっていこうとすることを目指すようになり，自分たちの住む地域社会も含めた地球社会全体について「開発のあり方を考える教育」へと発展した［田中，2004］。

1980年代までに活動していたNGOや学校教師などの実践者たちの経験も，地域から全国へとネットワークが広がった。開発教育協議会は，設立した翌年より全国研究集会を開催し，開発教育についての実践や経験の共有を試みてきたり，開発教育の推進普及を目的とした全国開発教育推進研究会も開催される

ようになり，NGO や国際交流団体，学校教員，研究者などが集まり，知識，経験の交流・共有が続けられている［湯本，2000］。これらの経験から，地域密着型のネットワーク形成や，地域における開発教育の推進拠点の設置が新たな課題として認識されるようになった (http://www.rikkyo.ne.jp/~htanaka/05/DevEd2005.html)。

1990年代には他の NGO や社会教育団体による開発教育の広がりをみせ，開発教育プログラムが様々な団体によって開始されるようになった。この時期にNGO による活動が活発になったのは，1970年代末のインドシナ難民を救済するために NGO が急増し，さらに1980年代後期に外務省による NGO 支援策開始が，報道されるようになったのがきっかけである。「ニューカマー」と呼ばれる外国籍の人口が増える中で，「多文化共生」を進める国際交流協会も開発教育の教材を取り入れて活動を展開させ，地域のまちづくりのために進められた［木下，2004］。このような背景から，地域における開発教育の必要性も高められ，各地に根づいた問題を解決するために，またよりよい生活を送ることが可能な地域づくりのために，開発教育は広まっていった。

このような活動展開の拡大・普及に貢献したのは，開発教育を進めるための参加型学習の教材や実践事例による情報の普及，文献が出版されたこともあげられる。1980年代には，欧米諸国による開発教育の教材を翻訳したものを中心に活動されていたが，90年代には一部の NGO や教師がそれまで蓄積してきた開発教育の実践や教材開発を資料や情報として発表した。このことが，地域における開発教育の活動展開普及の要因の１つになったといえる［湯本，2000］。

開発教育協議会は，1997年に結成15周年を迎え，次のように開発教育の定義を変更した。

> 「私達ひとりひとりが，開発をめぐるさまざまな問題を理解し，望ましい開発の在り方を考え，共に生きることのできる公正な地域社会づくりに参加することをねらいとした教育活動」

この取り組みのために，(1)多様性の重視，(2)開発問題の現状と原因，(3)地球的課題の関連性，(4)世界と私達のつながり，(5)私達の取り組み，の５つの目標

が設定された。教育目標を設定することで，より具体性がでてきたといえる。さらに，「参加」することで個人による働きかけを強調し，世界との相互依存を理解した上で個人は何ができるのか，それを探求する教育活動へと進展した。

開発教育協会では，開発教育の実践や，学校での国際理解教育との関連性を重要視し，とくに小・中・高校での総合的な学習の時間への講師派遣や，開発教育実践のためのカリキュラムやノウハウ提供に関する情報の共有が豊富になってきた。また，2002年に学習指導要領の改正によって「総合的な学習の時間」が導入されたことで，開発教育の活動の場が広まったこともあげられる。国際理解に関する授業の一環で，開発教育の実践を，教師や外部のNGO，教育グループに依託して行われている。

この時期の開発教育の担い手は，青少年団体や国際協力NGOのみではなく学校の教員，地域の国際交流協会，環境・人権・ジェンダーなど国際協力以外のNGO，公民館などいわゆる社会教育へと広がりをみせた（http://www.rikkyo.ne.jp/~htanaka/03/DEAR20yrs.html）。

開発教育についての情報が普及したこと，開発の概念が変化したことによって開発教育理念の範囲も拡大した。そして，開発教育に関連する他教育分野を推進する担い手も参加し，担い手も拡大したのである。このような，国内外による影響から，開発教育は普及したといえる。

5　第四期：持続可能性志向期
―― 持続可能な開発に向けての教育期（2000年から）

2002年に南アフリカでヨハネスブルク・サミットが開催された。ヨハネスブルクにおいて日本政府が発表した「国連・持続可能な開発のための教育（UNDESD，詳しくは前章を参照）の10年」の採択後も，国際社会において「持続可能な開発のための教育」がさまざまな論議を招いた。国際社会では，持続可能な開発のための教育，ミレニアム開発目標などが決議されるようになった。それにもかかわらず，日本政府はこのような流れには対応してこなかった［岩崎，2004］。2003年6月には，「持続可能な開発のための教育の10年」推進会議

(ESD-J：Japan Council on the UN Decade of Education for Sustainable Development) が発足した。行政による市民参加型のまちづくりや，教育・学習計画の策定支援，人権・環境・開発・ジェンダー・平和・青少年などの教育を担っている各地域の担当者を中心に持続可能な開発の推進につながる「政策提言」「情報共有」「地域ネットワーク形成」「国際ネットワークの形成」のために活動を展開している (http://www.esd-j.org/documents/esdgawakaru.pdf)。

　UNDESDを受けて，日本国内においてさまざまな機関，団体，個人における連携が強まり，「持続可能な社会をつくる」ためにフォーラムやセッションが行われている。開発・環境・人権教育との関係の深さにも言及され，それぞれの教育分野が持続可能な社会を実現するためには何ができるかが，模索されてきている。たとえば，開発教育協議会は，開発教育の中でESDやMDGsの課題を取り上げていくことを検討しなければならないとの見解をしめしている［重田，2004］。

　2002年12月に設立20周年を迎えた開発教育協議会は，名称を「開発教育協会」と改めて，2003年にはNPO法人として再出発している。開発教育協会は，「共に生きることのできる公正な地球社会のための教育」と開発教育を目標づけた上で，次のように再定義している。

　　「世界でおこっている貧困・飢餓，紛争・戦争，環境破壊，人権侵害といった問題は，日本の社会のあり方や私たちのライフスタイルとも深く関係している。また日本にも同様の問題が存在している。文化・民族・宗教などを異にする世界の人々がともに生きることのできる公正な社会をつくっていくことが，これからの大きな課題である。そのためには，私たちひとりひとりが，こうした問題をよく知り，自分の問題として考え，その解決に向けて行動していくことが必要である。開発教育は，こうした課題に取り組む教育活動である。」

　協会の役割を，政府との対話，国内外の関係団体との連携，開発教育の調査研究の発展，開発教育に関する情報発信，地域との連携など，5つの項目を掲げている。官と民との橋渡し的な存在として活動し，地域における学校内外で

の学習情報の提供や共有を司る組織として活動している。開発教育を通して，世界に起こっていることだけでなく，それが日本社会にもあるということを認識し，身近なところから世界との共通課題をみいだし問題に取り組もうとしている。日本国内における問題に目を向けることで，相互依存問題は自分たちの生活の周りで起こっているという認識をもつことの重要性を説明している。

日本の開発教育は，1990年代になってようやく国際社会の動きを受けてその必要性が注目され始めた。

6 欧米諸国と日本の開発教育の比較

開発理論の変遷と開発教育の流れをまとめたものが，表3-1である。

欧米諸国の開発教育は，胎動期から10年区切りで変遷している。一方，日本は胎動・萌芽期が一度にきている。これは，欧米諸国ではキリスト教会の宣教活動から，NGO，国際機関などを巻き込んで拡大していった反面，日本では国連やユニセフ駐日代表部から持ち込まれて始まったことがあげられる。そのため，日本では一度に胎動・萌芽期がきたといえる。

1990年代の「失われた10年」がきっかけで，開発理論が経済開発から人間開発へと変わったように，開発教育もまた，新たな概念をもつことになった。欧米諸国での危機対応期では，南北問題の悪化や環境問題の深刻化により，新たな開発教育の模索がされた。日本では，バブル景気のため開発教育の概念そのものが浸透しにくかった。しかし，1980年代後半を転機として，日本で新たな開発教育の概念が受け入れられやすくなった。

日本は，開発教育の取り組みが欧米諸国と比べて約20年遅かったにもかかわらず，2000年代になって「持続可能性志向期」と同じ区分に入っている。とくに，胎動・萌芽期，模索・試行錯誤期では，開発教育はむしろ停滞していたといえる。1990年代初頭のバブル崩壊と，ODA拠出金額が第1位になったこと，インドシナ難民が日本にくるようになり共生の意識がでてきたことなどが，日本人にとって「豊かさとは何か」「開発とは何か」を問い直すきっかけとなった。80年代に開発教育の実践は難しかったものの，個人や民間による文献収集

表 3-1　開発理論の変遷と開発教育の流れ

	1945〜1960	1960〜1970	1970〜1980	1980〜1990	1990〜2000	2000〜
パラダイム	近代化論 ────────────────────────────────────					
		従属理論 ────────────────────────				
		内発的発展論 ────────────────				
		ジェンダーと開発 ────────────				
				人間開発 ────────		
開発の目標	経済成長	経済成長	BHN充足	マクロ経済立て直し	人間開発	持続可能な開発
欧米諸国の開発教育の区分	胎動期	萌芽期	形成期	危機対応期	人間開発志向期	持続可能性志向期
世界の開発教育	知識としての開発教育					
			開発のあり方を考える教育			
					持続可能な開発に向けての教育	
日本の開発教育の区分			胎動・萌芽期	模索・思考錯誤期	拡大期	持続可能性志向期
日本の開発教育		開発についての教育				
				開発のあり方を考える教育		
					持続可能な開発に向けての教育	

出所：江原［2001］を参考に筆者作成．

や研究が進められていたため，拡大期へと移ったときに普及しやすかったと考えられる。1990年代に入ってようやく，欧米諸国の動きをうけて，その必要性が広く注目されるようになった。

　日本の開発教育が欧米に追いついた理由として，次の4つに集約できる。(1)欧米諸国や国際機関による先行研究や文献があったため，それをもとにすることができた，(2)現職教員やNGO，青年海外協力隊のOB・OGが，独自に取り組んできた教材がストックされていたため，拡大期に入って普及しやすかった，(3)参加型学習の教授法が，既存のものと異なり，受け入れられやすかった，(4)2002年に「総合的な学習の時間」が導入されたことで，実践の場が増えた。

表 3-2　世界の動きと開発教育

年代	国際連合の動き	欧米諸国の開発教育	日本の開発教育
1960 1964 1966	「第1次国連開発の10年」	知識としての開発教育	
1970	「第2次国連開発の10年」 ベルゲンダル・ワークショップ		
1970	国際年のはじまり		
1972	ストックホルム 人間環境会議		
1974	第18回ユネスコ本会議 NIEO宣言		
1978	第一回国連軍縮会議		開発についての教育
1980 1982 1985 1986	「第3次国連開発の10年」	開発のあり方を考える教育	
1987	ブルントラント委員会		
1990	国際識字年 万人のための教育世界会議 「第4次国連開発の10年」		開発のあり方を考える教育
1992	国連環境開発会議 （地球サミット） 世界の先住民国際年	持続可能な開発に向けての教育	持続可能な開発に向けての教育
1993	国連人権教育の10年		
1995	世界社会発展サミット 世界女性会議		
1996	貧困根絶のための国際年 国連人間居住会議 世界教育フォーラム		
2000	ミレニアム開発目標		
2002	ヨハネスブルク・サミット		
2002	G8カナナスキス・サミット		
2003	国連識字の10年宣言		
2005	国連持続可能な開発のための教育の10年		

出所：木村[2000]，開発教育協議会[1997]，西岡[1996]を参考に筆者作成．

今後の方向性として，欧米諸国，日本とも持続可能性志向期に入っている．他教育分野との連携や，MDGs，「持続可能な開発」などの開発目標達成のために，開発教育への期待が大きくなっている．これは，欧州グローバル教育会議における今後の開発教育のあり方の討議や，日本の開発教育協会の討議の中

で議論されてきている。質の高い開発教育，グローバルな視野をもつための教育実践が求められている。これは，実践者にとっても大きな課題となり，MDGs の達成へ貢献するために，具体的な行動や参加を起こすことが重要になってきている。

引用・参考文献

赤石和則（2000）「日本における開発教育の課題と展望」財団法人国際開発センター編『IDCJ FORUM』第20号．
岩崎裕保「持続可能な開発のための教育の10年──経緯と課題」『国際理解』第35号，国際理解教育研究所．
江原裕美編（2001）『開発と教育──国際協力と子どもたちの未来』新評論．
江原裕美編（2003）『内発的発展と教育──人間主体の社会変革と NGO の地平』新評論．
大津和子（1993）「「国際理解教育」の動向」北海道教育大学史学会編『史流』第33号，北海道教育大学史学会．
オスラー，オードリー編，中里亜夫監訳（2002）『世界の開発教育──教師のためのグローバル・カリキュラム』明石書店．
開発教育研究会（2009）『身近なところから世界と私を考える授業』明石書店．
開発教育協会編（2004）『開発教育ってなあに？──開発教育Q＆A集〔改訂版〕』開発教育協会．
開発教育協会編（2005）「国際協力と開発教育」『開発教育』第52号，開発教育協会．
開発教育研究会（2007）『関発教育』Vol. 54, 明石書店．
開発教育研究会（2008）『開発教育』Vol. 55, 明石書店．
開発教育協議会（1997）『開発教育──開発教育協議会設立15周年を迎えて』開発教育協議会．
外務省（2002）『ODA 政府開発援助白書──「戦略」と「改革」を求めて』国立印刷局．
外務省（2004）『ODA 政府開発援助白書──日本の ODA50年の成果と歩み』国立印刷局．
金谷敏郎（1983）「これからの開発教育の展開を考える」『開発教育１号─復刻版』開発教育協議会．
上條直美（2004）「日本の開発の歴史と ESD から開発教育を考える」『開発教育』第50号，開発教育協会．
木下理人（2004）「自治体や国際交流ではこんなことができるの？」開発教育協会編『開発教育ってなあに？──開発教育Q＆A集〔改訂版〕』開発教育協会，30．
木村一子（2000）『イギリスのグローバル教育』勁草書房．
教科書調査委員会編（1997）『新たな「開発教育」をめざして──南北問題・開発途上国に関する教科書調査報告書』青年海外協力隊事務局．
埼玉県高等学校社会科教育研究会内開発教育の教材を作る会翻訳・編集（1995）『援助と開発──開発教育教材とその実践事例』開発教育協議会．

武寛子（2006）「日本における開発教育の理念に関する一考察——国際協力のための開発教育へ向けて」神戸大学大学院国際協力研究科地域協力政策専攻修士論文．
田中治彦（1984）「日本における開発教育の現状と課題」『教育学研究』第51巻第3号，日本教育学会．
田中治彦（1989）「日本の開発教育1975-1989-Development Education in Japan 1975-1989」『岡山大学教育学部研究集録』第81号．
田中治彦（1994）『南北問題と開発教育』亜紀書房．
田中治彦（2008）『国際協力と開発教育——「援助」と近未来を探る』明石書店．
田中治彦編著（2008）『開発教育——持続可能な世界のために』学文社．
鳥山猛郎（1988）「『開発教育』から何を学ぶか」歴史教育者協議会，郷土教育全國連絡協議会共同編集『歴史地理教育』94．
西岡尚也（1996）『開発教育のすすめ——南北共生時代の国際理解教育』かもがわ出版．
西岡尚也（2007）『子どもたちへの開発教育——世界のリアルをどう教えるか』ナカニシヤ出版．
浜野隆（2002）『国際協力論入門——地域と世界の共生』角川書店．
藤原孝章（2000）「開発教育の定義」大津和子・溝上泰編集『国際理解　重要用語300の基礎知識』明治図書出版印刷．
藤原孝章（2000）「開発教育の領域・内容」大津和子・溝上泰編集『国際理解　重要用語300の基礎知識』明治図書出版印刷．
藤原孝章（2005）「私の開発教育論　学びとしての開発教育——臨床的アプローチ」開発教育協会編『開発教育』第52号，開発教育協会．
嶺井朗子編著（2007）『世界のシティズンシップ教育——グローバル時代の国民／市民形成』東信堂．
嶺井正也編著（2007）『グローバル化と学校教育』八千代出版．
室靖（1983）「『開発教育協議会』結成の意義と役割——機関誌創刊にあたって」『開発教育1号—復刻版』開発教育協議会．
室靖（1980）「新しい国際理解教育としての開発教育」『国際理解』第12号，国際理解教育研究所．
室靖（1991）「『開発教育』の展開と今日的課題」『社会教育』第46巻第5号，社会教育連合会．
室靖・矢島毅・赤石和則（1981）「新しい国際理解教育としての開発教育」『国際理解』第13号，国際理解教育研究所．
山西優二（1993）「開発教育の成立とその概念の進展」『フィロソフィア』第81号，早稲田大学哲学会．
山西優二（2003）「開発教育の地域展開に向けて——地域のもつ意味を考える」『開発教育』第47号，開発教育協議会．
山西優二・近藤牧子・上條直美編，（特活）開発教育協会企画協力（2008）『地域から描くこれからの開発教育』新評論．
山内乾史（2004）「国際協力の実践」田中圭治郎編『総合演習の基礎』ミネルヴァ書房．

UNICEF (1994)『開発のための教育——ユニセフによる地球学習の手引き (パイロットバージョン)』日本ユニセフ協会.
湯本浩之 (2000)「日本における開発教育の歴史と現状」財団法人国際開発センター編『IDCJ FORUM』第20号.
湯本浩之 (2003)「日本における『開発教育』の展開」江原裕美編『内発的発展と教育——人間主体の社会変革とNGOの地平』新評論.
吉田晴彦 (1990)「国際開発問題の新次元——『開発教育』運動の構造と動態」馬場伸也編『現代国際関係の新次元』日本評論社.
Fountain, Susan (1995) *Education for Development-A teacher's resource for global learning*, UNICEF.
Japan National Commission for UNESCO (1996) *Report of the UNESCO's Association Schools Project in Education for International Understanding at the Teacher-Training Level in Japan 1958-1963*, Ministry of Education of Japan.
Mc Donnell Ida, Henri-Bernard Solignac, and Liam Wegimon (2003) *Public Opinion Research, Global Education and Development Co-operation Reform: In Search of a Virtuous Circle*, Working Paper No. 222 (Formerly Webdoc No. 10), OECD Development Centre, November 2003, DEV/ DOC (2003) 20.
Mc Donnell, I., H.-B. Solignac Lecomte and L. Wegimont (eds.) (2003) *Public Opinion and the Fight against Poverty, Development Centre Studies*, OECD and North-South Centre of the Council of Europe, Paris.
OECD (2001) *Citizens as Partners: OECD Handbook on Information, Consultation and Public Participation in Policy-Making*, OECD, Paris.
(http://puck.sourceoecd.org/vl=5907667/cl=27/nw=1/rpsv/cgi-bin/fulltextew.pl?prpsv=/ij/oecdthemes/99980096/v2001n29/s1/p1l.idx)
Osler, Audrey (1994) *Development Education-Global Perspectives in the Curriculum*, CASSEL.

(武　寛子)

第4章　難民ニューカマーの子どもの教育と職業

　　1975年のベトナム戦争終了後，多くのインドシナ難民が全世界に流出し，日本でも1万人以上が各地に定住している。難民となった両親とともに来日した，当時幼児や小学生であった子どもたちは，定住の長期化にともない日本社会で成長を遂げている。

　　幼少の頃，難民の子どもとして渡日した子弟は，日本の学校では成績不振者であり，教科内容の理解が難しく高校への進学率が低いなどととらえられてきたが，日本社会で成長した現在どのような生活を送っているだろうか。

　　本章では，西日本のインドシナ難民集住地域に居住する難民ニューカマー子弟が，渡日後どのような学校教育を受け，職業に就き，生活を営んでいるかについて，インタビュー調査を行い，彼／彼女らが現在抱える問題点と今後の課題を明らかにすることを試みる。

　　今後も日本にニューカマーが増加することを考慮に入れると，滞在が長引いたニューカマーについて現状を把握し，支援の必要性を明確にした研究を蓄積していくことは重要となる。

1　インドシナ難民の定住
―― その背景と忘れられた存在

　「外国の人はベトナムを脱出しなければならない理由がわかりません（中略）。国民の財産は全部取られました。たとえば，家や庭や農場や工場や病院や学校や教会などもです。みんなは将来の事を考えられなくて，無事に暮らしているか死んでいるか明日のことは全然わからなくなりました。そのときから，みんなは脱走することを考えはじめました（中略）。脱出する人の中で，助かる人は死ぬ人の10分の1だけです。そんな事をよく知っているけれども，生命をかけて，自由を手に入れるために海に出ました。」［姫路難民定住促進センター文集,

1983]

　これは今から20年前に，あるインドシナ難民が「41日間死の海の上に」という題で書いた作文であり，命を引き換えにしてでも母国を去らなければならなかった事情を克明に描写している。作者は41日間，海上で大波に耐え，飢えに苦しみながらギリシャ船に助けられ日本に上陸した。その間，ともに出国した10名の尊い命をなくし，家族の死にも直面した。

　1975年のベトナム戦争終了後，インドシナ3国（ベトナム，ラオス，カンボジア）では共産主義勢力が実権を握った。新政権に対して強い不安・不信をもつ人々は，急速な共産主義から逃れるために，アメリカ，フランス，オーストラリアなどに難民として流出した。その総数は約144万人に達する。日本でも，1979年よりインドシナ難民の受入れを開始し，難民事業本部を設置した上で，日本語教育，職業訓練，就職あっせんを目的とした定住促進センターを東日本と西日本に設立した。定住促進センターを出所した難民は，全国に散在し，3カ国からの難民の累計は1万人を超えている［難民事業本部，2006］。

　インドシナ難民は，日本が新たな外国人の流入をほとんど認めなかった時代に，外国から新しくきた「ニューカマー」であるが，定住から20年以上たった現在，マスコミなどで報道されることがほとんどみられなくなった。代わって日系ブラジル人などの出稼ぎ労働者に注目が集まっており，インドシナ難民は忘れられた存在であるかのようにみうけられる。

2　本研究の視点

(1) 日本におけるニューカマーの増加

　日本におけるニューカマーを大枠で分けると，インドシナ難民，中国東北部からの帰国者，ブラジルやペルーからの日系人出稼ぎ労働者，に分けることができるだろう。志水［2000］は，インドシナ難民を「難民ニューカマー」，日系南米人を「出稼ぎニューカマー」と名づけていることから，本研究でもインドシナ難民を「難民ニューカマー」と称す。日本には他にフィリピンやタイからの女性外国人労働者，国際結婚やビジネスによる入国も増加している。

近年のニューカマーやその子弟に関する研究を整理すると，1990年代より渡来が増えた日系ブラジル人に関する研究（山ノ内［1998］，太田［2000］，小内［2003］，梶田・丹野・樋口［2005］など）が圧倒的多数を占め，続いて中国帰国者（鍛治［2000］，友沢［2002］，中西［2001］，小林［2005］など）の研究が続く。

インドシナ難民に関しては，1980～90年の移住直後に，適応や定住の研究（川上［1991；1994］，保岡［1986］）が盛んであり，インドシナ難民は就業，社会適応など日本の生活においてさまざまな精神的・心理的苦痛と物質的な脆弱性を明確に表している［保岡，1986］などととらえられてきた。子弟の問題は，往々にして成績不振者であり，教科内容の理解への到達が難しい［永瀬，2001］，高校への進学率が低い（11～15％程度）［辻本，2002；乾，2006］などに特徴づけられる。

(2) 難民ニューカマーへの注目

OgbuやGibson［1991］によると，マイノリティは，「自発的マイノリティ」（移民）と「非自発的マイノリティ」（非移民）に分けられ，前者は学校や社会に適応しやすく，学業にも成功しやすいのに対し，後者は学校や社会において適応問題が長期化し，持続的に学業においても成功しにくいという特色がある。Ogbu & Simons［1998］が難民や労働者などを，「自発的マイノリティ」と「非自発的マイノリティ」の中間に位置づくととらえていることを受けて，志水［2001］は日本のニューカマーを同様の部分だと考えるのが妥当だと述べている。しかし，筆者はインドシナ難民を含む難民は，中間という位置づけの中でも，どちらかというと非自発的マイノリティに近い存在ではないかと考える。その理由は第1に，冒頭の作文に現れているように，命と引き換えにしてでも母国を去らざるを得なかった背景があり，自発的に望んで移民した経緯ではないからである。第2の理由は，先述した通り，学業不振など非自発的マイノリティの特色をもっているからである。このことには母国の不安定な政治状況や教育環境なども影響しているだろう［乾，2003］。

このように社会への適応が難しく，学業の達成が困難だととらえられてきた難民ニューカマーの子どもたちは，現在どのような生活を送っているのだろう

か。現在，インドシナ難民は世代交代の時期にきていること，今後も日本にニューカマーが増加することを考慮に入れると，滞在が長引いたニューカマーについて現状を把握し，研究を蓄積することは重要となる。

インドシナ難民に関する2000年以降の研究は，定住が進んだベトナム人コミュニティの現状を克明に掘り下げた研究［戸田，2001］や，ベトナム人の家族・コミュニティの生活世界を描いた研究［川上，2001］などがあげられる。難民の子弟に関する研究はすでに次のように行われている。新垣・浅野［2002］は，インドシナ難民の子弟を対象とした研究が非常に少ないことを踏まえた上で，集住地域において選択式回答による面接調査，ベトナム人青年の生活，とくに地域社会の関係を明らかにしようと試みた。その結果，調査対象の生活は，家族の来日時期と両親の職業階層によって5つのタイプに区分でき，各タイプに共通の傾向がみられると報告した。確かにこの2つは主要な要素であるが，筆者が難民ニューカマーに長年かかわる限り，事情は個別に異なっているため，タイプ別にとらえるのは困難であると思われる。さらに，難民ニューカマー子弟の生活を把握するには，難民として来日した複雑な事情と経緯を把握し，子弟の教育経験から職業へのつながりを時間軸に沿って明らかにすることが重要であると考え，次の目的を設定した。

3　本研究の目的と方法

本研究の目的は，西日本のインドシナ難民集住地域において，その子弟がどのような学校教育を受け，職業に就き，生活を営んでいるかについて地域に居住する子弟をほぼ網羅する形で，インタビュー調査により明らかにすることである。本研究ではインドシナ難民の中でも難民としての数字を把握しやすいラオス系難民を対象とした。

対象地域はⅠ市（人口約5万人），Ⅱ市（約3万人）などの自治体が隣接しており，約80名（約20世帯）のラオス系難民が生活している。この地域では，1970年代にアジア進出をねらって機械部品工場を多く建設した経緯があり，職を得やすい工場が密集しているため，定住促進センターを出所したインドシナ

難民の多くが定住している。

　筆者は生活相談などを行う個人ボランティアとしてこの地域に約10年以上かかわっており、ほぼすべての難民と顔見知りである。各世帯1名の子弟にインタビューを行うことを目的に、ラオス人の集会（新年会など）への参加や家庭訪問を行った結果、15名の難民子弟（小・中学に就学中の子弟を除く）を対象とすることができた。調査期間は2004年5月から2005年12月までであるが、その後も定期的にフォローアップ調査を行っている。なお筆者が作成したインタビュー項目は、年齢・生地、家族構成、言葉、就学経験、職業、友人関係、母国のことなど多岐にわたるが、本研究ではその中でも就学経験と職業に関する結果を中心に分析を行う。なお主な質問は以下の3点である。

① 日本に来てどのような学校に行ったか。学校を辞めた場合、理由は何か。
② 日本の学校に編入したとき、学校ではどのような支援を受けたか。
③ 現在どのような職業についているか。それに至った理由は何か。

4　調査の結果

(1) ラオス系子弟の学歴と就学経験

　15名に対するインタビュー結果の概要は、表4-1の通りである。調査対象の年齢は16歳から39歳までの幅がある。来日時の年齢は、6歳から11歳までが11名にのぼり、生地はラオス、タイ、日本などさまざまである。なお、生地がタイである場合、難民キャンプで生まれたことを意味している。

　インドシナ難民の多くは、日本に定住する以前にタイの難民キャンプで過ごしたケースが多く、中には10年間難民キャンプにいたという例も珍しくない。ラオスでは政治的な混乱のうえ、学校制度も整っていなかったため、ラオスで学校に通ったものは調査対象の中では、1名（N）のみだった。

　まず、日本における学歴に関しては表4-2の結果となり、中学のみ卒業したものが半数以上（8名）を占めていた。高校に進学しなかった理由は、「遊びにはまった」（回答者：C, D, G）「勉強より遊びが楽しくなった」（F）、などで、

表 4-1　インタビュー結果の概要

名前	年齢	性別	来日年齢	居住地	学歴	職業（職場）	結婚年齢と子の数	生地
A	16歳	男	5歳	I市	高校中退	無職	未婚	ラオス
B	16歳	女	4歳	I市	高校中退	携帯部品工場	未婚	タイ
C	23歳	女	11歳	I市	中卒	無職	19歳・離婚　子1	タイ
D	23歳	女	9歳	I市	中卒	自転車部品工場	未婚	ラオス
E	23歳	女	9歳	I市	高校中退	自転車部品工場	未婚	ラオス
F	24歳	女	9歳	I市	中卒	機械部品工場	24歳	ラオス
G	29歳	男	9歳	I市	中卒	機械部品工場	22歳	日本
H	24歳	女	10歳	I市	中卒	機械部品工場	17歳・子1	ラオス
I	17歳	女	6歳	II市	高校中退	無職	17歳・子1	タイ
J	23歳	女	9歳	II市	中卒	機械部品工場	20歳	タイ
K	23歳	男	10歳	III市	中卒	解体業	未婚	ラオス
L	29歳	女	7歳	III市	中卒	新聞折込	17歳・離婚　子3	日本
M	26歳	女	4歳	III市	高卒	ウェイトレス	18歳	タイ
N	39歳	男	15歳	IV市	高卒	布団工場	39歳・子1	ラオス
O	27歳	男	10歳	V市	高校中退	無職	未婚	タイ

表 4-2　子弟の学歴

学　歴	人数(人)
中　卒	8
高　卒	2
高校中退	5
計	15

高校に進学する意思はまったくなかったとみられる。この8名は同じ町に居住しており，幼少からの知り合いで，日常的に昼夜を問わず一緒に行動している。そして，いずれも23歳から29歳までの年齢層で，小学校2～5年で日本の小学校に編入しており，当時のことを尋ねると，一様に「普通に日本人の子どもたちと同じクラスにいた」(D)，「日本人と一緒だったので，しんどかった」(F) などと答え，特別な教育支援を受けなかったと強調する傾向があった。つまり，ニューカマーを受け入れている学校が現在一般的に行う取り出し授業や通訳による学習補助などが，当時一切なかったということである。このことに関して，筆者は地域の小学校教師にインタビューを試みたことがあるが，「当時は難民の子弟が編入してきても，特別な支援を受けることがなく見過ごされ，勉強ができない子だとみなされていた」と話した [乾, 2003]。

次に，高校中退5名についてみると，中退時期は，入学直後 (A, E, O)，高1の夏休み (B)，高校1年の終わり (I) で，すべて1年の終わりまでに退学していることになる。退学の理由は，中卒者とほぼ同じであるが，「(色々と)

面倒くさくなった」(A, B),「(授業に) ついていけなかった，面白くなかった」(O),「勉強よりもお金が欲しくなった」(E),「単位が足りなくて2年に上がれなかった」(I) などの言葉も聞かれた。5名とも高校中退後，高校に戻る意思はまったくなく，親が困り果てた状態で筆者に相談してくることが何度もあった。この中でOは，高卒の資格を得るべく通信制の高校に登録しているが，同様の目標をもった仲間がいないことも影響し，卒業は大変難しい状況である。

　一方，高卒者の2人はその稀な高学歴のため子弟の中でも有名な存在であるので，簡潔に経歴を示したい。2人は年齢も居住地域も異なり，来日年齢も異なる。Nはラオスで小学校を卒業し，15歳で来日したが，その年齢にもかかわらず小学校5年生に編入した。放課後に担任から個別指導を受け，塾にも通い熱心に勉強をしており，前述の中卒者と異なり，教師に恵まれたといえる。彼の親は唯一大学を卒業していて，「高校出ているって，みんないいますけど，当然のことでしょう」と話す。Nの兄弟4人中3人が高校を卒業している。

　もう1人の高卒者（M）は，5人兄弟の末っ子として4歳で来日，定住促進センターの保育所に通うことで日本語を話せるようになった。学校には難民子弟がほとんどおらず，特別な支援は何も受けなかった。学校では「難民，難民」と呼ばれいじめを受けたが，そのため「日本人に負けたくない。外国人でも仕事できることを示したかった（中略）。いい職に就きたかったのと，担任の先生が，○○高校に行くよう励ましてくれた」から高校を出たと話した。両親はラオスで中学校卒業という学歴だが，5人の中で末っ子だけでも高校を卒業させたいと願っていたようである。以上のように，難民子弟の学歴はさまざまな要素が関連して，異なる結果を生み出していると考えられる。

(2) ラオス系子弟の就業状況

　次に，先述した学歴をもつ難民ニューカマーの子弟はどのような職に就いているのだろうか。表4-3に示したい。

　表から明らかなように，工場で組み立て関係の仕事に就くことが主な就業パターンだといえる。仕事の内容は，流れ作業的な部品の組み立てや点検で，ほ

表 4-3　子弟の就業状況

職業（職場）		人数（人）
工場	機械部品	4
	自転車部品	2
	携帯部品	1
	布団工場	1
無職		4
解体業		1
アルバイト（ウェイトレス，新聞折込）		各1
		計15

とんどが立ち仕事である。日本語力は問われないため，職場は外国人が多いことが特徴である。今回対象とした難民の子弟は，親の紹介で同じ職場で働いていることが多い。しかし景気が悪く発注が少ない時期は，会社が親子とも正社員として雇用するのが難しいため，「痛み分け」として子弟も親もパートで働くケースもみられる。仕事には特別な技術も学歴も問われないため，中学を卒業したら，同国人や親が働いていて，母語も話せる工場に就職するというのが，多くの子弟にとって暗黙の人生コースとなっていることが明らかになった。ただ深刻な経済状況に見舞われている2010年現在，特にパートで働く子弟が増えている。

　一方，難民子弟であることを隠して，いわゆるラオス人コミュニティから一般社会に出ようとする就業パターンがみられた。これは表5-3のアルバイトが該当し（L，M），日本人として生きようという思いが強いのが特徴である。両名とも難民としていじめを受けた経験をもち，「難民の子とわかったら普通に就職できないでしょう」と話す。2名とも日本名で名乗り，日本語しか話さないが，現在正社員ではないのは，育児中であることも影響しているだろう。

　次に，無職の子弟についてであるが，その状況は深刻である。4名とも高校中退後，バイト先を転々としており，男子は日雇いのバイトなどを繰り返しながら定職につかず，何もしない日々を過ごしており，犯罪に巻き込まれることさえあった。筆者はそのうち1名の家庭訪問を3度行い，職業相談にも同行したが，昼夜が逆転して朝起きるのが困難なため仕事ができない状態が何年も継続している。来日して何年もたつのに，「俺は難民やしなあ……」という言葉がよく出る。これらの現状に関して，親は批判的なものの，筆者に愚痴をいう以外は，怒ることもなく放置している。「難民となったことが，子どもに申し訳ない」という気持ちで怒れないと話す親もいるが，このことにはラオス特有のやや放任的な親子関係が深く影響していると思われるので，別の形で議論を進めたい。

5 考　察

(1) 学校・社会への不適応がもたらされた経緯とは

　以上，西日本の難民ニューカマー子弟の学歴（教育経験）や就業状況について概観してきたが，総じて難民ニューカマーの子弟は，本国に帰る予定がないにもかかわらず，日本での教育機会に恵まれず，定職に就くことが難しいという状況にある。なぜこのように不遇な状況が重なったのだろうか。次に考察を試みたい。

　第1に，受け入れ当時に難民ニューカマーが日本で受けた学校教育の希薄さ，つまり学校のシステムの未整備が影響している。学校は外国人子弟の受け入れ方がわからなかったこともあり，彼らは学校で，言葉もわからないまま見過ごされた経験をしたこと学歴にも影響したのだろう。とくに中学卒業に終わった者は，「あのとき学校が何かしてくれていたら，もっと賢かったと思うよ」(L)と話したことから，学校からの支援を期待していたことがうかがえる。

　第2に，学校から就職につながるルートがみられなかったことである。難民ニューカマーに対する受け皿の希薄さは，学校だけではなく社会にも表れている。前述したように，ほとんどの子弟が工場での単純作業に従事しており，外国人コミュニティの中で暮らしている。一般の企業などに就職を試みた子弟(M)もいたが，名前が日本名でない（難民とわかるカタカナ名）ため書類選考で落とされた経験をもっていた。また「難民の子であることがわかると偏見をもたれるからね」(L)と話した。学校と地域社会が連携して，就学後の難民子弟の就職の道を開くことができていれば，異なる結果になったと考えられる。

　ここで特筆すべきことは，たとえ高校を卒業した者でも中学卒業者と同様の仕事に就いていることである。前述の高卒者は，表4-3の工場労働，アルバイトが該当し，経済的にも中卒者と変わりがない生活をしている。フォローアップをしている現在でもその状況は変わらない。そのために，地域の難民子弟には「高校を出ても私たちと同じではないか」という意識が根づいている。高校を卒業した者が安定した職業についていれば，地域のモデルとなりうるが，現

実はそうでないため，高卒者が後に続かないのが現状である。

　第3に，その他の事実的な要因として，来日した年齢がもたらす影響を考えたい。Gibson [1991] は，小学校1, 2年生以降に移民して母語が扱えない子どもたちは，移住国で危機的な状況に陥ると述べているが，このことが調査対象にも該当するだろう。本研究の調査対象のほとんどが，母語を学ぶことができないまま難民化し，何の準備もないまま異国の地で外国語により学校教育をスタートしたという状況にあった。高校を卒業した2名は，来日年齢が4歳と15歳で，前者は完全に学習言語が日本語であるし，後者はラオス語を習得してからの日本語への移行であったため，学校教育への適応が成功した可能性がある。逆に中卒に終わった者の移住期は小学校の在学時（2～5年）で，母語を習得できないまま来日しており，そのことが学業不振につながったと考えられる。

　他にも新垣・浅野 [2002] の考察通り，親の職業は子弟の生活に大きく影響を与えるし，親の学歴，親子関係などもライフコースの決定要因だと考えられるが，本研究は子弟の生活を中心としているため，それらの要因については別稿に譲りたい。

(2) おわりに：難民ニューカマー子弟に必要な支援とは

　難民ニューカマーは冒頭の作文に表現されたように，経済的な理由（出稼ぎなどの目的）で自発的に来日したニューカマーとは違い，多くが生命の危機にさらされた結果，非自発的に選択肢のない状態で難民化しており，混乱の中で家族や親戚を失った者もいる。また母国への帰国はほぼ不可能である。

　ニューカマーの子弟への支援としては現在，日本語教育，教科学習，進学相談，職業訓練・斡旋などが行われているが，難民子弟の場合，難民の子としての葛藤やコンプレックスをもち続けていることを鑑みると，持続的なカウンセリングなど精神的ケアが必要となる。また開発途上の母国で教育機会を逸した難民子弟には母語教育を希望する者もいるだろう。母国の状況によってニーズは異なる。

　本研究の西日本での調査結果に限ると，現在の難民ニューカマー子弟の生活

は，移住初期に教育的な支援枠組ができていなかったことが多少なりとも影響している。インドシナ難民に関しては，東日本では多数のNGOが行政と連携してきたし，現在でも母語指導，教科指導などの難民子弟に支援を行っているが，西日本では難民ニューカマーが少ないこともあり，NGOが少なく難民事業本部の支部以外に相談機関が少ない状態が続いている。今後は行政やNGOが中心となって難民と難民子弟のニーズを把握し支援を行うことが必要となる。子弟がアイデンティティを保ちつつ共存できる社会ができれば，自然と将来に対する希望がみえてくるだろう。

　最後になるが，一般にニューカマー支援は，言葉の問題もあり，来日した直後に注目が置かれがちである。しかし，本研究のように滞在が長期にわたる子弟をケースとすると，日本社会で教育を受け，仕事をもち，家庭を築くにともなって問題も複雑化している。彼らはもう「難民」ではなく，「定住者」である。したがって，今後は滞在化が長期化し，定住が進んだニューカマーの支援のあり方について再考すべきだろう。それが難民や外国人労働者などのニューカマーを受け入れている社会の責任であるといえる。

引用・参考文献

新垣正美・浅野慎一（2002）「ベトナム難民青少年の生活とアイデンティティ」『地域社会学会年報』14集.
乾美紀（2003）「ニューカマーと教育問題──在日ラオス系住民を事例として」近畿大学豊岡短期大学編『比較教育』第9章，154-163.
乾美紀（2006）「ニューカマーと高校入試制度の現状──進学機会拡大に向けて」平成17〜19年度　科学研究費補助金〔基盤研究B〕研究代表者：志水宏吉（大阪大学）『ニューカマー児童生徒の就学・学力・進路の実態把握と環境改善に関する研究（その1）』第2章，33-45.
太田晴雄（2000）『ニューカマーの子どもと日本の学校』国際書院.
鍛治致（2000）「中国帰国生と高校進学──言語・文化・民族・階級」蘭信三編著『中国帰国者の生活世界』行路社.
梶田孝道・丹野清人・樋口直人（2005）『顔の見えない定住化──日系ブラジル人と国家・市場・移民ネットワーク』名古屋大学出版会.
川上郁雄（1991）「『在日インドシナ難民』の異文化適応──ベトナム系コミュニティの分析を中心に」『日本学報』第10号.
川上郁雄（1994）「在日ベトナム難民の異文化適応──定住適応過程と家族観の変容」『比

較日本文化研究』第10号．
川上郁雄（2001）『越境する家族——在日ベトナム系住民の生活世界』明石書店．
小内透（2003）『在日ブラジル人の教育と保育——群馬県太田・大泉地区を事例として』明石書店．
小林宏美（2005）「『中国帰国者』の子どもの生きる世界」宮島喬・太田春雄編『外国人の子どもと日本の教育』東京大学出版会．
志水宏吉（2001）「ニューカマーの子どもたちと日本の学校文化——フィールド調査からの報告」藤田英典・志水宏吉編『変動社会のなかの教育・知識・権力——問題としての教育改革・教師・学校文化』新曜社．
辻本久夫（2002）「外国人生徒の中学校卒業後の進路課題」『21世紀　兵庫の学校デザイン——理念・調査・提言』兵庫県在日外国人教育研究協議会．
戸田佳子（2001）『日本のベトナム人コミュニティ』暁印書館．
友沢昭江（2002）「バイリンガル教育の可能性——中国帰国生の高校，大学進学との関連において」『国際文化論集』第22号，81-115．
永瀬一哉（2001）「在日インドシナ児童・生徒の学力上の諸問題に関する研究」『日本教育政策学会年報』第8号．
中西晃（2001）「中国帰国子女の教育」天野正治・村田翼夫編著『多文化共生社会の教育』玉川大学出版局．
難民事業本部ウェブサイト
　　（http://www.rhq.gr.jp/japanese/index.htm　2006年8月閲覧）．
姫路難民定住促進センター文集（1983）『生きる』．
保岡孝顕（1986）「日本におけるインドシナ難民の定住状況と今後の課題」『社会正義』第5号．
山ノ内裕子（1998）「『日系ブラジル人』とは誰か——在日『日系ブラジル人』をめぐる『戦略』と戦術」江淵一公編『トランスカルチュラリズムの研究』明石書店．
Gibson, M. A. (1991) Minorities and Schooling: Some Implication, Gibson, M. & Ogbu, J. U. (eds.) *Minority Status and Schooling: A Comparative Study of Immigrant and Involuntary Minorities*, Garland Publishing.
Ogbu, J. U. (1991) "Immigrant and Involuntary Minorities in Comparative Perspective" Gibson, M. & Ogbu, J. U. (eds.) *Minority Status and Schooling: A Comparative Study of Immigrant and Involuntary Minorities*, Garland Publishing.
Ogbu, J. U. & Simons, H. D. (1998) "Voluntary and Involuntary Minorities: A cultural-ecological theory of school performance with some implication for education", *Anthropology and Education*, vol. 29, No 2.

（乾　美紀）

第 5 章　低賃金で働く「使い捨てられる」若者たち

　本章では，先進国に共通してみられるようになってきた「使い捨てられる」若者たちの現象について論じる。それは，低賃金で働く若者たちの問題であると換言できる。「働く貧困層」がどのような層から輩出され，そこにはどのような特徴があるのかについて考察する。とりわけ，日本においては「使い捨てられる」若者たちが，学力問題と根本的によく似た構造になっていることについても考えてみたい。

1　先進国にみられる「使い捨てられる若者たち」の問題

　21世紀に突入した頃から多くの先進諸国で，「働かない若者」の問題がマスコミ等で大きく取り上げられるようになってきた。最初にこの問題を取り上げたのはイギリスである。1999年，イギリスの社会的排除防止局が作成した『Bridging The Gap』は，教育，雇用，職業訓練のいずれにも身を置いていない若者が16〜18歳人口の 9 ％に当たる16.1万人も存在することを報告し，深刻な若年層の雇用問題が浮き彫りとなったのである（Social Exclusion Unit "Bridging The Gap"（http://www.socialexclusion.gov.uk/downloaddoc.asp?id=31 2006年 9 月10日閲覧））。彼らは「ニート」（NEET：Not in Education, Employment, or Training）と呼ばれ，フリーターや引きこもりとも区別され，分類されている。社会的排除防止局の報告は，それまで労働問題として取り扱われることのなかった「若年無業者」に対して，社会からの注目を集めることとなった。その注目のされ方は大きく分けて 2 つある。 1 つはイギリスの NEET や日本のニートに代表される「働かない若者」の存在である。とくに，日本のニート論争は世間を大きく席巻し，統計調査から除外される「働かない若者」が，社会にどのような影響を与えるのか，さまざまな立場からの調査・報告は後を絶たない。

もう1つは欧米を中心に問題とされはじめた低賃金で働く若者に関する問題である。2001年、アメリカでは低賃金で働く若者を取り上げた『使い捨てられる若者たち（*Youth at Work*）』[Tannock, 2001] が刊行された。これはカナダとアメリカのスーパーマーケットやファーストフードで働く低賃金労働者に対して聞き取り調査を行い、その実態に迫ったものである。

　また、同じ年にジャーナリストがみずから低賃金労働に従事し、その生活実態を著した『ニッケル・アンド・ダイムド（*Nickel and Dimed*）』[Ehrenreich, 2001] が発行された。そこでは、多くの若者が仕事を掛け持ちするにもかかわらず、生活は向上せず、低賃金労働を続けるうちに人間のメンタリティまで変えてしまうことを報告している。アメリカですすめられている新自由主義政策は、就労してもなお貧困から抜け出せない「働く貧困層（ワーキングプア）」を多く生み出しており、最低生活を営むための「生活賃金」である時給14ドル以下（アメリカの経済政策研究所によれば、大人1人と子ども2人を養うために必要な金額が平均で年30000ドルあり、時給に直すと14ドルということになる。）で働く人が、全労働人口の6割以上を占める事態を引き起こしているのである。このような「働く貧困層」の問題はヨーロッパにもみられる。イギリスでは、『ニッケル・アンド・ダイムド』を受けて、40日間、時給4.1ポンド（約820円）で暮らしたジャーナリストのレポート『ハードワーク（*Hard Work*）』[Toynbee, 2003] が出版された。こちらも、アメリカと同様にサッチャー政権が進めた新自由主義政策の結果、イギリスでは階層間格差が広がり、低賃金労働者の家庭の子どもは、結果的には社会的に上昇することができず、親と同じ道を辿っているという現実を指摘している。また、イタリアでは、大学院を修了したにもかかわらず月給1028ユーロ（約15万円）で働く27歳の若者を主人公にした小説『1000ユーロ世代（*Generazione Mille Euro*）』（http://www.generazione1000.com/index2.htm 2006年8月18日閲覧）がインターネットで注目され、2006年6月には本として出版された。イタリアでは1990年代初めから、それまでの終身雇用から短期雇用への切り替えがはじまり、2003年に改正された労働法ではさらに派遣労働が認められるようになった結果、若年無業者が増加したといわれる。それに追い討ちをかけるように、イタリアでは日本と同様にコネ

採用の慣習があり，親類や有力者からの推薦がない若者は就業することが非常に困難になっているという現実もある［朝日新聞社，2006］（表5-1参照）。

表5-1は，主要国別のジニ係数をまとめたものである。欧米では日本よりも不平等の度合いが高く，「働く貧困層」はこの不平等の度合いの高い国に多いことがわかる。この表をみてもわかるように，近年日本においても，「勝ち組・負け組」という用語に代表されるように，もつものともたざるものとの格差が広がってきている。日本における格差の広がりは，前述したような「働かない若者」や「働く貧困層」のような立場の人々を生み出していると考えられる。しかし，社会的・経済的に低い立場の若者に「働かない若者」や「働く貧困層」が偏在している欧米と異なり，日本では必ずしも社会的に低い立場の若者にニートや低賃金労働者がいるのではない。以下では，とりわけ「働く貧困層」である低賃金労働に従事する若者に注目し，日本における低賃金労働者であるフリーターの発生過程を欧米のそれと比較し，日本特有の若年労働者の問題を明らかにしてみたい。

表5-1 主要国別ジニ係数＊

アメリカ	0.357
イタリア	0.347
イギリス	0.326
日　本	0.314

出所：OECD『対日経済審査報告書』2006年版（http://www.oecd.org/document/55/0,2340,en_2649_201185_37127031_1_1_1_1,00.html 2006年9月5日閲覧）より作成．

＊ジニ係数　所得分配の不平等を示す指標であり，所得が完全に均等に分配されている場合は0となり，1に近づくほど不平等度が高いことを意味する。

2　日本におけるフリーターをめぐる議論

まず，日本におけるフリーターの定義について整理してみよう。フリーターに関しては，関連省庁や研究者によってその基準はさまざまであり，共通した定義はいまだ存在していないのが現状である（図5-1参照）。内閣府によるフリーターの定義は，正社員を希望するパート，アルバイト，失業者，そして就業意思のある無業者をすべて含めている。それに対して，厚生労働省が定義するフリーターは，パートやアルバイトを希望している失業者や非正規雇用の人の

15～34歳		男性 (未婚・既婚)	女性 (未婚) (既婚)
正社員		正社員	
パート・アルバイト (派遣などを含む)		派遣・契約等 パート・アルバイト	主婦
失業者 (求職中の無業者)		正社員希望	
非労働力 (求職していない無業者)	就業意思あり 就業意思なし	非労働力	
自営・その他		自営・その他	
学生		学生	

◯：内閣府定義フリーター　▨：厚生労働省定義フリーター　▨：厚生労働省定義ニート

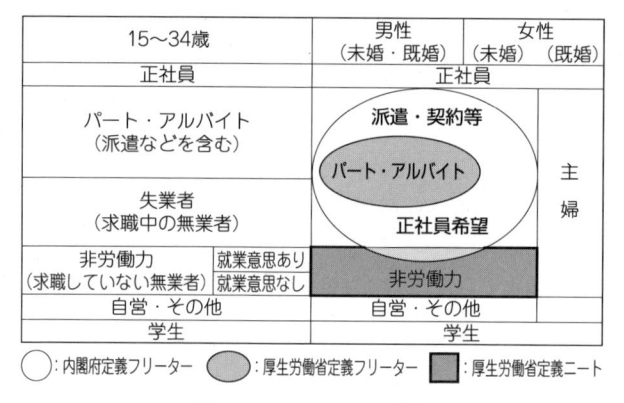

図5-1　フリーターの定義
出所：内閣府［2003］，厚生労働省［2004］より作成．

みをフリーターとしている。内閣府が定義するフリーターの範囲は広く，逆に，厚生労働省が定義するフリーターは狭いことがわかる。結果として，両者の算出するフリーターの数に200万人近い差がでてしまうのである。

　フリーターは年を追うごとに増加し，大きな社会問題となっている。では，いったい何がこのような定職をもたない若者を生み出した要因なのであろうか。これまでの調査研究から，大きくわけると以下の3つの要因があることが指摘されている。まず，1つめに労働市場の変化があげられる。1990年以降からの経済の後退は，それまでの既存の産業構造を大きく変容させた。その中でも最も大きなものが終身雇用と年功序列の衰退である。高卒時における正規雇用の激減とそれ以降の新規雇用の年齢制限は，一度フリーターになってしまった若者にとって就職の敷居を高くしてしまい，そのままフリーターで居続けざるを得なくなる［小杉，2005：204］というのが本説の主張である。

　2つめに，ゆとり教育に代表される教育の問題とする説があげられる。1980年代後半から進められたゆとり教育は，子どもたちが自ら「学びたい」と思うまで勉強を強制しない教育であった。その結果，就職という目標を目指す意欲が湧かず，競争から降りてしまうフリーターを生み出してしまったのではないか［玄田・曲沼，2004：254］，というものである。一方で，学校やカリキュラムそのものを問題視する指摘もある。すなわち，職業と教育との関係がみえにく

くなったために，学校での学習に対して意欲をもてない若者が増え，その結果，正社員として働くことに価値をみいだせない若者が増加した［小杉，2005：204］，と考えられるのである。

3つめに，家庭環境の問題とする説があげられる。学力低下にみられるような二極化現象は家庭環境にも波及し，子どもに対して働くことを過度に期待する家庭と，子どもが望む職に就くまで，自由でいることを受容できる家庭の間に大きな乖離がみられる［小杉，2004：206］。このように，フリーターを生み出す要因は実に多様であり，以上あげた3つの説が複合されたところにこの問題の焦点があることは容易に推察できるであろう。

それでは，フリーターに対して，先行研究ではどのような社会的文脈からの解釈がなされているのだろうか。ここではフリーターに，さらにニートを加えて若者たちの雇用に関する大きな整理をしてみよう。まず，東京大学の玄田有史に代表される解釈がある。玄田は失業者にもフリーターにも含まれないニートの存在を明らかにし，彼らが今後の日本社会に大きな影響を与える［玄田・曲沼，2004］と主張している。しかし，玄田らの若年労働者に対する視線は厳しいものであり，正規雇用に就業しない若者をどのように仕事の世界に誘うか，といった政策の検討がなされている。そして，働かないもしくは低賃金労働に甘んじている若者に対して結果的に烙印，いわゆるダメな若者たちというスティグマを押しているのである。この後にニートやフリーターに関するさまざまな書籍が発行されたが，それを否定的にとらえる説のほとんどは玄田の主張を受けたものが多くを占めている。

この主張に否を唱えたのが東京大学の本田由紀を代表とする解釈である。本田はニートやフリーターのうち，近年急激に増加したのは失業者や進学・留学等の進路に関する理由のために求職活動をする必要に迫られていない若者であって，働くことを希望しない若者はこの10年間でほとんど増加していないこと［本田・内藤・後藤，2006：42-57］を指摘している。そして，現代の若者が抱えているさまざまな事情を鑑みずに，働かない若者を「ニート」とひとくくりにすることに対して，警鐘を鳴らしているのである。このように玄田と本田の主張はベクトルの異なる解釈であるが，その中間に位置するのが日本労働政策研

62　第Ⅰ部　理論編

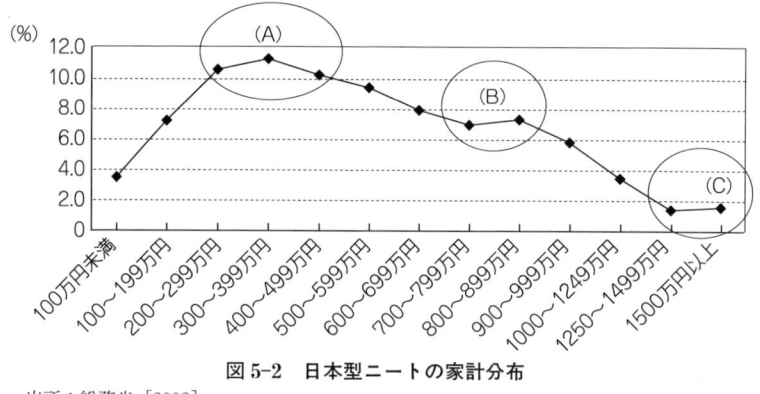

図 5-2　日本型ニートの家計分布

出所：総務省［2002］．

究・研修機構の小杉礼子を代表とする解釈である。小杉は，フリーターやニートなどは90年代初頭にはじまった不況やアメリカから導入された競争主義による雇用形態の変化によって社会が生み出したひずみである［小杉，2005：1］とし，現代の若者における青年期から成人期への移行期間，すなわち「ポスト青年期」［宮本，2005：25-26］の特徴としてとらえることができると述べている。以上がフリーターやニートに関する国内における異なる立場からの解釈である。

　それでは，こうした若者の労働の問題の中から，とりわけ日本における「使い捨てられる若者」の実態についてみてみよう。

　図5-2は，総務省が発表した就業構造基本調査から取り出した日本型ニートの家計分布をグラフにしたものであるが，これを見ると分布が3つのコブをつくっていることがわかる。最も多いのは欧米と同様に社会的に排除される低所得者層（A）の若者であるが，それだけではなく中間の収入をもつ世帯（B）や高収入の世帯（C）にも日本型ニートが存在していることがわかる。この分布には，次に述べる学力低下の先行研究との共通点がある。

3　塾に通う子どもたちの実態と，「使い捨てられる若者」の共通点

　子どもたちの学力低下の実態を明らかにした先行研究として，東京大学の苅谷剛彦が指摘した学力のフタコブラクダの構造［苅谷，2002：13-18］がある。

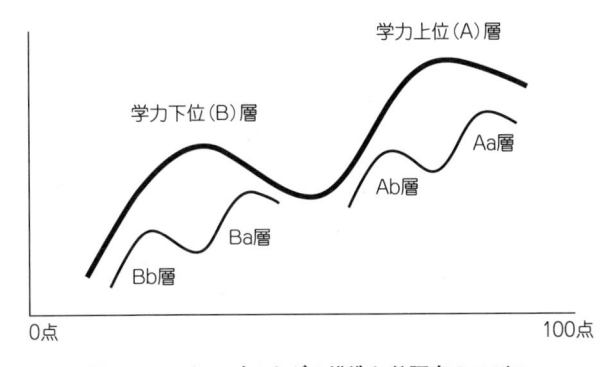

図5-3 フタコブラクダの構造と塾研究のモデル

1980年代における子どもたちの学力は平均点付近に集中し，コブが1つしか存在しなかった。しかし，2000年の学力調査の結果，子どもたちの学力ではコブが，高得点者と低得点者の二層に分かれる構造になった，というのが苅谷の分析である。この指摘を参考に，われわれは学力上位の子どもたちが通う塾を対象にした研究を進め，そこで新たに学力上位の子どもたちの中にも二極化現象がみられること［原・山崎，2006：7-18］を明らかにした（図5-3参照）。

すなわち，学力上位の層の中にあって，その上位に位置するエリート層（Aa層）と，学力上位層の下位に存在する偽装エリート層（Ab層）である。この偽装エリートと呼ばれる子どもたちの学力は，エリート層の子どもたちよりも低位にあり，学習意欲もエリート層の子どもたちに比して，明らかに劣っている。にもかかわらず，彼らは長期間塾に通っているのである。

そこで，私たちは偽装エリート層の子どもたちに，なぜ塾に通うのかなどに関するインタビュー調査を行った。「なぜ君は長い間塾に通っているのですか」という質問に対して，彼らの多くは「塾は好きじゃないけど，塾に行っていないヤツらと一緒にされるのは嫌だから，塾を辞めようと思ったことはない」と答えたのである。塾に行っていない子どもとは一緒にされたくない，つまり，学力が低位であるかどうかは別として，塾に行っていない子（B層）と自分たちは違うという意識を明確にもちたいという意志が，偽装エリート層の子どもたちを驚くほど長期間にわたって塾にとどめる，といったメカニズムがあるこ

とが明らかとなったのである。いいかえれば,塾をやめると,「B層へ転落するのではないか」という恐れを抱いているのである。

　自分たちの帰属集団とそれになじまない「ヤツら」との対立関係を描いた研究にポール・ウィリスの『ハマータウンの野郎ども』がある。ここで「野郎ども（lads）」は学校や工場に対して反抗し,男らしさという価値を重視している。「野郎ども」には,自分たちの価値観になじまない,いわゆる優等生を「耳穴っ子（ear'oles）」と軽蔑し,敵視する構造があったのである［Willis, 1977］。こうした仲間／敵対関係が,通塾／非通塾者の中にもみられるのだろうか。それは,エリート層であるAa層と偽装エリートと呼ばれるAb層は塾に通っている者同志という仲間意識をもっているのか,同様に,塾に通っていないBa層とBb層ではどうなのだろうかを問うことである。そこで,Aa層に対して「あなたはAb層の子どもたちをどう思いますか」と質問したところ,「同じように塾には通っているけれど,自分たちと一緒にはされたくない」という答えがもっぱらであった。同様にAb層に対して「あなたはAa層の子どもたちをどう思いますか」と質問したところ,「あいつらは頭の作りが違うから,自分たちとは違う」という答えが多くみられたのである。先ほど述べた,A層がもつB層への反発は,A層同志の中にも見ることができたのである。

　次に,学力下位のB層の中でも学力の高いBa層と学力が低いBb層に対しても同様の調査を行った。Ba層に対して「あなたはBb層の子どもたちをどう思いますか」と質問したところ,「オレたちも賢くないけど,あそこまでアホじゃない。あそこまで落ちてしまいたくない」という答えが多く聞かれた。逆に,Bb層に対して「Ba層の子どもたちをどう思いますか」と質問したところ,「あいつらは,2ケタの点数がとれる。だから,俺たちはと頭の作りが違う。べつに何とも思わない」などという答えが多数を占めた。A層の内部同志でみられた反発は,B層の内部にも同様に指摘することができたのである。すなわち,フタコブラクダの学力分布の上下各層においても,内部では「あいつらとは違う」「一緒にされたくない」といった意識が働き,反目しあう構造がみられるのである。

　塾調査によって得られた知見は以下の通りである。1つめに,通塾者は非通

塾者に対して「自分たちとは違う」といった意識をもっていること。2つめに，通塾者であるエリート層のAa層と偽装エリートと呼ばれるAb層は互いに「あいつらとは違う」と考えており，非通塾者のBa層とBb層においても同様の傾向がみられることである。このように，子どもたちの学力をどの側面でみたときも二層にわかれる現象は，マトリョーシカによく似ている。マトリョーシカは，人形の中から人形が出てくるロシアのおもちゃである。子どもたちのどの側面を切っても二層構造がみられるこの現象は，いわば「マトリョーシカ構造」ともいうべきものである。そこで，子どもたちの学力分布にみられるこの構造が，フリーターに代表される「使い捨てられる若者」たちの中にもみられるのではないか，という仮説を立てた。それは，使い捨てられる若者たちにも学力による影響があるであろうことは容易に察せられる要因であり，学力上位の若者と学力下位の若者とでは，「使い捨てられる」プロセスに違いがみられるのではないか，と考えたからである。

4 「使い捨てられる若者」の実態調査

　まず使い捨てられる若者に関する実態調査の内容と方法について記しておこう。(ただ，この調査は今後予定されている大規模調査のパイロットスタディーであるため，調査対象数は小規模である。) 調査対象は，低賃金で働く18歳から22歳までの若者である。ここでいう低賃金とは，トインビーの『ハードワーク』で著者が体験した最低時給である時給4.1ポンド，日本円に換算すると約820円以下で働く人を指す。また，正規雇用者の場合は，『1000ユーロ世代』において主人公の月給であった1000ユーロ，日本円に換算すると約15万円以下で働く若者を抽出している。

　調査時期は，2006年の2月から8月までの6カ月間である。調査対象者のサンプリングに際しては，『使い捨てられる若者たち』で調査対象となった若者たちが従事していたような仕事，もしくは『ニッケル・アンド・ダイムド』や『ハードワーク』で著者が実際に従事したような仕事を基準に，低賃金で働いている若者から104名をランダムに選び，インタビューを行った。この中には，

表5-2　高校階層と成績の関係

	上	中	下
進学校	2.0 (n=2)	3.7 (n=4)	19.1 (n=20)
中堅校（進路多様校）	7.3 (n=7)	11.3 (n=12)	31.6 (n=33)
非進学校	7.0 (n=7)	5.0 (n=5)	13.1 (n=14)

『1000ユーロ世代』の主人公のように，比較的高学歴にもかかわらず，低賃金労働に甘んじているような若者も含まれている。調査内容としては，「低賃金で働く理由」や「正規雇用に対する考え」などを中心にインタビューした。

　それでは，まず，インタビューした若者の属性を分類わけしてみよう。

　表5-2は出身高校の階層とその学校での成績との関係をクロス集計したものである。最も多いのは，中堅校で成績下位であった若者（31.6％）であり，次に進学校で成績下位の若者（19.1％），そして非進学校で成績下位の若者（13.1％）と続く。ここから，「使い捨てられる若者」と出身学校での成績が無関係ではないことがわかる。インタビューでは，もっともフリーターになりやすいこの3パターンの若者たち（表中に○印のある）に対して調査を実施した。1つめのパターンは，進学校に進みながら成績下位であった若者たちである。結論からいえば，いずれの高校階層においても，その学校での成績下位者が低賃金で働く若者になる傾向がみられるからである。

　彼らは就業という「迷路に迷い込んでいる若者」である。インタビューの回答では，「今ついている仕事よりも，他に自分に向いている職業があるんじゃないか」「いますぐ仕事をしないといけない立場ではないから，一生付き合える仕事を探している」「アルバイトでも生活できないわけじゃないから，今はとりあえずこの状態が楽だ」といったものが多い。すなわち，自分に適した仕事を探すために低賃金労働に従事しており，現状の生活を維持できているために，正規雇用を視野に入れている若者は少なく，主体的に「使い捨てられる若者」を選択しているのである。このタイプの若者は本当に自分に合った仕事を探すために低賃金労働に甘んじている傾向が強いと考えられる。

　2つめのパターンは，今回の調査で最も多かった中堅校で成績下位になった若者たちである。彼らの多くは，はっきりと現在の仕事と将来の仕事は違う，

と考えている傾向がみられる。インタビューの回答では「今の仕事は，はっきりいって将来のためのステップアップに過ぎないから，この仕事で正社員にはなりたくない」「自分はこんなところで終わると思っていない。将来にはここよりもっといい仕事につきたい」「いきなり仕事をしはじめたらすぐにやめられない，と思ったから，バイトをしている」というように，正規雇用に対する意欲が非常に高くなっている。すなわち，現在の仕事は将来の正規雇用に向けての腰掛け仕事だととらえており，正規雇用を視野に入れる若者が多く，経過的措置として「使い捨てられる若者」を選択している。現在，就いている低賃金の仕事は，いわゆる「世を忍ぶ仮の姿」と割り切っているともいえる。積極的に低賃金労働に従事する点は1つめのパターンと似ているが，将来の正規雇用に対する意欲に差異がみられ，低賃金労働を「腰掛け」だとはっきり区別しているところに2つめのケースの特徴がある。

　3つめのパターンは，非進学校出身で，そこで成績下位であった若者たちである。1つめのパターンが就職という迷路に迷い込む若者とするならば，3つめのパターンは就職という迷路すら目指そうとしない，もしくはそこまでたどり着けない若者たちである。彼らのインタビューからは「誰も知らない，慣れないところで仕事をするくらいなら，安い給料でもここのほうがいい」「高校の時からずっとバイトをしていると，お金は稼げるから就職できなくても，いいかと思った」「俺はこのままで大丈夫なんだろうか，と不安になるけれども，もう自分を正社員で雇ってくれるところなんてあるんだろうか，とも思う」「社会がどうなっても，べつにどうでもいいし，自分には関係ない。興味もない」といった回答が多く集まった。彼らは現状の生活に決して満足はしていないが，自分の生活を向上させたい，正規雇用の仕事に就きたい，といった意欲をあまりもてていない。また，彼らの中には，少しのお金でいいから，てっとり早く稼ぐ必要にせまられているものもいた。したがって，週ごとや日ごとに給与が支給される低賃金労働に従事せざるを得ず，結果的に「使い捨てられてしまう若者」になっているのである。

　以上のインタビューからは，大きく2つの知見を得た。1つは，環境に恵まれている学力上位（A層）の中にも1つめのパターンのような主体的に「使

学力上位（A層）

学力下位（B層）

① 主体的に「使い捨てられる」ことを選択する若者
② 経過的措置として「使い捨てられる」ことを選択する若者
③ 結果的に「使い捨てられる」ことになる若者

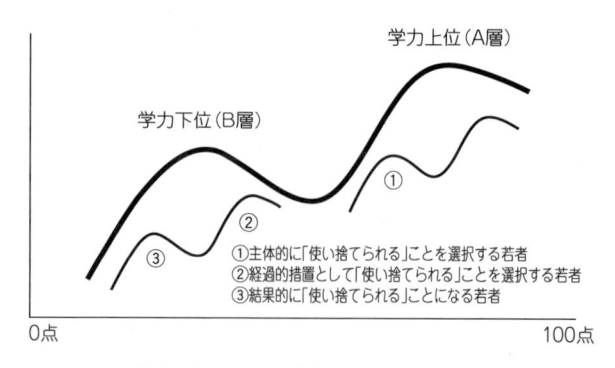

0点　　　　　　　　　　　　　　　　　　　100点

図5-4　「使い捨てられる若者」と学力との関連モデル

い捨てられる」ことを選択する若者が存在しているということである。もう1つは，あまり環境に恵まれていない学力下位（B層）の中には，就業に対して比較的意識が高いが，2つめのパターンのように経過的措置として「使い捨てられる」ことを選択する若者がいる一方で，3つめのパターンのように「世捨て人」のような自己否定的な価値観がしみついてしまい，結果的に「使い捨てられてしまう若者」が存在するということである。

　表5-2の成績を，前述の塾調査で用いた分析フレームと合わせてみると，図5-4のようなモデル図を作成することができる。すなわち，①は進学校出身の低賃金で働く若者たちであり，主体的にそれを選択している傾向が強くみられる。それに対して②は中堅校出身で，経過的措置として，ひとまず低賃金で働く若者たち，③は非進学校出身の，自己否定的な若者が，結果的に使い捨てられてしまうというパターンをプロットすることができる。ここからは，学力によってそれぞれタイプの異なった「使い捨てられる若者」が生み出されていることを指摘できるのである。

　次に，インタビューを行った若者たちに対して，3つの共通する質問をした。まず，1つめは「なぜ低賃金労働から抜け出そうとしないのですか」である（表5-3参照）。

　回答はほぼ3つの意見に集約できる。1つは「自分の時間を自由に使える」，「正規雇用では会社に縛られるので，自分の時間をもつことは難しい」という

第5章 低賃金で働く「使い捨てられる」若者たち

表5-3 あなたはなぜ低賃金労働から抜け出そうとしないのですか

自分の時間を自由に使えるほうがよい	28.8	(n=30)
夢や目標がない	23.1	(n=24)
その状態でも暮らしていくことができる	20.2	(n=21)
努力して働くことが嫌	7.7	(n=8)
本当にやりたい仕事を探している	4.8	(n=5)
正社員よりもたくさん稼げる	3.8	(n=4)
大学を落ちたから	1.9	(n=2)
その他	9.6	(n=10)
合　計	100.0	(n=104)

意見で，これが28.8％であった。2つめに「夢や目標がないから」という意見で，これは23.1％であった。3つめは「低賃金労働でも生活ができるので，あえて正規雇用を目指す必要がない」というもので，これは20.2％であった。これは前述した図5-4にみられる3パターンに分類された若者の意見と一致している。すなわち，自分の時間を自由に使う若者は，②の腰掛け就業につく若者であり，夢や希望がないのは③の迷路にたどり着けない若者，今の状態でも生活ができるからと回答する者の多くは①の迷路に迷い込む若者というように分類できたのである。

その他（9.6％）の意見としては，「定職に就けないから」「夢や目的をかなえるため」などの意見があったが，面白い考えとしては，迷路に迷い込む若者の中に「社会のプレッシャーから逃れて，気楽に生きたいといった無形のモノを欲しているから」，迷路にたどり着かない若者の中には，自分の将来よりも家族の明日の生活費として「今すぐお金が必要だから」という声が聞かれた。

2つめの，「一生低賃金で働くという生き方をするということについてどう思いますか」という質問をした結果は表5-4の通りである。

この質問に対して，「賛成」や「どちらかといえば賛成」と答えた若者は33.7％もいた。これは，たとえさまざまな公的援助を行ったとしてもその効果が期待できないばかりか，その援助にのろうとすらしない若者が3分の1程度も存在していることを表している。

3つめは，「「低賃金でも好きな仕事」と，「高収入だが嫌な仕事」のどちら

表5-4 「一生低賃金で働く」という生き方をするということについてどう思いますか」

「賛成」+「どちらかといえば賛成」	33.7	(n=35)
「反対」+「どちらかといえば反対」	62.5	(n=65)
どちらともいえない	3.8	(n=4)
合　計	100.0	(n=104)

表5-5 「「低賃金でも好きな仕事」と，「高収入だが嫌な仕事」のどちらを選びますか」

低賃金でも好きな仕事	73.5	(n=75)
高収入だが嫌な仕事	26.5	(n=27)
合　計	100.0	(n=102)

を選びますか」という質問に対する回答である（表5-5参照）。

　この問いに対しては，「低賃金でも好きな仕事」が73.5％と圧倒的に多く，「高収入だが嫌な仕事」は26.5％しか選ばれなかった。これは，低賃金で働く若者が，いかに自分の現状を肯定的にとらえているのか，をよく表す結果となっている。

　「低賃金でも好きな仕事」を選んだ若者の意見としては，「お金は別の方法でも集められる」「やりたくない仕事は長く続かないから」が多くみられた。自分がやる仕事については，「好き」な仕事であることに重きが置かれており，そうでなければストレスがたまり，長続きしないと考える傾向がみてとれる。

　それに対して「高収入だが嫌な仕事」を選んだ理由としては，「将来，家庭をもつことになったときに，自分の好きなことばかりしてはいられない」，といった声が多く聞かれた。現時点において，「将来」への展望をわずかでももっているか否かが，この問のキーワードとなるようである。

　それでは，本調査で明らかになった「使い捨てられる若者」と，先行研究である小杉礼子の若年無業者の定義［小杉，2005］との関係を考えてみたい。本調査で明らかになったのは，大別すると，①「主体的に使い捨てられることを選択する若者」と，②「社会によって結果的に使い捨てられてしまう若者」とが存在することである。

まず，①の「主体的に使い捨てられることを選択する若者」からは，「責任をもたなくていい状態でいたい」という意見が多く聞かれた。これは，小杉の定義では「ひきこもり型」に分類される。また，将来に志望する職業があるが，とりあえずアルバイトで生計を立てるために低賃金で働く若者がいる。これは「自己実現追求型」に対応する。このように比較的高い学力をもち，暮らしむきも悪くない若者が主体的に使い捨てられる若者になることは，ウィリスが著した「野郎ども」と最も異なる点である。

次に②の「結果的に使い捨てられてしまう若者」をみてみよう。彼らは「正規雇用を辞めて，気がついたらフリーターになっていた。」というケースが多く，そこから正規雇用を志向する気力がもてず，いわゆる「世捨て人」のような自己否定的な価値観が染み付いていることがわかった。これは小杉が定義する「つまづき型」や「ヤンキー型」に分類される。

次に，使い捨てられる若者の発生比率と学力の関連モデルをみてみよう（図5-5参照）。

塾研究から，学力上位と学力下位のコブの内部にも，お互いに区別されたいという意志に基づくマトリョーシカ構造があることは，前述の通りである。図5-5を参照していただきたい。Ab層の一部から，①の「主体的に使い捨てられる若者」が生み出されている。また，Ba層の一部からは，①の「主体的に使い捨てられる若者」と，②の「結果的に使い捨てられてしまう若者」の両方が生成されている。そして，Bb層の一部からは，②の「結果的に使い捨てられてしまう若者」が多く生み出されている。

次に，上記であげたどちらの使い捨てられるパターンが，低賃金での働き方とどのような関係にあるのかを比較した表をみてみたい（表5-6参照）。

これをみると，主体的に「使い捨てられる」若者は，「今は低賃金で働き」，結果的に「使い捨てられてしまう」若者は，「一生低賃金労働で働く」傾向がみられる。ここからは，主体的に「使い捨てられる」若者と結果的に「使い捨てられてしまう」若者は質的に大きな違いがあり，彼らをひとくくりにして議論をすることはあまり意味をもたないことがうかがえる。

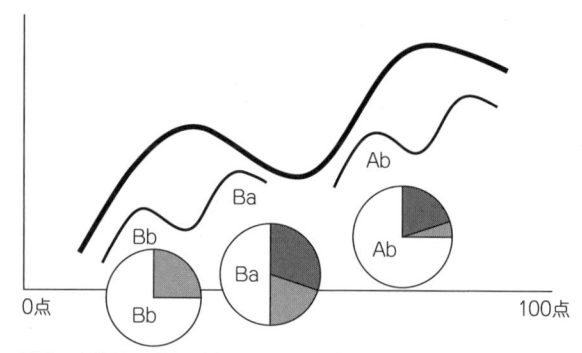

図5-5 使い捨てられる若者の発生比率と学力の関連モデル

表5-6 使い捨てられるパターンと低賃金での働き方のクロス分析

	主体的に「使い捨てられる」	結果的に「使い捨てられる」	計
一生低賃金で働く「そう思う」+「どちらかといえばそう思う」	34.3 (n=12)	65.7 (n=23)	100.0 (n=35)
今は低賃金で働く「そう思う」+「どちらかといえばそう思う」	73.8 (n=48)	26.2 (n=17)	100.0 (n=65)

5 「使い捨てられる若者たち」の背景にあるもの

　それでは，本章のまとめに入りたい。結論は2つである。1つは，学力の上下にかかわらず「使い捨てられる若者」が多様に存在することである。学力分布の図からもわかるように，どの高校階層からも「使い捨てられる若者」は発生しているからである。もう1つは，学力の上位になるほど「主体的に使い捨てられる」若者が増加し，下位になるほど「結果的に使い捨てられてしまう」若者の比率が増加することである。このように，学力の上位と下位では，同じ「使い捨てられる」状態にあっても，その発生過程に大きな違いがみられる。また，結果的に「使い捨てられる若者」の一部には，あらゆる公的援助を行っても，その効果が期待できない若者が約3割も存在することが明らかとなった。

ここに日本特有の「使い捨てられる若者」の問題が存在するのである。

比較的高学歴にもかかわらず，低所得に甘んじている若者たちの背景には，低所得に甘んじることを許容する親への依存がある。2000年頃からアメリカでは「ヘリコプター・ペアレンツ」［*THE WALL STREET JOURNAL* (http://www.careerjournal.com/columnists/workfamily/20050729-workfamily.html?cjpartner=mktw 2006年9月9日閲覧)］と呼ばれる過保護な親の存在を指摘する声が上がっている。これは，ベビーブーム世代の子どもたちが，大学へ入学する頃からみられるようになった現象であるといわれる。彼らは，上空を旋回するヘリコプターのように，いつも自分の子どものそばにいて，すぐに駆けつけられる体勢をとっており，たとえば，子どもが大学生になったにもかかわらず，大学にまで出かけて，授業の履修登録の手伝いをする親などは典型的なヘリコプター・ペアレンツである。もし，大学を卒業したわが子が，「何か好きなことをやりたい」といったときに，当面の間，彼らは自分の収入でわが子を養い，子どもには好きなことをさせることにためらいはみられないであろう。このように，子どもから離れられない親の存在が高学歴な働く貧困層を支えている場合が少なくない。

逆に，比較的低学歴で，結果的に「使い捨てられてしまう」若者についても考えてみよう。彼らは，就業という目標に向かって立ち上がることができないでいることが多い。なかには就業という目標に向かうことすらしないでいる。

したがって，今の「使い捨てられてしまう」状態が続き，「自分ががんばったところで世の中はおろか，自分自身も何も変わらない」という「世捨て人」にも似た自己否定的な価値観が染みついているので，社会に対して大きな不満も感じることがない。

メンタリティがすっかり変化してしまうことによって，「使い捨てられてしまう若者」から抜け出す方法もわからず，結果的に低賃金労働から抜け出すことが困難という実態になってしまうのである。

このようにみてくると，今後も先進国においては，「使い捨てられる」若者の存在がますます社会問題化してくることが予想される。アメリカやヨーロッパ社会においては，「社会的排除（social exclusion）」の問題や，移民労働者の問題として語られることが多い。日本においても，社会的に排除される若者たち

の存在は，それらの国々と同様に存在する。しかしながら，本章で述べたとおり，使い捨てられる若者たちは，我が国においては，そうした社会的排除の対象や，社会階層下位に位置する人々の問題だけでなく，いわば学力問題の中にみられる学力下位者もその対象となっているのである。低賃金で働く若者たちが，主体的か結果的かは別として，学力遅滞者の中から生み出されているという事実は，日本が今後，考えていかなければならない若年未就労者問題の底流に必ず位置づけておかなければならない視点であるということができよう。

引用・参考文献

朝日新聞（2006年8月8日朝刊）「1000ユーロ世代　イタリア若者苦境」．
苅谷剛彦・菅山真次・石田浩（2000）『学校・職安と労働市場——戦後新規学卒市場の制度化過程』東京大学出版会．
『月刊高校教育2005年6月号　特集　フリーター・ニート問題と高校生』学事出版．
玄田有史・曲沼美恵（2004）『ニート——フリーターでも失業者でもなく』幻冬社．
玄田有史・小杉礼子・労働政策研究・研修機構（2005）『子どもがニートになったなら』日本放送出版協会．
厚生労働省（2004）「平成16年版労働経済白書」国立印刷局．
小杉礼子（2002）『自由の代償フリーター——現代若者の就業意識と行動』労働政策研究・研修機構．
小杉礼子（2003）『フリーターという生き方』勁草書房．
小杉礼子編（2005）『フリーターとニート』勁草書房．
小杉礼子・堀有喜衣編（2006）『キャリア教育と就業支援——フリーター・ニート対策の国際比較』勁草書房．
白川一郎（2005）『日本のニート・世界のフリーター』中央公論新社．
総務省編（2002）「就業構造基本調査」国立印刷局．
内閣府編（2003）「平成15年版国民生活白書」国立印刷局．
原清治・山崎瞳（2006）「学力問題からみた塾とその機能に関する実証的研究」『佛教大学教育学部学会紀要』第5号，7-16．
二神能基（2005）『希望のニート——現場からのメッセージ』東洋経済新報社．
労働政策研究・研修機構（2004）「日本労働研究雑誌」Vol. 46, No. 11．
部落解放・人権研究所編（2005）『排除される若者たち——フリーターと若者たち』解放出版社．
本田由紀（2005）『若者と仕事——「学校経由の就職」を超えて』東京大学出版会．
本田由紀（2005）『多元化する「能力」と日本社会——ハイパー・メリトクラシー化のなかで』NTT出版．
本田由紀・内藤朝雄・後藤和智（2006）『「ニート」って言うな！』光文社．

宮本みち子（2002）『若者が《社会的弱者》に転落する』洋泉社．
宮本みち子（2004）「社会的排除と若年無業――イギリス・スウェーデンの対応」労働政策研究・研修機構『日本労働研究雑誌』Vol. 46，No. 11．
山田昌弘（2004）『希望格差社会――「負け組」の絶望感が日本を引き裂く』筑摩書房．
Barbara Ehrenreich (2001) *Nickel and Dimed*, Creative Management Inc.（曽田和子訳（2006）『ニッケル・アンド・ダイムド』東洋経済新報社．）
Stuart Tannock (2001) *Youth at Work: The Unionized Fast-food and Grocery Workplace*, Temple University Press, Philadelphia.（大石徹訳（2006）『使い捨てられる若者たち』岩波書店．）
Polly Toynbee (2003) *Hard Work*, Rogers, Coleridge & White Ltd.（椋田直子訳（2005）『ハードワーク』東洋経済新報社．）
Paul Willis (1977) *Learning to Labor: How Working Class Kids Gets Working Class Jobs,* Gower Publishing Co., London.（熊沢誠・山田潤訳（1985）『ハマータウンの野郎ども：学校への反抗，労働への順応』筑摩書房．）

　［付記］　本章は，日本教育社会学会第58回大会（於：大阪教育大学）において報告した「『使い捨てられる若者たち』に関する比較社会学的研究（その１）」（原清治・山内乾史，2006年９月）の研究成果の一部である．

　　　　　　　　　　　　　　　　　　　　　　　　　　　　（原　清治）

第6章　日本の留学生受入れの現状

　本章では，日本における留学生受入れの現状について述べる。まず，留学生受入れに関する世界的な動向について概観した後，日本がどのような理念をもって留学生受入れを始めたのか，歴史的に振り返る。とくに「留学生受入れ10万人計画」が打ち出された背景や，受入れ10万人を達成した後の新たな政策によって日本の留学生政策がどのように変わったのかを中心にみる。

　また，政府関係機関が出している統計資料をもとに留学生受入れ数の推移や特徴について概説した上で，日本における留学生受入れの課題と展望を述べる。

　最後に，留学生受入れがどのような意義をもつか，国際理解教育の観点からその意義についてまとめる。

1　留学生受入れに関する世界的な動向

　留学生受入れなどの留学生政策を考える上で，考慮しておかなければならないことは，世界的規模で進行している高等教育の新たな動向である。

　主要50カ国の留学生受入れ総数は，1988年から1998年の10年間に約94万人から約161万人へと約70％増加している（図6-1参照）。この間の主要受入れ国についてみると，アメリカが約37万人から約49万人に，イギリスが約7万人から約22万人に，ドイツが約9万人から約17万人に，フランスが約13万人から約15万人に，オーストラリアが約2万人から約7万人に増えており，英語圏を中心に高い増加率を示している（図6-2参照）。これらの国々においては，近年，諸外国との相互理解の増進，大学などの国際競争力の強化などの観点から，留学生の受入れに戦略的に取り組んでおり，さらに積極的な拡大策を展開し始めている。たとえば，東アジア・東南アジア各国に現地校を開設し，現地校のみの教

(千人)

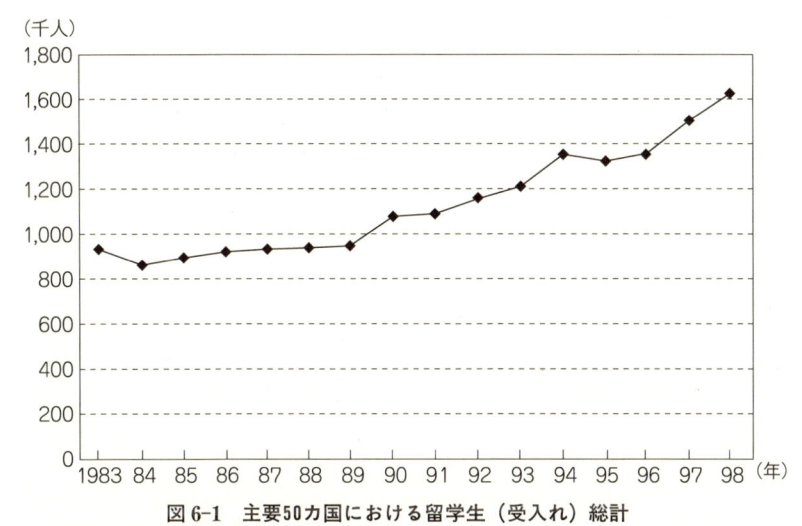

図6-1 主要50カ国における留学生（受入れ）総計
注：1983〜1985年については，主要45カ国．
出所：中央教育審議会［2003］．

育を受けることで本国の学位を得られるようにすることが盛んに行われ始めている。

　また，ここ数年，アジアにおいても，中国・韓国・マレーシア・シンガポールなどでは，世界的な動向に積極的に対応して，外国の高等教育機関を誘致したり，連携を強めたりすることによって，世界的視野のもとに活躍できる人材育成に乗り出している。とりわけ，近年，目覚ましい経済発展を遂げている中国においては13億の人口を抱えながら，経済発展にともなう人的資源の育成が追いつかず，高等教育機関の絶対数が不足している状況にある。そこで，グローバル化時代には教育と科学技術の水準が国の発展を決めるという認識のもと，高等教育を重要な対象と位置づけ，高等教育の量的拡大と質的向上を目指すさまざまな取り組みを進めている。このように，留学生の受入れ促進は各国共通の課題となっている。

　日本では，これまで国際化といえば欧米に目を向けがちであったが，18歳人口の減少などの要因から高等教育機関の学生確保という意味で，アジアとりわけ中国に対する関心が高まっている。2005年，中央教育審議会は「我が国の高

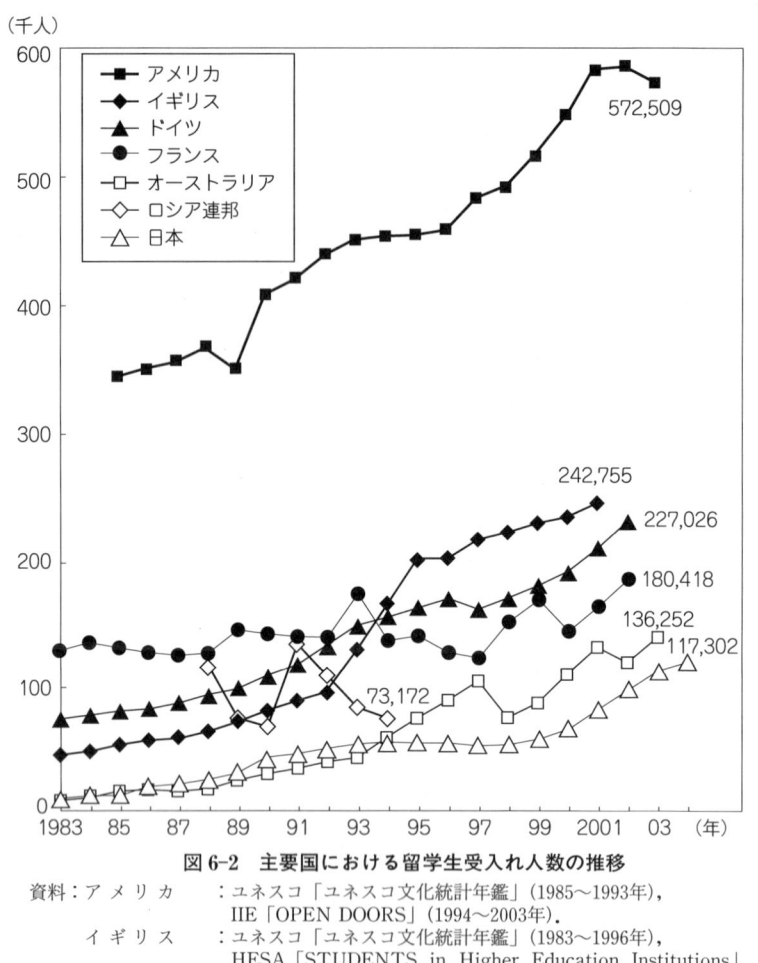

図6-2 主要国における留学生受入れ人数の推移

資料：アメリカ　　：ユネスコ「ユネスコ文化統計年鑑」(1985～1993年)，
　　　　　　　　　IIE「OPEN DOORS」(1994～2003年)．
　　　イギリス　　：ユネスコ「ユネスコ文化統計年鑑」(1983～1996年)，
　　　　　　　　　HESA「STUDENTS in Higher Education Institutions」
　　　　　　　　　(1997～2001年)．
　　　ドイツ　　　：ユネスコ「ユネスコ文化統計年鑑」(1983～1996年)，
　　　　　　　　　連邦調査庁「Bildung im Zahlenspiegel」(1997～2002年)．
　　　フランス　　：ユネスコ「ユネスコ文化統計年鑑」(1983～1997年)，
　　　　　　　　　フランス国民教育省「REPERES ET REFERENCES
　　　　　　　　　STATISTIQUES」(1998～2002年)．
　　　オーストラリア：ユネスコ「ユネスコ文化統計年鑑」(1984～1997年)，
　　　　　　　　　AEI「Overseas Student Statistics」(1998～2003年)．
　　　ロシア連邦　：ユネスコ「ユネスコ文化統計年鑑」(1988～1994年)
　　　　　　　　　(1988～1990年の間のデータはソビエト連邦として発表されたもの)．
　　　日　本　　　：文部科学省調べ．
出所：中央教育審議会［2005］．

等教育の将来像（答申）」の中で，各高等教育機関がそれぞれの特色を発揮した形で世界各国からの優秀な学生の受入れや日本人学生の派遣に努め，国がこれを支援していく必要があるとして，高等教育機関の海外分校や拠点の設置，外国の教育・研究機関との連携などを通じて国境を越えた教育の提供や研究の展開を提案している。実際，海外拠点の設置や，海外の高等教育機関と提携して，我が国における海外学位の授与や海外における我が国の学位の授与などが複数計画されている。たとえば，東京大学は2005年4月に国際連携本部を設置し，アジアや欧米の海外サテライト研究拠点を拡大し，さまざまな分野で海外の大学・研究機関との共同研究を展開している。早稲田大学は北京大学内に共同教育研究機構を開設し，同時に2つの学位を出すダブルディグリー課程を設け，実施に乗り出している。答申では，今後，日本を含めた各国の大学制度，各大学の適格認定を含めた評価，教育内容および学位の通用性などについて学習者が判断することのできるように，国際的な大学の質保証に関する情報ネットワークを構築することが急務であると述べている。

2　日本における留学生受入れの歴史

(1)「留学生受入れ10万人計画」

　日本における戦後の留学生政策は，1983年のいわゆる「留学生受入れ10万人計画」にみられるように，とくに受入れに重点が置かれてきた。「留学生受入れ10万人計画」とは，当時の内閣総理大臣，中曽根康弘の指示に基づき，21世紀への留学生政策懇談会（文部大臣の私的諮問機関）によって出された「21世紀への留学生政策に関する提言」(1983年8月)を指す。日本は，1970年代から80年代に高度経済成長を達成し，経済大国となった。アジア諸国は日本の戦後の急速な経済成長を学ぶために留学生を派遣するが，一方で，戦後処理に関する食い違いや，高度経済成長にともなう貿易摩擦のため日本に対する反感も生じていた。そこで，日本はアジアを中心とした発展途上国の人材育成に協力することを目標に掲げ，「留学生受入れ10万人計画」を打ち出したのである。1983年，中曽根首相（当時）がASEAN諸国を歴訪した際，シンガポールの元

留学生に自分の子どもは日本へは留学させたくないといわれたという経験が，「留学生受入れ10万人計画」のきっかけになったというエピソードもある。この「留学生受入れ10万人計画」は，留学生政策全般について21世紀へ向けての長期的視野から検討を行い，21世紀初頭に留学生受入れ規模を提言当時のフランス並みの約10万人にするため，留学生政策を総合的に推進するよう内閣総理大臣および文部大臣に提言したものである。この提言を踏まえて，その後，大学における日本語教員養成，日本語能力試験や日本語教育能力検定試験などの試験制度の設置など，日本語教育の体制整備のための一連の施策も講じられた。

　1992年頃になると，日本社会のバブル景気も翳りをみせ始め，1997年のアジア経済危機の影響も受けて，留学生数は減少するが，再び1998年から増加し始め，1999年には留学生政策懇談会が「知的国際貢献の発展と新たな留学生政策の展開を目指して——ポスト2000年の留学生政策」を発表した。そして，この受入れ10万人という目標は2003年に達成されたのであるが，これは中国からの私費留学生の増加に負うところが大きい。しかし一方で，外国人による犯罪が増加し，マスコミでも報道されることが多くなった。留学生急増に起因するトラブルが社会問題化するまでに至ったこともあり，2003年11月に法務省入国管理局は，これまで進めてきた審査手続きの簡略化から厳格化へと方向を転換した。

　この「留学生受入れ10万人計画」推進のための一連の施策についての評価が総務省によって「留学生受入れ推進施策に関する政策評価書」(2005年1月，以下，「政策評価書」とする) としてまとめられている。留学生受入れ政策は，その推進に当たり文部科学省だけではなく，外務省，法務省，厚生労働省，経済産業省，国土交通省など，関係行政機関も多岐にわたるが，これらを一括して総合的な評価を行っている。そこでは，(1)国費留学生受入れの拡充が私費留学生受入れの増加を牽引するという状況が必ずしも明らかではないこと，(2)受入れ留学生の出身国に大きな偏りがあること，(3)留学生の受入れ体制が不十分なまま受入れがなされ，留学生の質に対する配慮が十分になされていないこと，などの問題点が指摘されている。

(2) ポスト「留学生受入れ10万人計画」

　留学生受入れ10万人を達成する前年の2002年11月には中央教育審議会大学分科会の留学生部会において，新しい時代の留学生政策のあり方について検討を始めている。そして，2003年12月には「新たな留学生政策の展開について――留学生交流の拡大と質の向上を目指して」（以下，「新たな留学生政策」とする）という答申が行われた。「留学生交流の拡大と質の向上を目指して」という副題からもわかるように，これまでの拡大路線を維持しつつも，受入れ留学生の質の向上を図る施策を模索すべきであるという方向が示された。留学生受入れに関する問題点を踏まえて，留学生受入れ中心ではなく日本人学生の派遣とのバランスを考え，受入れに関しては量より質へと重点がシフトしたともみられる。また，各大学など，受入れ機関がこれまで以上に責任をもち，独自の主体的な取り組みをすべきであると考えていることがわかる。

　「新たな留学生政策」における留学交流の意義（理念）は，(1)諸外国との相互理解の増進と人的ネットワークの形成，(2)国際的視野をもった日本人学生の育成と開かれた活力ある社会の実現，(3)我が国の大学の国際化，国際競争力の強化，(4)国際社会に対する知的貢献，の4点に集約される。この「新たな留学生政策」は我が国への留学生数が少なくとも3万人程度増加することが見込まれる，今後5年程度を目途に，できるだけ早期に実現すべき施策についての答申である。今後も留学生受入れ数を減少させないようにするためには，留学生受入れ支援体制を充実させ，留学生制度の信用を高めることが何よりも重要であるといえよう。

3　データにみる留学生受入れの現状

　2005年5月1日現在の受入れ留学生数は12万1812人で，そのうち，中国人留学生数は8万592人で66.2％を占めている。中国・韓国・台湾の上位3カ国・地域で受入れ留学生数の82.4％に達し，受入れ30カ国で97.2％に達する。図6-3は留学生数の推移を示したもので，表6-1は出身国（地域）別留学生数を示したものである。上位10カ国の内，アメリカ以外はすべてアジアの国が占めてい

82　第Ⅰ部　理論編

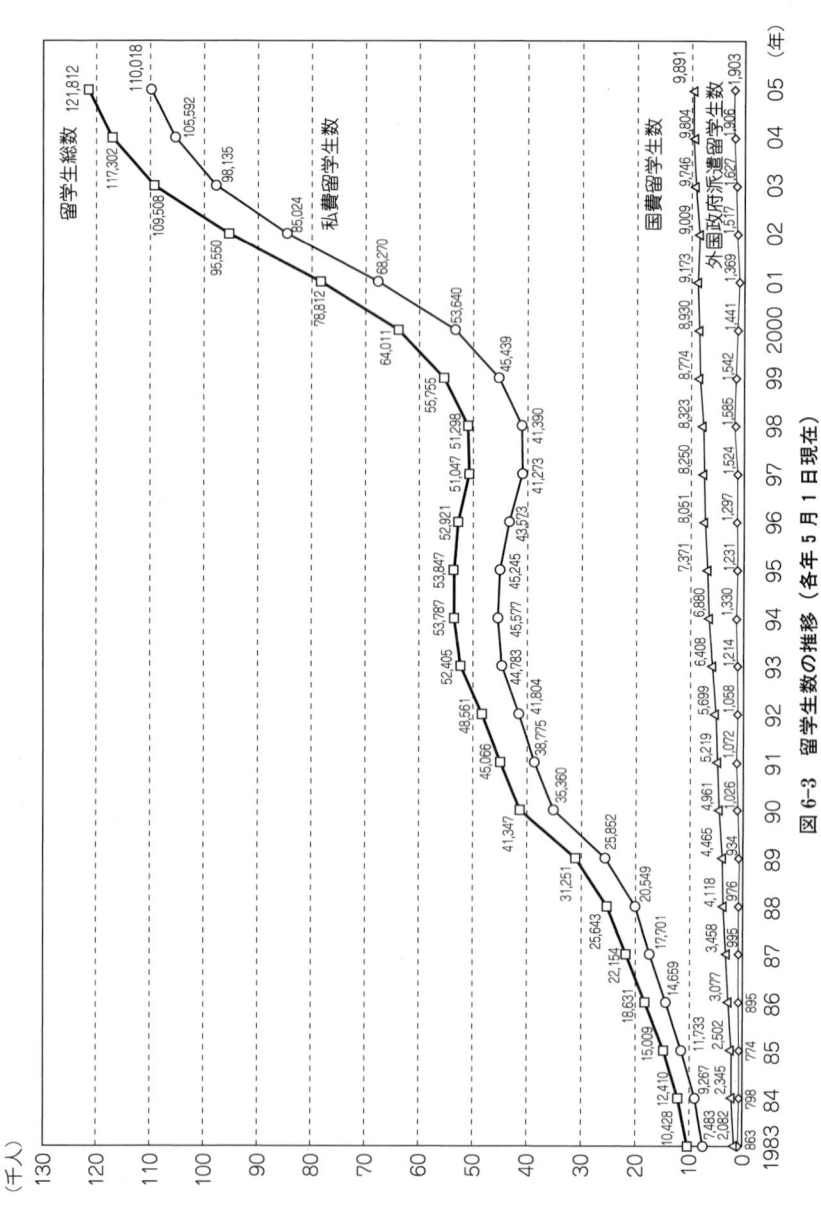

図 6-3　留学生数の推移（各年 5 月 1 日現在）

注：外国政府派遣留学生は、マレーシア、インドネシア、タイ、シンガポール、アラブ首長国連邦、クウェート、ウズベキスタン、ラオス、ベトナム、カンボジア、モンゴル、中国、ミャンマー、フィリピン、バングラディシュ及び大韓民国の各国政府派遣留学生である。
出所：独立行政法人日本学生支援機構［2005］．

表6-1 出身国（地域）別留学生数

国（地域）名	留学生数（人）		構成比（%）		国（地域）名	留学生数（人）		構成比（%）	
中　国	80,592	(77,713)	66.2	(66.3)	ロシア	346	(366)	0.3	(0.3)
韓　国	15,606	(15,533)	12.8	(13.2)	ブラジル	338	(330)	0.3	(0.3)
台　湾	4,134	(4,096)	3.4	(3.5)	ドイツ	336	(315)	0.3	(0.3)
マレーシア	2,114	(2,010)	1.7	(1.7)	イギリス	326	(351)	0.3	(0.3)
ベトナム	1,745	(1,570)	1.4	(1.3)	オーストラリア	300	(348)	0.2	(0.3)
タ　イ	1,734	(1,665)	1.4	(1.4)	カンボジア	298	(283)	0.2	(0.2)
アメリカ	1,646	(1,456)	1.4	(1.2)	カナダ	279	(256)	0.2	(0.2)
インドネシア	1,488	(1,451)	1.2	(1.2)	ラオス	266	(263)	0.2	(0.2)
バングラデシュ	1,331	(1,126)	1.1	(1.0)	イラン	235	(227)	0.2	(0.2)
モンゴル	924	(806)	0.8	(0.7)	エジプト	219	(237)	0.2	(0.2)
スリランカ	907	(764)	0.7	(0.7)	トルコ	164	(157)	0.1	(0.1)
ミャンマー	651	(591)	0.5	(0.5)	ブルガリア	145	(128)	0.1	(0.1)
ネパール	617	(462)	0.5	(0.4)	ウズベキスタン	139	(127)	0.1	(0.1)
フィリピン	544	(525)	0.4	(0.4)	メキシコ	137	(133)	0.1	(0.1)
インド	410	(327)	0.3	(0.3)	その他	3,461	(3,347)	2.8	(2.9)
フランス	380	(339)	0.3	(0.3)	計	121,812	(117,302)	100.0	(100.0)

注：（　）内は平成16年5月1日現在の数．
出所：独立行政法人日本学生支援機構［2005］．

ることがわかる．

　次に私費留学生とそれ以外の奨学金留学生との割合についてみてみる（図6-3参照）。留学生受入れ10万人計画は私費留学生の増加により達成したということが，90.3%を私費留学生が占めているという数値からも裏づけられる。さらに，国公私立別・在学段階別留学生数をみると，留学生総数のうち，大学の学部と大学院で全体の約75%を占めており，学部留学生は私立の割合が高く，大学院では国立の割合が高いことがわかる（表6-2参照）。表6-3は専攻分野別留学生数である。これをみると，社会科学，人文科学，工学で全体の73.8%を占め，経済・経営や情報処理などを含め，幅広い分野にわたっていることがわかる。

　2003年に10万人という留学生受入れ目標は達成されたが，他の先進諸国と比較すると，留学生数および高等教育機関在学者数に占める留学生数の割合はいずれも高いとはいえない（図6-2参照）。たとえば，高等教育機関在学者数に占める留学生数の割合は，2002年のデータでアメリカ6.5%，イギリス18.5%，ドイツ12.6%，フランス8.5%，オーストラリア15.2%であるのに対し日本は2.6%である（「政策評価書」による）。留学生10万人計画の目標となったフランスと比較しても，日本はまだ低水準だといえる。

表 6-2 国公私立別・在学段階別留学生数

		国立		公立		私立		合計	
		留学生数(人)	構成比(%)	留学生数(人)	構成比(%)	留学生数(人)	構成比(%)	留学生数(人)	構成比(%)
在学段階	学部	9,574 (9,084)	15.7 (15.6)	1,384 (1,406)	2.3 (2.4)	50,194 (47,834)	82.1 (82.0)	61,152 (58,324)	100.0 (100.0)
	大学院	19,333 (19,518)	63.9 (66.1)	1,312 (1,302)	4.3 (4.4)	9,633 (8,694)	31.8 (29.5)	30,278 (29,514)	100.0 (100.0)
	短期大学	10 (12)	0.3 (0.3)	26 (51)	0.8 (1.5)	3,055 (3,418)	98.8 (98.2)	3,091 (3,481)	100.0 (100.0)
	高等専門学校	450 (422)	84.7 (83.4)	0 (0)	0.0 (0.0)	81 (84)	15.3 (16.6)	531 (506)	100.0 (100.0)
	専修学校	0 (0)	0.0 (0.0)	26 (35)	0.1 (0.1)	25,171 (23,798)	99.9 (99.9)	25,197 (23,833)	100.0 (100.0)
	準備教育機関	0 (0)	0.0 (0.0)	0 (0)	0.0 (0.0)	1,563 (1,644)	100.0 (100.0)	1,563 (1,644)	100.0 (100.0)
合計		29,367 (29,036)	24.1 (24.8)	2,748 (2,794)	2.3 (2.4)	89,697 (85,472)	73.6 (72.9)	121,812 (117,302)	100.0 (100.0)

注：( ) 内は平成16年5月1日現在の数．
出所：独立行政法人日本学生支援機構 [2005]．

表 6-3 専攻分野別留学生数

専攻分野	留学生数（人）		構成比（%）	
社会科学	44,422	(40,551)	36.5	(34.6)
人文科学	27,670	(28,106)	22.7	(24.0)
工学	17,763	(15,415)	14.6	(13.1)
教員養成等	3,565	(3,508)	2.9	(3.0)
医歯薬学等	3,023	(3,010)	2.5	(2.6)
芸術	3,569	(3,000)	2.9	(2.6)
家政	3,052	(2,904)	2.5	(2.5)
農学	2,858	(2,700)	2.3	(2.3)
理学	1,564	(1,384)	1.3	(1.2)
その他	14,326	(16,724)	11.8	(14.3)
計	121,812	(117,302)	100.0	(100.0)

注：( ) 内は平成16年5月1日現在の数．
出所：独立行政法人日本学生支援機構 [2005]．

4 日本における留学生受入れの課題と展望

(1) 留学生受入れの課題

　日本における留学生受入れに関して，10万人達成後はもっぱら受入れ留学生の質の向上策が議論の中心になっている。多くの優れた留学生を我が国に惹きつけるためには，まず，我が国の高等教育（とくに大学）の教育研究が質の高い充実したものにならなければならない。各大学は自己点検・評価を実施し，国際的に通用性のある教育研究活動を行うよう努力する必要がある。2004年度からすべての大学は国の認証を受けた評価機関による第三者評価を7年に1度受けることが義務づけられた。受入れに関しても，各大学は明確な留学生受入れ方針の設定を行うと同時に，留学生の在籍管理を責任をもって行い，勉学意欲が低く改善の見込みのない留学生は排除するシステムを構築することが重要になってくる。また，文部科学省は国内外の優秀な研究者を惹きつける国際競争力のある研究環境を実現するため，2005年度の新規事業として「大学国際戦略本部強化事業」を開始し，選定された20大学が取り組んでいる。

　次に，留学生政策は多様なニーズに応じて展開することが求められる。2004年に発足した独立行政法人日本学生支援機構は，外国人学生の日本への留学動機や目的が多様化している現状を踏まえて，海外からの留学希望者に幅広い情報を提供するシステムを構築しつつある。また，我が国の留学施策の情報を積極的に海外に発信し，留学生交流にかかわる協力体制の強化を目指すことも重要である。

　第3に，質のよい留学生を受け入れるためには，入学者選抜のあり方も見直す必要がある。2002年からは，従来の「私費外国人留学生統一試験」に替えて大学などにおける私費留学生の選考に利用することを目的に，日本語能力および基礎的教養に関する試験「日本留学試験」が実施されている。2006年現在，国内15都市および海外13カ国16都市で年2回実施されているが，海外における試験の実施と普及に一層努めるべきである。さらに各大学が「日本留学試験」を活用して渡日前入学許可を積極的に実施するように働きかけることも必要で

ある。あるいは，各大学が海外面接を実施したり，インターネットなどの情報通信技術を用いたインタビューを実施したりすることも検討されるべきであろう。

　第4に，国費留学生制度のあり方と奨学金制度の見直しが必要である。現在，日本へくる留学生は国費留学生が約10%で，残り約90%は私費留学生である。国費留学生の採用方法は，大使館推薦，大学推薦，国内採用の3種類あるが，優秀な留学生には国内採用による国費留学生への途を確保する一方，国費留学生であっても成績不良の場合は，以後の奨学金の給付を打ち切ることにするなどの方策も考えられる。私費留学生に対する経済的援助としては，主に国からの学習奨励費と奨学団体からの奨学金がある。2002年の場合，私費留学生（8万5024人）のうち，12.8%に当たる1万900人が学習奨励費の支給を受けている（「政策評価書」による）。2006年度の学習奨励費の支給額は，大学院レベルで月額7万円，学部レベルで5万円である。前述の「日本留学試験」の成績優秀者に対しては，大学などへの入学を条件に入学前に日本学生支援機構が学習奨励費の支給を約束している。この学習奨励費給付予約ができる「日本留学試験」の活用を促進する必要がある。「政策評価書」においても，質の向上を図るための方策として，私費留学生に対する学習奨励費の改善が求められるとしている。

　第5に，留学生にとって低コストで良質な宿舎を提供できるよう，大学や公益法人などが設置する公的留学生宿舎の整備と適切な維持管理が必要である。その際，留学生と日本人学生がともに住み，国際交流の促進が容易となるような配慮もなされるべきである。また，留学生が安心して留学生活を送れるよう，医療費補助制度や緊急時の一時的な資金援助などの支援の充実を図ることも重要である。

(2) 留学生受入れの展望

　大学などの高等教育機関にとっては，留学生を受け入れることにより，既存の大学の教育組織や教育課程などのシステムの変更を余儀なくされる。留学生受入れ政策は，日本の大学が国際化する過程と不可分であり，留学生教育の取り組みに対する大学の姿勢は，大学の国際化を計る指標の1つとなりうる。

また，留学生受入れは派遣留学生のあり方とも密接な関係にある。質の高い留学体験をもつ日本人学生の増加は，質の高い留学生の招致の前提となり，それらが相乗的に大学教育の質を高めることになる。

　一方，日本社会に目を転ずると，日本国内の外国人登録者数は201万1555人（2005年末現在）で，我が国総人口の約1.6%を占め，過去最高記録を更新している。前回調査に比べ1.9%増，10年前に比べ47.7%増となっている。永住者約80万人をはじめ，人数が多い順に，定住者（26万5639人），日本人の配偶者など（25万9656人），留学生（12万9568人）と続く。留学生の割合は国内外国人登録者のうちの約6.4%（留学生予備軍の就学生は2万8147人で約1.4%）である。日本経団連が「外国人受け入れ問題に関する提言」（2004年4月）を発表したが，最近では団塊の世代*の退職が始まる2007年問題を控え，労働力確保の面から外国人労働者受入れが重要視されている。経済界では，日本の少子化の進行にともない，日本の経済規模が縮小することを危惧する声が大きくなっている。知識集約型産業に対応する高度人材の必要性，グローバル経済に必要な多様性とダイナミズムの導入という観点からすれば，企業の積極的な留学生採用は当然の流れとなろう。留学生は日本での留学生活を終えた後，日本国内での就労機会を求めており，卒業後，日本で就職できることは留学の大きな魅力となる。日本での生活経験があり，日本語も習得している留学生は，将来，日本にとって有用な人材であり，留学生と日本側の双方にとってメリットがある。学位取得後，我が国で就職を希望する留学生に，円滑な就職の機会を確保するためのシステムの構築，元留学生のネットワークづくりなどが喫緊の課題としてあげられる。

＊団塊の世代とは1947〜49年のベビー・ブーム時代に生まれた世代のこと。

5　国際理解教育の観点からみた留学生受入れの意義

　留学生は一時的滞在者であっても，日本にいる間は地域の住民としてともに生活している。1人の生活者として大学などを取り巻く地域社会の中に共存しているのである。これまでの「異文化理解」「国際理解」という名のもとに行

われるプログラムは，留学生と地域のボランティアやNPO法人などが主体となって行う国際交流プログラムなど，一過性のイベントとして扱われるものが多かった。このようなプログラムを一過性のイベントに終わらせず，留学生を受け入れている大学などの授業の中にうまく組み込んでいくことは，国際理解教育という観点からも意義あるものとなる。留学生には日本の初等・中等教育の実態を体験する機会となるし，日本人の児童・生徒には外国人との直接的な接触場面対応から国際理解教育へとつなげる試みが可能となる。周りに外国人がいることが当たり前の環境の中で，外国人に対しても日本人と同様の人としての態度で接することができるようになることが国際理解教育の第一歩であろう。もちろん，地域社会全体が協力して，祭りや年中行事への招待などによって留学生が日本文化に触れる機会を設けたり，ホームステイによる留学生との交流を促進したりすることも重要である。我々日本人が彼ら・彼女らとともに生き，互いに認め合いながら心地よく安心して生活できるようにするためには，日本人の意識改革が必要で，留学生との交流が国際理解教育の中で果たす役割は非常に大きいのである。

引用・参考文献

静岡総合研究機構編（2005）『アジア・太平洋高等教育の未来像』東信堂．
諏訪哲郎・斉藤利彦編（2005）『加速化するアジアの教育改革』東方書店．
総務省（2005）「留学生受入れ推進施策に関する政策評価（政策の総合性を確保するための評価）」
　　(http://www.soumu.go.jp/s-news/2005/050111-1.html)．
中央教育審議会（2003）「新たな留学生政策の展開について――留学生交流の拡大と質の向上を目指して」
　　(http://www.mext.go.jp/b-menu/shingi/chukyo/chukyo0/toushin/03121801.htm)．
中央教育審議会（2005）「我が国の高等教育の将来像（答申）」
　　(http://www.mext.go.jp/b-menu/shingi/chukyo/chukyo0/toushin/05013101.htm)．
独立行政法人日本学生支援機構（2005）「留学生受入れの概況（平成17年度版）」
　　(http://www.jasso.go.jp/statistics/intl_student/data05.html)．
日本経団連（2004）「外国人受け入れ問題に関する提言」
　　(http://www.keidanren.or.jp/japanese/policy/2004/029/honbun.html)．

法務省入国管理局（2006）「平成17年末現在における外国人登録者統計について」
　　(http://www.moj.go.jp/PRESS/060530-1/060530-1.html).
馬越徹編（2004）『アジア・オセアニアの高等教育』玉川大学出版部.
文部科学省高等教育局学生支援課（2004）「我が国の留学生制度の概要——受入れ及び派遣」
　　(http://www.mext.go.jp/b-menu/houdou/16/05/04071201/all.pdf).
山内乾史・杉本均編著（2006）『現代アジアの教育計画　上』学文社.
横田雅弘・白土悟（2004）『留学生アドバイジング』ナカニシヤ出版.

　　　　　　　　　　　　　　　　　　　　　　　　　　（山崎　恵）

第7章　グローバル経済化と高等教育の国際化
―― 香港とシンガポールの教育政策と産業政策の考察

　冒頭から，個人的な事柄になってしまうが，2006年3月，筆者の勤務する神戸大学大学院国際協力研究科で，「東アジアの高等教育とグローバル経済化」に関するワークショップ（'The Increasingly Borderless Nature of Higher Education in the Asian-Pacific Rim' というタイトルで開催された。その議題は，大きく2つであり，①高等教育の変化と改革，②学位と専門職の資格の国際的互換性というものであった）を開催する機会をいただいた。そこではいわゆるフォー・ドラゴンと呼ばれるアジアの4つの新興工業国（韓国，台湾，香港，シンガポール）とタイ，マレーシア，オーストラリアを中心に，それらの国々からの出席者と忌憚のない意見交換ができた。その結果，世界の成長センターの一翼を担うこれらの国々の高等教育が，日本を凌駕する勢いで進歩，拡充していることが改めてみて取れた感があった（財団法人静岡総合研究機構編，馬越徹監修［2005］で，馬越が「アジア・太平洋地域の高等教育改革」において同じような印象を述べている）。

　その一方，中曽根内閣当時企画された「留学生受入れ10万人計画」の政策目標がほぼ達成されたことが，度々関係者の話題になるが，これはいかにも一時代前の趣が強い。知らず，知らずのうちに，旧来型の国際交流事業のような，非常に内向きの政策になってしまっている感が否めない。現在の東アジアの高等教育の展開発展とは，内容，方向性においてすでに異質なもののように思える（このことに関して，筆者は内田［2006］において，言及している）。

　本章では，香港とシンガポールを比較しながら，グローバル経済化の中で，国際競争力に耐えうる知識，能力，技能などの育成のために，アジア太平洋地域の高等教育発展のダイナミズムを考察する手始めとしたい。

1 アジア太平洋地域の高等教育の改革

アジア太平洋地域における大学部門の最近の発展のすぐれた研究として，馬越徹らの研究があるが，当該地域の高等教育の改革は，以下のように整理できると思われる。

(1) 労働市場の国際化と高度な人材の養成

これらの地域では，世界水準の大学（World Class Universities）を目指す勢いが強まっている。経済のグローバル化は，同時に知識経済化でもあり，国際競争力の強化のために，高度な人材の養成は，教育分野の課題にとどまらず，産業政策としても強く意識されている。したがって，各国とも経済関係の省庁の関与が大きく，その意味で，中長期的な国家戦略の意味合いが強い。経済競争力を高め，産業構造の変化に対応しながら，教育内容の国際化，教育言語としての英語の役割の一般化・再強化，大学のエージェンシー化，多国籍化を含め，高等教育の大改革が進んできた。

すなわち，アジアの高等教育は，国内の労働市場を念頭に置くだけではなく，国際的資本移動と労働市場の国際的な拡大を背景に，国際競争に対応できる人材の育成に高い優先度を置いており，そのためにアジア各国は高等教育を改革させていこうとしていることがみて取れる。また，そこでの課題の1つである英語の能力は，プロフェッショナルの必要条件であり，英語によって新しい知識や理論が初めて獲得される，あるいはそれで初めてビジネスが可能となるというような環境は，日本で一般的に受け入れられている「英語や仏語などの語学能力があるほうがよい」というような，翻訳文化に依存した漠然とした状況とは大きく異なっているといえる。

(2) 経済発展と教育ニーズの多様化

これらの地域の経済発展は，人々の教育ニーズをも多様化させている。国内貯蓄率もGDP比35%の高さまでに達しており，高等教育が政府部門の機関を

中心とする必要は過去のものとなっている。アジア各国での私立大学の拡大にみられるように，大学のあり方は多様化しており，全面的な制度の枠組みの改革が進んでいる。そのため，教育の質の保証が以前にもまして重要となり，国際的なアクレディテーション（accreditation：質保証）に積極的に取り組むようになってきている。

(3) 大学セクターの制度改革

　世界的に広がる公的分門の改革（NPM：New Public Managementの導入）や上記の教育ニーズの多様化を反映して，韓国，台湾，香港，シンガポール，オーストラリアだけでなく，タイ，マレーシアにおいても，公的部門の大学の独立行政法人（autonomous agency）への制度改革が進んできた。大学の運営面でも，包括予算制度（global budgeting）の導入，学長と執行役員会（executive board）によるガバナンス形態に移行してきている。

(4) 国際的なアクレディテーション（質保証）

　NPMの理論的枠組みではサービスの質保証は効率化と両輪の関係にある。したがって，質保証・顧客満足度の向上維持は，公的部門の改革の流れの中で，医療分野など各分野においてもアジア太平洋地域の当該諸国でも定着してきている。当然，高等教育においても，質保証の取り組みが活発になっている。

(5) 国際化・多国籍化

　国際化・多国籍化の面では，オーストラリアの動きが注目される。オーストラリア国内の留学生13万人，海外分校にもほぼ同数の在籍数が認められる。また，39の国内の大学のうち，大半が海外分校を運営している。
　また，シンガポール，マレーシアも，この面では積極的で国内に多くの英語圏の国々を中心に海外の大学の分校を誘致している。マレーシアでは，今やよく知られるようになった'Twining Program'*で，大学の基礎課程をマレーシア国内で行い，その後，英語圏の提携校で専門課程を修了するというシステムが拡大している。こうした，自国学生の海外への送り出しプログラムにとどま

らず，マレーシアにおいても，留学生を2010年頃までに「10万人受入れ」を目標としている。マレーシアもシンガポールに続き，「教育のハブ」宣言を行っているように，国外からの学生の受け入れ体制を充実しつつある。

＊部分的な留学制度であり，基礎課程を本国で履修し，その後欧米の大学で最終の専門科目を修了するというもの。

(6) 研究機能の強化，高度化

世界水準の大学を目指す勢いも高まっており，教育機能中心の大学だけでなく，研究機能重視の大学の機能強化も進みつつある。オーストラリアをはじめ，韓国，香港，シンガポールに著しい発展がみられる。

2　香港の高等教育の政策形成

(1) 返還後の香港経済の展望

返還直前のさまざまな懸念が充満した時期，そしてその後のアジア通貨危機をへて，香港はその産業構造を急速に変化させてきた。従来の地場製造業による輸出主導から，中国本土での低コスト委託加工による再輸出主導へと転換させてきた。現在は，貿易，運輸，倉庫，通信業などの貿易サービス関連分野の発展が著しい。しかし，金融サービス業に関しては，上海金融市場が香港の地位を脅かすまでには，まだ相当の時間があるといわれているが，香港の仲介貿易基地としての機能は趨勢的に低下しており，長期的には中国経済の順調な発展を仮定すれば，貿易サービス関連だけでなく，金融サービス業も長期低落傾向を免れないと予想する向きが強い。また，中国との共存関係の中で，香港経済の将来への明確な戦略は総合的にはいまだ描かれてないようでもある。

(2) 国際化に関する高等教育の政策

こうした政治経済的背景を背負う香港の国際化に関する高等教育政策は，香港返還（1997年）直前の時期から，中国政府への政治的な配慮をしてか，その10年間ほどは非常に慎重に形成されてきたようである。高等教育の国際化が香

港の政策課題として取り上げられるようになったのは，すでに1990年代の初期からであったが，返還直前には高等教育の国際化に対して明確に踏み込んだ立場を取られないでいた。返還後も「一国二制度」の行く末が不確かなため，また無用な政治的介入を避けるためにも，明確な高等教育の政策形成には慎重であった。

返還以前の政策ペーパーとしては，大学補助委員会（University Grants Committee）＊から1996年に発表された'Higher Education in Hong Kong'という報告書がある［UGC, 1996］。そこでは，まさに返還直前の政治的雰囲気を反映して，返還後の高等教育には3つの方向が考えられるということを示唆するにとどまり，明確な政策提言を避けている。すなわち，(1)香港の高等教育機関は地元の学生を対象にし，地元の労働力の強化のためにあるべきで，教育言語は広東語で行われる。したがって，中国本土の香港に近い地域，たとえば広東省などの大学との区別がないような性格を有するようになる。(2)主に地元の学生を対象にし，地元の労働力の強化のためにあるべきであるが，中国本土の大学と異なり，2カ国語使用の教育環境を維持し続けるべきである。(3)香港の高等教育機関は地元の教育機関との相互の連携を進めるだけでなく，さらに中国本土，諸外国の優れた大学などとも連携を進め，2カ国語使用の教育環境を押し進める。また，大学院生は，香港の地域外からも受け入れる。

＊ University and Polytechnic Grants Committee は，1995年に University Grants Committee/UGP に名称が変更されている。

当時の政策ペーパーの担当者たちは，第3番目の方針案を支持していたとされるが，方向性を明確に示すことは控えて，第3番目の方針は香港の経済発展に資するに考えられるとだけ述べていた。

しかし，返還直後，初代行政長官，董建華（C. H. トン）は，その就任演説［Tung, 1997］において大学部門の政策に触れ，地元出身でない（non-local：香港以外の地域，すなわち中国大陸出身者を主に意味する）の比率を拡大すべきであり，とくに優れた中国大陸からの学生を香港の大学で学ばせることの重要性を述べている［Tung, 2004］。この演説に端を発し，1996年の報告書（とくに第3番目

の方針案）が早くも公式の方針として検討されるようになった。しかし，その直後，香港もアジア金融危機に襲われ，香港の国際競争力の回復・強化が返還直後の政策課題となった。行政長官の政策演説では，香港を，ロンドン，ニューヨークのように，アジアの経済のハブとしたいとの声明を出しており，そのための学術面の国際的交流，さらなる香港の大学の国際化の重要性を強調するようになっている［Tung, 2001 ; 2004］。

(3) 2004年 UGC-IIWP 報告書

現在の香港の高等教育部門の政策方針は，2004年の報告書によって制度上の骨格が定められ，実際の公式の方針として打ち出された［UGC, 2004］。

2004年報告書は，大学補助委員会と IIWP (Institutional Integration Working Party) の合同報告書，'Hong Kong Higher Education: To Make a Difference, to Move with the Times' である。これは，返還後の中心的政策ペーパーであり，3つの大きな方針が決定につながっている。第1は，高等教育機関の制度上の規制緩和，第2は教育・研究面の役割の明確化と大学セクターの再編成，そして第3は大学の国際化の方針である。

第1の高等教育機関の制度面では，規制緩和を進め，独立行政に改革する。すなわち，各大学の運営組織の自らのガバナンス，マネジメントを強化する。

したがって財政配分も総括予算方式 (global budgeting) に移行する，補助金配分の方針を明確化した。また，大学の歳入措置の多様化を奨励し，民間からの寄付金の受託を制度的には容易にした。

第2の教育・研究面の役割の明確化と大学セクターの再編成政策では，第1の政策の具体化として，大学セクターの再編成のために，大学補助委員会は 'Restructuring and Collaboration Fund' という基金を設け，2004年以降教育・研究面の役割の明確化を後押しした。こうして，「戦略的協調 (strategic alliance)」と呼ばれる，大学機関相互の協力を進め始めた。

第3は大学の国際化の方針では，アジア太平洋地域での「教育のハブ」となるとの方針を出したことである。これには，シンガポールの高等教育政策も強力な競争相手として大いなる刺激となっていたはずである。「教育のハブ」，教

表7-1 香港の大学における地元出身者でない学生の出身地域（2002〜2005）

	中国大陸（人）	他のアジアの地域(人)	アジア以外の地域(人)	総　計（人）
2002-03年	2,230	204	170	2,604
2003-04年	2,849	197	158	3,204
2004-05年	3,319	213	156	3,728

出所：UGC［2004；2005］．

育の国際化，国際競争力に絶えうる高等教育政策という方針は，香港特別行政区政府の公式の方針として受け入れられた。そこでは，大学は，異文化間の学習，交換の場所であるべきであり，香港の地域外の学生の比率を，1997年当時の20％から30％程に高める。中国本土から優れた学生を大学院のみでなく，学部課程にも積極的に受け入れるというものである。実際，表7-1のように香港の大学で地元出身でない学生（non-local）は着実に増加しており，85〜90％は中国大陸からの学生である［UGC, 2005］。

3　シンガポールの高等教育の政策形成

　シンガポールの高等教育政策は，上記の香港と比較すると政府の政策が先行的，介入的で，かつ総合的なものである，すなわち政策の枠組みが体系的に準備されている。シンガポールの高等教育に関する政策ペーパーの起草には，経済委員会（ERC：Economic Review Committee）とその2つの小委員会（人的資源の拡大に関するものとサービス産業に関する小委員会）が直接の業務に当たるものの，高等教育に関する政策はあくまでERCの一環として発表，提言されてきている。経済関係の省庁の関与が強く，経済政策としても強く意識されている。すなわち，シンガポールの高等教育政策は，産業政策，とくに科学技術政策のあり方を前提としている面が強くあり，その意味でまさに総合的かつ相互連携を強く意識したものであり，戦略的に設計されているといえる［ERC, 2002；2003］。

(1) 産業構造の高度化と科学技術の政策の変遷

　シンガポールの経済発展の戦略は，独立後，中継貿易を基盤とする都市型商業センターや輸入代替工業化政策から，外国資本を利用した輸出志向工業化へ

と徐々に転換してきた。その過程では，すでに80年代前半に低賃金を背景とする労働集約的な製造業の拡大は次第に行き詰まり，より資本集約的で高付加価値の情報関連産業や石油化学工業などによる産業構造の高度化に移行してきた。

また，外国資本を利用した戦略は，外国企業の撤退という形でいわば瞬時に世界の動向変化を思い知らされることでもある。300万人ほどの都市国家は，ハイテックの高付加価値産業立国に産業構造も変化させていくことの必要性が，早くから国の将来構想として周到に準備されてきた。

80年代の初期にすでに行政事務のコンピュータ化（CSCP：Civil Service Computerization Program）を実行に移し，86年の国の IT（Information Technology）計画が策定されている。その際注目すべきは，IT を用いて経済の各分野の生産性と競争力の向上を明確に位置づけ，種々の具体策を展開してきたことである。90年には，「戦略的経済計画（SEP）」が作成されており，ハイテク産業，知識集約型産業の誘致，高付加価値な革新的企業，創造的企業の促進ということを目標にあげている。さらに，92年は，「IT2000：インテリジェント・アイランドに向けて」という報告書を発表している。そこでは，引き続き製造業とサービス業を経済成長の両輪としながら，とくにサービス業については，「教育」「医療」「創造産業」を有望な分野と明示している。また，そのために，95年には積極的な R&D 投資，科学者，技術者のシンガポールへの招聘を促し，科学技術分野において世界の研究拠点（Center of Excellency）にするところまでになっている［Business Times, 1997］。

こうしたハイテクの高付加価値産業立国に産業構造の発展，R&D 関係のデータでみると，その変化発展の大きさには著しいものがある。表7-2にみられるように，1990年から2004年までの研究開発活動主要指標の発展の大きさや，表7-3のセクター別研究開発支出の推移には著しいものがある。表7-4では，R&D に従事する専門家たちの外国人比率も23％（2004年現在）もの高さである。そのうち，博士号を有するものが30％ほどに上ることが，研究拠点化の動きを示しているともいえよう。

表7-2 シンガポールにおける研究開発活動主要指標の推移

年度	R&D支出（百万ドル）	研究者数（人）	R&D支出GDP比（％）	人口千人当たり研究者数（人）	研究者1人当たり支出額（千ドル）
1990	571.7	4,329.0	0.9	27.7	132.1
1991	756.8	5,218.0	1.0	33.6	145.0
1992	949.5	6,454.0	1.2	39.8	147.1
1993	997.9	6,629.0	1.1	40.5	150.5
1994	1,175.0	7,086.0	1.1	41.9	165.8
1995	1,366.6	8,340.0	1.2	47.7	163.9
1996	1,792.1	10,153.0	1.4	56.3	176.5
1997	2,104.6	11,302.0	1.5	60.2	186.2
1998	2,492.3	12,655.0	1.8	65.5	196.9
1999	2,656.3	13,817.0	1.9	69.9	192.2
2000	3,009.5	14,483.0	1.9	66.1	207.8
2001	3,232.7	15,366.0	2.1	72.5	210.4
2002	3,404.7	15,654.0	2.2	73.5	217.5
2003	3,424.5	17,074.0	2.1	79.4	200.6
2004	4,061.9	18,935.0	2.3	86.7	214.5

出所：The Agency for Science, Technology and Research, National Survey of R&D in Singapore [2004] Table 5.1.

表7-3 セクター別研究開発支出の推移（単位：百万Sドル）

年度	民間企業	高等教育機関	政府	国立研究機関
1994	736.2	179.5	142.1	117.2
1999	1,670.9	310.0	304.9	370.6
2000	1,866.0	338.3	423.8	381.4
2001	2,045.0	367.0	425.1	395.6
2002	2,091.3	430.0	449.1	434.3
2003	2,081.2	457.5	435.8	450.0
2004	2,590.0	424.7	442.2	605.0

出所：Yearbook of Statictics Singapore.

表7-4 R&D人材に占める外国人（単位：人）

R&D従事者の種類	シンガポール国民および永住者		外国人		合　計	
研究者	19,320	(77)	5,931	(23)	25,251	(100)
RSE	16,036	(85)	2,899	(15)	18,935	(100)
博　士	2,902	(71)	1,161	(29)	4,063	(100)
修　士	4,305	(88)	599	(12)	4,904	(100)
学　士	8,829	(89)	1,139	(11)	9,968	(100)
学位非保有者	2,460	(94)	151	(6)	2,611	(100)

注：（　）内は構成比（％）。
出所：The Agency for Science, Technology and Research, National Survey of R&D in Singapore [2004] Table 1.2.

(2) アジアの（高等）教育のハブ

上記のような産業戦略と科学技術政策を背景に，シンガポールの教育政策は，早くから国の将来構想体系の一部として立案され現実化されてきている。1996年に当時の首相，ゴ・チョク・トン（現上級相）が，「東洋のボストン（Boston of the East）」という表現のもとに，シンガポールを国際学術都市にし，「アジアの（高等）教育のハブ」にすると同時に，高付加価値産業立国に産業構造を推進していくとしたことは，我が国によく紹介されている [Goh, 1996]。「東洋のボストン」構想の前年，1995年には，'World-Class Universities (WCU)' と呼ばれる政策が打ち出されて，国際的学術都市の充実を目指して，国内の大学の改組，教育および研究能力の高度化，海外の有力大学のシンガポール校の誘致など，さまざまな実績をあげていることも，我が国でいくつかの論考で発表されている [The Straits Times, 1995]。

しかし，そのようなダイナミックなシンガポールの教育政策は，最初は緩やかな形で初め開始されている。教育政策，とくにその国際化の方向づけは，デイトン報告書 [Dainton Report, 1979] からである。1979年にシェフィールド大学 (Sheffield University) の総長 (Chancellor)，Sir Frederick Dainton がシンガポール大学補助委員会 (University Grants Committee) 委員長として発表した 'Report on University in Singapore 1979' が最初の政策ペーパーであるが，そこで大学の合併などの大幅な組織変革の必要，海外の大学との実体のある連携などを提案している。さらに10年後の1989年に，デイトン卿は教育政策の検討を再度依頼され，「国際化 (internationalization)」という表現はまだみられないものの，シンガポールの大学が海外の有力大学と連携し，教育，研究面での協力を深め，国際的な認知，評価を早く得るようにすることの重要性を説いている [Dainton Report, 1989]。当時から，シンガポール教育省は，「国際化」が，シンガポールの大学が陥りやすい地方性，文化的な偏狭な雰囲気を軽減することの重要性を意識していた。

それがシンガポールの産業戦略，科学技術政策が明確に打ち出されてくると，一気に教育政策のうち「世界水準の大学 (World Class Universities) プログラム」が現実化してきた。この語句は，最初1995年にリー・ヨック・スワン (Lee

表7-5 NUS教育研究職員の出身国比率（2005）

	人数（人）	比率（%）
シンガポール	849	48.1
マレーシア	191	10.8
インド	99	5.6
中国	121	6.9
他のアジア諸国	151	8.6
北米	66	3.7
オーストラリア／NZ	138	7.8
その他	84	4.8
総計	1765	100

出所：NUS［2005］．

Yock Suan）がその必要性を説いた記事にみられる［Strait Times, 17 March 1995］。それ以後，世界水準の大学のシンガポールにおける重要性は，産業面のさまざまな角度から論じられるようになった。同時に政府は，シンガポールで一般的に抱かれていたシンガポール国立大学（NUS），南方工科大学（NTU）への海外の大学に比較して劣っているという根強い植民地主義的な思い込みを早々と払拭する必要を強く感じていた。そのためにも，内外からのこの2校へのはっきりした評価の定着，大学の国際化（教職員，学生）を図った［Strait Times, 12 October 1996］。さらに1996年9月に，ゴ・チョク・トン首相（当時）は，この2校が21世紀に向けて世界水準の大学にもっていくと演説したが，早くもNUSはタイム紙（2004年）の世界のランキングで20位以内に入ったように，すでに「世界水準の大学プログラム」は実現されている。また，表7-5にあるように，NUSの教育研究職の職員のうち，自国のシンガポール出身者が2005年現在，50％を切っており，国際的な教育研究環境づくりを進めているのがわかる。

4　香港とシンガポールとの相違点

　香港とシンガポールは，そもそも歴史的背景をはじめ，類似点が多いため，さまざまな点で比較されることが多い。もともと中国南部の出身者とその子孫がともに圧倒的に多い場所でもあり，また英国の植民地であった歴史をもつ。高等教育の面でも，多くの類似点がみられる。第1に，高等教育も英国植民地であった影響を濃厚にもっている。最近まで，ともに高等教育の輸入側であり，主要な高等教育の言語は英語である。第2に，両政府とも高等教育の国際化の重要性をよく認識しており，高等の教育の国際化という点でも，ともに「アジ

アの(高等)教育のハブ」との構想を現実化しやすい環境にある。

　しかし，いうまでもなく，この2つの地域の政府のあり方は大きく異なる。香港が中国の一部（特別行政区）であり，現在一国二制度をとりながらも，中国経済の中の一部として取り込まれつつある。香港のみに限定した経済戦略はさしたる意味をもち得ない。また香港は，中国政府の大きな政治的行政的影響のもとにあるためか，シンガポールのように海外の大学の誘致がないことは，非常に大きな違いであり，興味深い違いでもある。香港の地域外の学生比率は，圧倒的に中国大陸からの学生であり，教育言語も中国語の優勢が推測される。

　一方，シンガポールは香港と大きく異なり，独立国であり，自国のサバイバルのために「戦略的経済計画（SEP）」や「IT2000：インテリジェント・アイランドに向けて」のような明確な経済戦略の策定と実行が不可欠である。そのため，その高等教育政策は，国の大きな経済戦略の一部として整合的に設計され，推進され短期間で相当の成果をあげてきている。いうまでもなく，大学部門の国際化という点でも，大きな展開をみせている。

引用・参考文献

アルトバック，P. G.（1994）「アジア・ニーズ（NIES）諸国の高等教育と科学発展」『比較高等教育論――「知」の世界システムと大学』玉川大学出版部.
アルトバック，P. G.（1994）「高等教育と国際的知識伝達」『比較高等教育論――「知」の世界システムと大学』玉川大学出版部.
アルトバック，P. G.（1994）「高等教育の発展類型――2000年への展望」『比較高等教育論――「知」の世界システムと大学』玉川大学出版部.
アルトバック，P. G.（1994）「大学改革の国際比較」『比較高等教育論――「知」の世界システムと大学』玉川大学出版部.
案浦崇（2001）『シンガポールの経済発展と人的資本論』学文社.
池田充裕（2004）「シンガポール　グローバリゼーションに挑む高等教育改革」馬越徹編『アジア・オセアニアの高等教育』玉川大学出版部.
内田康雄（2006）「アジアの高等教育の国際化と日本の協力の可能性」山内乾史・杉本均編著『現代アジアの教育計画（上）』学文社.
馬越徹（2005）「アジア・太平洋地域の高等教育改革」財団法人静岡総合研究機構編，馬越徹監修『アジア・太平洋高等教育の未来像』東信堂.
鈴木康久（1998）「インドネシアの産業技術」三上喜貴編著『ASEANの技術開発戦略』日本貿易振興会（ジェトロ）.

杉本和弘（2004）「オーストラリア　高等教育の市場化と高まる国際的プレゼンス」馬越徹編『アジア・オセアニアの高等教育』玉川大学出版部．

杉本均（2004）「マレーシア　高等教育政策の歴史的転換」馬越徹編『アジア・オセアニアの高等教育』玉川大学出版部．

杉本均（2006）「シンガポールの教育計画——能力主義から思考する学校へ」山内乾史・杉本均編著『現代アジアの教育計画（下）』学文社．

平田利文（2004）「タイ　グローバル・スタンダードをめざす高等教育戦略」馬越徹編『アジア・オセアニアの高等教育』玉川大学出版部．

渡辺利夫編，日本総合研究所調査部環太平洋研究センター著（2004）『東アジア　経済連携の時代』東洋経済新報社．

Altbach, P. G. & Umakoshi, T. (ed.) (2004) *Asian Universities*, The Johns Hopkins University Press.

Burton-Jones, A. (1999) *Knowledge Capitalism*, Oxford University Press.

Business Times

 Business Times (1991) "Plan to set up $1b Endowment Fund for University Education", 8 May.

 Business Times (1997) "Bigger Push Needed for Research", 25 January.

 Business Times (1998) "Govt Forging Links with Top Foreign Universities", 4 April.

 Business Times (1998) "NUS, NTU to Offer Courses with MIT", 4 November.

 Business Times (2000) "Private Sector Lifts SMU Endowment Fund to $80m", 8 May.

Committee on University Admission System (1999) *Preparing Graduates for a Knowledge Economy: A New University Admission System for Singapore*, Singapore: Ministry of Education.

Committee to Review to Review Upgrading Opportunities at Degree Level (2002) *Report of the Committee to Review Upgrading Opportunities at Degree Level*, Singapore: Ministry of Education.

Dainton, F. (1979) *Report on University in Singapore 1979*, Singapore: Government Printer.

Dainton, F. (1989) *Higher Education in Singapore*, Singapore: Government Printer.

Economic Review Committee [ERC] (2002) *Developing Singapore's Education Industry*, Singapore: Ministry of Trade and Industry.

Economic Review Committee [ERC] (2003) *New Challenges, Fresh Goals-Towards a Dynamic Global City*, Singapore: Ministry of Trade and Industry.

Goh, C. T. (1996) "NUS and NTU Must Aim to Become World-Class Universities." Singapore: Prime Minister Office.

Inayatullah, S. & Gidley, J. (ed.) (2000) *In The University in Transformation*, Bergin & Garvey.

Leung, A. (2003) *Budget 2003-04*, Hong Kong: Government Printer.
Levin, H. M. (ed.) (2001) *Privatizing Education*, Westview Press.
Lim, H. K. (2005) "NTU-Waseda Launch Double MBA Program in Management of Technology," Press released on 20 April, Singapore: Economic Development Board.
Ministry of Education [MOE] (2000a) *Fostering Autonomy and Accountability in Universities*, Singapore: Ministry of Education.
Ministry of Education [MOE] (2000b) "Government Accepts Recommendations on University Governance and Funding", Press released on 4 June, Singapore: Ministry of Education.
Ministry of Education [MOE] (2003) *Restructuring the University Sector-More Opportunities, Better Quality*, Singapore: Ministry of Education.
Ministry of Education [MOE] (2005) *Autonomous Universities: Towards Peaks of Excellence*, Singapore: Ministry of Education.
Ministry of Information, Communications and the Arts (2005) *Singapore Yearbook 2005*, Singapore: Ministry of Information, Communications and the Arts.
National University of Singapore [NUS] (2005) *Singapore's Global University: NUS Annual Report 2005*, Singapore: National University of Singapore.
South China Morning Post
  Yeung, L. (2006, 14 January) "Comparison Pits Diversity against Greater Freedom", *South China Morning Post*, E4.
Spring, J.(1998) *Education and Rise of the Global Economy*, Lawrence Erlbaum Associates Publishers.
The Straits Times
  The Straits Times (1995) "S'pore Trying to Make Varsities World-Class", 17 March.
  The Straits Times (1995) "Universities Must Change to Contribute to Economy", 24 November.
  The Straits Times (1996) "Universities Fund to be Reviewed, Says Dr. Tan", 31 July.
  The Straits Times (1996) "Tertiary Institutions Here Under-rated, Says Yock Suan", 12 October.
  The Straits Times (1997) "Action Plan to Make NUS, NTU World-Class", 25 January.
  The Straits Times (1997) "NUS, NTU May Stop Business Courses", 24 April.
  The Straits Times (1997) "New SIM University will Take Radical Approach", 16 July.
  The Straits Times (1997) "Govt to Give $300m to NUS and NTU if They Raise $100m", 19 March.

The Straits Times (1997) "SIM to Become Third, Private University", 23 April.
The Straits Times (1997) "International Academic Panel Arrives Today", 6 August.
The Straits Times (1997) "NUS May Introduce Compulsory Core Curriculum Next Year", *The Sunday Times*, 17 August.
The Straits Times (1998) "NUS and NTU to Double Business Post-grad Courses", 16 January.
The Straits Times (1998) "University Entry will be on Broader Criteria", 20 February.
The Straits Times (1998) "Academics Back New Varsity Entry Criteria", 23 February.
The Straits Times (1998) "Education Milestones: Looking Back on 1998", 31 December.
The Straits Times (1999) "Chicago Business School in S'pore", 14 April.
The Straits Times (2000) "World-class Institutions at Your Doorstep", 30 September.
The Straits Times (2003) "Fourth Varsity may be from Overseas", 17 August.
The Straits Times (2003) "US Medical School Opening Branch Here", 29 October.
The Straits Times (2004) "Australian University to Set Up Here", 21 April.
The Straits Times (2005) "Warwick U a Step Closer to Opening Branch Here", 6 October.
The Straits Times (2005) "Finances, Not Freedom, Worried Warwick University", 22 October.
Tung, C. H. (1997) *Policy Address 1997*, Hong Kong: Government Printer.
Tung, C. H. (2001) *Policy Address 2001*, Hong Kong: Government Printer.
Tung, C. H. (2004) *Policy Address 2004*, Hong Kong: Government Printer.
University and Polytechnic Grants Committee [UPGC] (1993) *Higher Education 1991-2001: An Interim Report*, Hong Kong: Government Printer.
University Grants Committee [UGC] (1996) *Higher Education in Hong Kong*, Hong Kong: Government Printer.
University Grants Committee [UGC] (2001) *UGC Facts and Figures 2000*, Hong Kong: Government Printer.
University Grants Committee [UGC] (2003) *UGC Facts and Figures 2002*, Hong Kong: Government Printer.
University Grants Committee [UGC] (2004a) *UGC Facts and Figures 2003*, Hong Kong: Government Printer.
University Grants Committee [UGC] (2004b) *Hong Kong Higher Education: To Make a Difference, To Move with the Times*, Hong Kong: Government Printer.
University Grants Committee [UGC] (2004c) *Hong Kong Higher Education-Integra-*

tion Matters, Hong Kong: Government Printer.
University Grants Committee [UGC] (2005) *UGC Facts and Figures 2004*, Hong Kong: Government Printer.
University Grants Committee [UGC] (2006) "Results of the Second Matching Grant Scheme for the UGC-funded Sector Announced", Press released on 11 March, Hong Kong: University Grants Committee.

（内田康雄）

第II部

実践編

第8章 アジアの高等教育発展
―― 国際教育交流と高等教育協力

　　近年，アジアの高等教育は急速に拡大し，質の保証システムや研究ネットワークを形成する動きも見られる。アジアの高等教育は実に多様でもある。マレーシアやシンガポールのように，留学生を積極的に受け入れ，北アメリカやヨーロッパの大学などとも対等な関係を築こうとしている国もあれば，カンボジアやラオスのように，高等教育制度の基盤さえ十分でない国もある。こうしたアジアの高等教育発展の現状と，高等教育の国際化や地域化，グローバル化の流れを受けて，本章は，アジアの高等教育発展と国際教育交流の現状を概観し，カンボジアを事例として，域内の高等教育の交流を通じた教育協力の可能性と課題を検討する。

1　アジアの高等教育の拡大と国際教育交流

(1) アジアの高等教育発展

　アジアの高等教育の就学者人口は急速に拡大している。2007年と1970年の東アジア・太平洋諸国の高等教育の就学率を比較するとそれぞれ，3％と26％であり，13ポイントの上昇である（図8-1）。特に，1990年代以降の伸びが大きい。これには，中国の高等教育事情の激変や韓国の進学熱，私立高等教育機関の増加など，いくつもの要因が考えられる＊。一方，アジア域内での高等教育格差，つまり，中国や韓国，シンガポール，マレーシアなど，高等教育発展の著しい国と，カンボジアやラオス，ミャンマー（ビルマ）など，教育発展において他の国々に遅れをとる国との格差が顕在化している。たとえば，東アジア・太平洋諸国の高等教育の粗就学率（2007年）は韓国の95％からカンボジアの5％まで，大きな差がある［UNESCO, 2010］。教育に限らず，経済社会のさまざまな分野でのアジアの地域統合，そして，域内の高等教育の交流（学生交流及び教員・

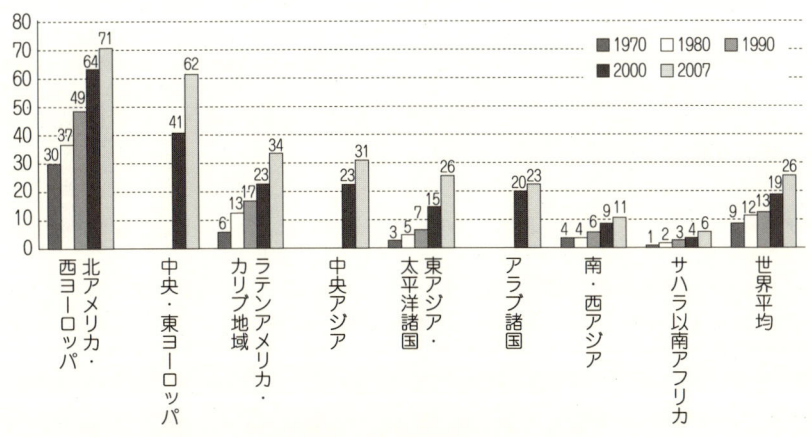

図 8-1 世界の高等教育粗就学率 (1970-2007年, %)
出所：UNESCO Institute for Statistics [2009], Figure 3.

研究者交流) が活発化している現在, こうした格差の緩和に向けた教育協力が求められている**。

＊アジア諸国の高等教育事情が日本の新聞で取り上げられることも多い。たとえば, 朝日新聞（大阪本社）2009年（平成21年) 5月4日（月)「中国の高等教育事情（上)」, 11日（月)「中国の高等教育事情（中)」, 18日（月)「中国の高等教育事情（下)」及び, 2009年（平成21年) 11月5日（木)「韓国の教育 家計にズシリ」, 2010年（平成22年) 1月6日（水)「大学『入亜』のススメ」。
＊＊たとえば, 日本の大学などが協定を締結している海外の大学などの内, 44.8%がアジア域内の機関であり, これはヨーロッパ (25.2%) や北米 (20.1%) 以上に多い数値である（平成18年10月1日現在) (文部科学省大学等間交流協定締結状況調査) (http://www.mext.go.jp/b_menu/houdou/19/09/07090416/002.htm) (アクセス日：2010-01-22)。

ユネスコ主催の世界高等教育会議 (2009年7月) の公式声明は「国際化, 地域化, グローバル化」の項で, 世界の高等教育機関の社会的責任は国による発展の格差を埋めることであり, この責任を果たすため, 高等教育機関は国境を越えた知識の移動を活性化し, (知識の移動による) 頭脳流出の弊害を和らげ, むしろ, 頭脳還流を促進させなければならないと述べている [UNESCO, 2009]。地域化に関しては, 学位や卒業・修了資格の相互認定, 質の保証, 共同研究など, 教育と研究の両面における地域協力の必要性を強調している。

アジアの高等教育発展の現状と，高等教育の国際化や地域化，グローバル化の流れを受けて，本章は，アジアの高等教育発展と国際教育交流の現状を概観し，カンボジアを事例として，域内の高等教育の交流を通じた教育協力の可能性と課題を検討する＊。

> ＊本章での「アジア（地域，諸国）」は特に断りのない限り，東アジア・太平洋諸国を指すこととし，中央アジアや南・西アジアは必要に応じて言及する。
> 　本章での「高等教育（機関）」の区分は日本（文部科学省）のそれに倣い，大学（短期大学を含む）と専修学校，各種学校，高等専門学校を指す。ただし，国による区分の違いはこの限りではない。

上にあげた世界高等教育会議（2009年7月）の公式声明は，高等教育の社会的責任を「現在の，そして将来の地球規模の難局に直面している我われが社会的，経済的，科学的，文化的に多様な問題を理解することを促し，これらの問題に対処できるようにすること」としている［UNESCO, 2009：2］。そして，高等教育機関の中心的機能を研究と教育，社会貢献とし，これらの機能を果たすため，学際的な視点でもって，批判的思考力を備えた，行動的な市民を育成しなければならないと述べている。そして，これらの責任や機能を果たすべく，各国の高等教育機関はさまざまな改革を実行し，一方，就学希望者はより質の高い，魅力ある教育をもとめて，厳しい目で入学する機関を選んでいる。これまで，世界的に名の通った大学は北アメリカや西ヨーロッパに偏っていた。しかし，近年，アジアにおいても，規模や質の点で，北アメリカや西ヨーロッパの大学に引けを取らない大学が増えてきている。各国政府も膨大な予算を，大学改革を始めとする高等教育改革へ投入している＊。英国のタイムズ紙高等教育版が毎年発表する世界の上位200大学を見ると，2009年は，45大学がアジアの大学であり，日本や中国，香港，韓国の大学が順位を上げている［Times Higher Education, 2009］＊＊。

> ＊世界水準の大学を目指す国家事業として，たとえば，中国の「211工程」や韓国の「頭脳韓国二一世紀事業（BK21）」があげられる［大塚，2004；馬越，2004］。
> ＊＊イスラエルとインドを含む。その内訳は日本11大学，オーストラリア9大学，中国6大学，香港5大学，韓国4大学，イスラエル3大学，ニュージーランド3大学，インド2

大学，シンガポール2大学である。

より質の高い教育をもとめて，海外の大学などへ留学する者も少なくない。従来は北アメリカや西ヨーロッパの大学などへの留学が主流であったが，1990年代後半以降，アジア域内の他の国，たとえば，日本や香港，韓国，中国へ留学する者が増加している。毛利・森川［2006］は1985年と2002年の東アジア地域（アセアン諸国＋日本，韓国，中国）の留学生移動を比較し，東アジア域内の移動が約10倍に膨らんだことを指摘する。東アジア地域からアメリカ合衆国への留学は依然として多いものの，域内の留学が急速に増加している。2009年の日本への外国人留学生数は13万2,720人で過去最多となり，留学生の出身国や地域の内訳は，留学生数が多い順に，中国，韓国，台湾，ベトナム，マレーシアと，アジア諸国で占められている*。

＊朝日新聞（大阪本社）2009年（平成21年）12月28日（月）「日本への留学生，過去最多に 約13万人 中国や韓国の留学熱反映」。

表8-1は，2007年の地域ごとの海外留学者の割合と，1999年との比較における増減割合を表したものである。東アジア・太平洋諸国の海外留学者の内，域内の他の国への留学者は4割以上（41.8％）であり，この割合は1999年と比較して，6ポイント増加していることが分かる。反対に，東アジア・太平洋諸国から北アメリカへの留学者の割合は10ポイント減少している。これらの数値は，アジアの人びとの海外留学先が域内の他の国へシフトしつつあり，主要な留学先が北アメリカからアジア諸国へとって代わり始めていることを示している。世界の留学生地図が変化し始めているのである。

(2) 高等教育の交流と地域統合

アジアの高等教育の交流の活発化を受けて，いくつかの事業や団体も設立されている。これらの事業や団体は域内の高等教育の交流を促進するための単位互換や質の保証システム，研究ネットワークの構築を進めており，アジア太平洋大学交流機構（University Mobility in Asia and the Pacific, UMAP）やAPQN

表8-1 世界の海外留学先(地域別)(2007, %)

送り出し国 \ ホスト国	アラブ諸国	中央・東ヨーロッパ	中央アジア	東アジア・太平洋諸国	ラテンアメリカ・カリブ地域
アラブ諸国	15.9(+3.7)	5.6(−2.8)	0.4(−0.1)	4.7(+3.5)	0.1(0)
中央・東ヨーロッパ	0.2(−0.1)	27.7(+2.9)	3.1(+0.7)	1.2(+0.1)	0.0(0)
中央アジア	0.3(+0.1)	44.2(−16.2)	34.7(+6.2)	3.2(+2.4)	0.0(0)
東アジア・太平洋諸国	0.2(−0.3)	1.3(−0.4)	0.4(+0.3)	41.8(+6.0)	0.2(+0.1)
ラテンアメリカ・カリブ地域	0.1(0)	0.3(0)	0.0(0)	2.5(+0.9)	22.9(+12.2)
北アメリカ	0.4(+0.1)	2.3(+0.5)	0.1(0)	15.4(+6.4)	1.7(−0.9)
西ヨーロッパ	0.6(+0.4)	3.9(−0.6)	0.0(0)	3.7(+1.0)	0.2(+0.1)
南・西アジア	0.8(−0.4)	3.2(−2.3)	1.8(−0.1)	21.1(+11.5)	0.0(0)
サハラ以南アフリカ	3.0(−0.5)	0.9(−0.2)	0.0(0)	4.3(+2.4)	0.9(−0.7)
世界平均	2.9(−0.4)	7.1(−0.1)	1.9(+0.5)	18.4(+5.0)	1.9(+0.7)

送り出し国 \ ホスト国	北アメリカ	西ヨーロッパ	南・西アジア	サハラ以南アフリカ	合計
アラブ諸国	15.4(−1.3)	56.9(−3.1)	1.0(+0.1)	0.0(0)	100
中央・東ヨーロッパ	12.3(−2.9)	55.4(−0.7)	0.0(0)	0.0(0)	100
中央アジア	4.9(+1.3)	12.5(+6.4)	0.1(−0.2)	0.0(0)	100
東アジア・太平洋諸国	33.0(−10.0)	22.9(+4.4)	0.2(−0.1)	0.0(0)	100
ラテンアメリカ・カリブ地域	43.2(−11.7)	30.9(−1.4)	0.0(0)	0.0(0)	100
北アメリカ	39.1(−0.6)	40.5(−5.6)	0.5(+0.1)	0.0(0)	100
西ヨーロッパ	14.4(+0.1)	77.2(−1.0)	0.0(0)	0.0(0)	100
南・西アジア	45.7(−5.2)	26.1(−2.0)	1.3(−1.4)	0.0(−0.1)	100
サハラ以南アフリカ	17.4(−2.0)	49.8(−2.3)	0.8(−1.2)	22.9(+4.5)	100
世界平均	23.7(−3.2)	41.2(−2.3)	0.4(−0.1)	2.6(0)	100

注:( )内の数値は,1999年との比較における増減。
出所:UNESCO Institute for Statistics [2009], Table 2.

(the Asia Pacific Quality Network),アセアン大学ネットワーク(ASEAN University Network)などがその代表であろう*。

  * UMAPは単位互換システムや研究ネットワークの構築を通して,UMAP参加対象国や地域の大学間交流を促進することを目的とする。2010年1月現在,34の国や地域(オーストラリア,ブルネイ・ダルサラーム,カナダ,台湾,エクアドル,グアム,インド,日本,ラオス,マレーシア,モンゴル,ニュージーランド,ペルー,レ・ユニオン諸島,サモア,タイ,アメリカ合衆国,バングラディシュ,カンボジア,チリ,中国,フィジー,

香港,インドネシア,韓国,マカオ,メキシコ,ミャンマー(ビルマ),パプア・ニューギニア,フィリピン,ロシア,シンガポール,東チモール,ベトナム)が加入している。APQN は高等教育の質の保証を促進するアライアンス(連盟)である。2010年1月現在,アジア諸国を中心として,25の国や地域(オーストラリア,バングラディシュ,ブルネイ・ダルサラーム,カンボジア,中国,フィジー,香港,インド,インドネシア,日本,カザフスタン,ラオス,マカオ,マレーシア,モルジブ,モンゴル,ネパール,ニュージーランド,パキスタン,フィリピン,ロシア,スリランカ,台湾,タイ,ベトナム)の高等教育機関や団体が加入している。アセアン大学ネットワーク(AUN)は2010年1月現在,アセアン加盟国の21大学がネットワークを結び,アセアンを対象とした共同研究や教育フォーラム,高等教育の質の保証などを行っている[杉村,2007]。

高等教育の域内交流の例として必ず引き合いに出されるのが,ヨーロッパ高等教育圏の形成を目指す「エラスムス計画」である。エラスムス計画はヨーロッパ域内独自の教育政策に沿って,域内大学間の交流やカリキュラムの共同開発を行っている。黒田[2007a:5]は,エラスムス計画の成功は,「ヨーロッパにおいては,ラテン語を中心とした知の伝統が『ヨーロッパ』を『ユニバース(普遍)』とする,知の共同体の歴史が存在していた」からであると主張する。一方,アジアの高等教育は域内の高等教育ネットワークを形成しながらも,各国,各機関が自立的に発展していくことを基本とする。なぜなら,アジアの伝統的な大学の多くは,国民国家のあり方が注目され,議論された時代に創立され,国民統合や国家的な政策目標のために奉仕する役割を期待されていた[黒田,2007b]。そのため,国民国家の建設を目的とした留学生の派遣や外国教員の招聘には積極的でも,ヨーロッパの伝統的な大学のような,国境を前提としない,知の共同体としてのそれではなかったからである[黒田,2007b]。「ヨーロッパ市民」とは言っても,「アジア市民」には馴染みがないのも頷ける*。しかしながら,黒田[2007a]は,アジアにおいては,ヨーロッパと同じ意味での「知の共同体」は存在していなかったとしながらも,アジア諸国の大学の中で,「アジア」を戦略的に意識する大学が増えつつあり,アジアの地域統合を志向する動きは確実に存在すると強調する。

＊第1回東アジアサミット(2005年12月)で採択された「クアラルンプール宣言」の骨子で,「『われわれ』意識の形成(developing a "we" feeling)を目指した人と人との交流の

強化」が謳われたことは，アジア地域において「われわれ」意識が希薄であることを示している（ASEAN＋3首脳会議に関するクアラルンプール宣言（仮訳））(http://www.mofa.go.jp/mofaj/kaidan/s-koi/asean05/kariyaku.html)（アクセス日：2010-01-22）。

2　アジアの高等教育の発展と教育協力

　マーチン・トロウ（Martin Trow）は高等教育システム変遷の3段階を整理した。トロウによると，高等教育はその発展段階に応じて「エリート型」と「マス型」，「ユニバーサル・アクセス型」に分けられ，各段階の高等教育は異なる役割を担っている。「エリート型」は，「大学入学適齢人口に対する学生数の在籍比率が15％未満とされ」，高等教育の役割は少数のエリート層，つまり，国家の発展目的に応じた人材の育成である［藤本，2009：55］。「マス型」は，在籍者比率が15％から50％とされ，高等教育の役割は専門化したエリート層の養成に加えて，多様化する社会の要請にも応えることを目指す［藤本，2009］。「ユニバーサル・アクセス型」は，在籍者比率が50％を超え，高等教育の機会は年齢に関わらず，国民に広く提供されている。この段階の高等教育の役割は高度産業社会に適応できる人材の育成とされる［藤本，2009］。

　表8-2は，アジア諸国の高等教育の現状を就学者数と就学率，教員数と教員1人あたりの学生数で表したものである。就学者数と就学率ともに，中国の躍進が目立つものの，他の国や地域も目覚ましい発展を遂げている。一方，表中の国や地域を見る限り，アジアでは，トロウの整理する3段階すべての状況を確認することができる。すなわち，カンボジアやラオスなどの「エリート型」，中国やマレーシア，タイなどの「マス型」，そして，オーストラリアや日本，韓国などの「ユニバーサル・アクセス型」と，アジアの高等教育の発展段階は実に多様であることが分かる。教員1人あたりの学生数を見ても，日本の7.8人からミャンマー（ビルマ）の46.2人，タイの32.3人まで，状況は大きく異なる。

　アジアの多様性をそのまま多様性（differences）と見るか，格差（gap）と捉えて，格差緩和の方策を検討するかは意見の異なるところであろう。また，前

表 8-2　アジアの高等教育（1999, 2007年）

国/地域	就学者数（千人） 1999年	就学者数（千人） 2007年	粗就学率（%） 1999年	粗就学率（%） 2007年	教員数（千人）	学生/教員
オーストラリア	846	1,084	65	75	…	…
ブルネイ	3.7	5	12	15	0.6	8.3
カンボジア	…	92	…	5	3	30.7
中　国	6,366	25,346	6	23	1,326	19.1
フィジー	…	13	…	15	…	…
インドネシア	…	3,755	…	17	266	14.1
日　本	3,941	4,033	45	58	516	7.8
ラオス	12	75	2	12	3	25.0
マカオ（中国）	7	24	28	57	2	12.0
マレーシア	473	479	23	30	40	12.0
ミクロネシア	2	…	14	…	…	…
ミャンマー（ビルマ）	…	508	…	…	11	46.2
ニュージーランド	167	243	64	80	14	17.4
パプア・ニューギニア	9.9	…	2	…	…	…
フィリピン	2,209	2,484	29	28	113	22.0
大韓民国	2,838	3,209	73	95	202	15.9
サモア	2	…	11	…	…	…
シンガポール	…	184	…	…	14	13.1
タ　イ	1,814	2,422	33	48	75	32.3
トンガ	0.4	…	3	…	…	…
バヌアツ	0.6	1	4	…	…	…
ベトナム	810	1,588	11	…	54	29.4

注：「教員」の数値は2007年の数値。
出所：UNESCO [2010].

節で記した高等教育の社会的責任を見返すと，必ずしも，大多数の国民へ高等教育の機会を提供することとはされておらず，高等教育の役割を社会的指導者や特定分野の専門家を養成することとしている国もあろう。一方，前節の最後で述べたように，アジア域内の交流を志向する動きも見られ，近隣諸国間での教育協力も実施されている。アジア域内の高等教育の交流が活性化するに伴い，マレーシアやタイなど，先行する国の教育発展を加速させるだけでなく，相対的に教育発展の遅れる国の状況を改善し，この地域全体の高等教育水準の底上

げをはかる必要性も出てきているのである。さらに，第1節でふれた世界高等教育会議（2009年7月）の公式声明が強調するように，地域化，そして地域協力の必要性も高まっている。これまでの教育協力は先進国から途上国への援助が主流であったが，現在の，そしてこれからの高等教育協力は先進国から途上国へという流れだけではなく，途上国間の経済，技術協力や高等教育の交流（学生交流及び教員・研究者交流）など，多様な形で展開されていく。

　日本（政府及び大学）が取り組む高等教育協力の例として，ASEAN 工学系高等教育ネットワーク（ASEAN University Network/Southeast Asia Engineering Education Development Network, AUN/SEED-Net）プロジェクトがある。これは上述のアセアン大学ネットワーク事業の1つで，アセアン諸国の主要19大学（工学部）がメンバー大学となり，先発アセアン諸国の大学が後発アセアン諸国の大学教員を修士，博士課程に受け入れて育成する留学プロジェクトである［梅宮他，2009］*。日本政府（JICA）が支援するプロジェクトであるが，実施主体はメンバー大学であり，途上国間の技術協力と言える。このプロジェクトの目的は高位学位（修士号及び博士号）保持者の少ない後発アセアン諸国の大学教員の資格向上，先発アセアン諸国の大学の質の向上，メンバー大学間及び日本の支援大学との交流の活性化などである。AUN/SEED-Net プロジェクトの他にも，また，必ずしもプロジェクトの形態を採らずとも，アジア域内の高等教育協力は技術や知識，資金が国境を越えて提供されたり，共有されたりしている。ダブル・ディグリーやトゥイニング・プログラム，オフショア・プログラムなど，域内の大学間で協定を結んだり，海外分校をもったりして，相互の結びつきを強化している。これらのプログラムは，教育協力を意識している場合もあれば，優秀な外国人留学生の獲得など，高等教育市場での生き残り戦略である場合もある。しかし，結果として，技術や知識が複数の機関間，または，複数国間で共有されることにより，対等な関係を築きながらネットワークを拡充していくのである。

　　＊先発アセアン諸国とはシンガポールとマレーシア，タイ，フィリピン，インドネシア，ブルネイの6カ国である。これに対して，後発アセアン諸国はベトナム，ラオス，ミャンマー（ビルマ），カンボジアの4カ国である。

次節では，アジアの中でもっとも高等教育発展の遅れている国の1つであるカンボジアを取り上げ，この国が近隣諸国及び他の海外諸国とどのようなつながりをもちながら発展してきたのか，そして，将来，この国がアジアでの双方向的な交流を推進するためにはどのような教育協力を必要とするのかを検討する。

3 カンボジアの高等教育の発展と展望

(1) 高等教育発展の歴史

現在のカンボジアの学校教育システムは初等，中等教育の修学年限を6‐3‐3制とし，前期中等教育までの最低限9年間の無償教育を，憲法により保証している。前期中等教育修了には全国統一試験が課せられ，合格者には修了証が授与され，学区内の高校に進学することができる［坂梨，2004］。後期中等教育修了後は職業技術学校や高等専門学校への進学，もしくは，全国統一高等学校卒業試験に合格して，大学，さらに大学院への進学も可能である［坂梨，2004］。

多くの途上国同様，カンボジアの高等教育も海外とのつながりの中で「発展」してきた。このつながりは自ら選びとった結果というよりもむしろ，あるときは植民地政府の政策によって，あるときは東西冷戦の影響で，またあるときは国際援助の流入によって維持され，自立的発展を妨げられたまま変化してきたと言える。カンボジアの高等教育の発展と国際交流の歴史は言わば時代の趨勢に翻弄され，確固たる国家的な戦略不在のまま現在にいたっているのである。近隣諸国の高等教育が諸外国との対等な関係を競って築こうとする中，この国の国際教育交流が多少なりとも双方向性を帯びてきたのはごく最近のことである。前節の表8-2にも明らかなように，カンボジアの高等教育はアジアの中でもっとも遅れており，先進国や近隣のアジア諸国の協力なしには発展できない。一方，地域統合の動きの中で，外からの協力に依存するのみではいられないことも事実である。国際援助，教育協力の恩恵にあずかりながらも，将来の対等かつ双方向的な交流の芽をいかに育むかが重要である。

カンボジアの近代高等教育の発展は4つの時代に分けられる（第二次世界大

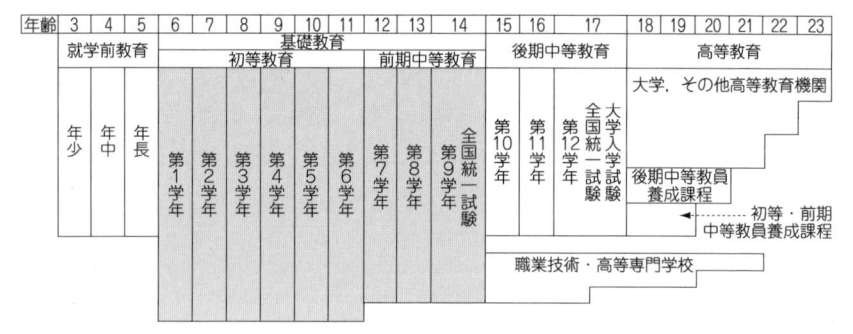

図 8-2　カンボジアの学校教育系統図

注：網掛け部は義務教育。
出所：筆者作成。

戦後：1949年-1970年代，クメール・ルージュの時代：1975-1979年，カンボジア人民共和国の時代：1979-1993年，カンボジア王国の時代：1993年-現在）[Sloper, 1999]。カンボジア初の高等教育機関は1947年創立の国立法律・政治経済大学（the National Institute of Law, Politics and Economic Sciences）である。フランスからの完全独立（1953年）以前の創立である。完全独立後は医科大学（the Faculty of Medicine, 1953年）や王立クメール大学（the Royal Khmer University, 1959年），1960年代に入ると王立技術大学（the Royal Technical University）や王立芸術大学（the Royal University of Fine Arts），王立コンポンチャム大学（the Royal University of Kampong Cham），王立タケオ・カンポット大学（the Royal University of Takeo-Kampot），王立農業科学大学（the Royal University of Agricultural Science），人民大学（the People's University）が創立された。高等教育の就学者数は347人（1955年）から1万800人（1969年）へ急増した［Sloper, 1999］。この時代の高等教育制度設計は海外，特に，フランスによる援助を受けており，大学ではフランス人教員によるフランス語での教育がなされ，学位の承認もフランス語で行われた［Chamnan and Ford, 2004］。1967年，教授言語のクメール語化に関する政策が宣言されたが，教育現場での実現には至らなかった。大学の授業料は無料で，学生はほぼすべて，カンボジア政府から奨学金を支給されていた。

　クメール・ルージュの時代は高等教育のみならず，あらゆる段階の学校教育

が否定された。東西冷戦の中，1979年に誕生したヘン・サムリン政権はベトナム型社会主義を採り，近代高等教育創成期のフランスの影響を排除していった。再生された高等教育機関の多くはロシアをモデルとし，フランス人教員に代わって，ベトナムとロシアからの教員が教壇に立った。フランス語や英語の学習は禁止され，教授言語はベトナム語とロシア語へと変えられた（Chamnan and Ford, 2004）。卒業生はすべて，入学当初から公務員としての採用が保証されていた。しかし，ベトナムとロシアによる高等教育の再建もそれだけでは十分ではなく，国内の教育機関は十分な人材養成力をもたなかったため，カンボジア政府国費留学生として，多くのカンボジア人が東側諸国へ留学した。しかしながら，1989年の東西冷戦終結以降，この国の教育の様相は再び変化する。ベトナムとロシアに代わって，国際援助機関や外国資本が流入し，それまで計画経済の体制下で発展してきた高等教育は，その中身を大きく変換する必要に迫られた。卒業生への就職の保証はなくなり，奨学金の一律支給も廃止された。1990年代以降から現在では，公立（王立）の高等教育機関の組織改革が進められたことに加えて，私立の高等教育機関が次々に設立されている。1990年代以降のカンボジアの高等教育の状況については次項で詳述する。

(2) 高等教育の市場化と質の保証

1990年代以降のカンボジアの高等教育発展の特徴に市場化と質の保証がある。本章で言う市場化は私立高等教育機関の増加も含めて，市場原理にもとづく量的拡大と質的充実である。カンボジアの高等教育の就学者数を約10年ごとに見ると，702人（1979年），5,413人（1989年），1万3,465人（1995年），約9万2,000人（2007年）と，急速に増加している*。高等教育の就学率は5％であるが，就学人口の増加は著しい。一方，高等教育への需要の高まりは大学を始めとする高等教育機関の学生獲得競争を引き起こし，また，私立高等教育機関の「乱立」とも言える状況も招いている。この状況を憂慮したカンボジア政府は高等教育の質保証の法制化，厳格化へと動き出した。

＊1979年から1995年の数値はコロク・ビチェット，西野［2009］から，2007年の数値は

UNESCO [2010] から。

　カンボジアの高等教育の就学人口急増の主な要因は2つあり，公立高等教育機関の授業料有料制度の導入と私立高等教育機関の増加である。1997年，公立高等教育機関は授業料有料制度を導入した。それまでの公立高等教育機関への入学は厳しい競争試験を通過した一握りの人びとだけのものであり，先にも述べたように，1997年以前の大学の授業料は無料，さらに，政府奨学金も支給されていた。そのため，高等教育機関の運営には多額の費用がかかり，政府は，多くの国民へ高等教育の機会を提供することができなかったのである。授業料有料制度の導入により，授業料を支払う経済力のある家庭の学生に対する進学機会が大幅に拡大された［コロク・ビチェット，西野，2009］。現在の公立高等教育機関には，授業料を支払う有償学生と無償学生の両タイプの学生がおり，年々，前者の割合が高くなり，2003年度の在籍比率は有償学生82.74％，無償学生17.27％であった［コロク・ビチェット，西野，2009］。無償学生は厳しい競争試験を通過した一般学生と優先入学生に分けられる。優先入学生は貧困層の学生，少数民族やへき地からの学生，女子学生に与えられる特権であり，これはカンボジア政府の高等教育への進学機会の平等化の一施策である。しかし，授業料を支払う経済力のある家庭の学生は私立と公立，両方の選択肢があり，進学機会の不平等はいまだ深刻である。公立高等教育機関33校の内，22校が首都プノンペンにあり，このことも，進学機会の不平等を招いている。さらに，学生の高等教育機関の選択肢の幅が広がったことにより，多くの学生が私立へ流れ，入学者が減少した公立高等教育機関も出てきた［コロク・ビチェット，西野，2009］。

　私立高等教育機関の増加も就学人口の増加を招いた。現在，カンボジアの高等教育機関は，公立が33校，私立が44校ある。1998年の時点での公立高等教育機関は8校，私立は1校であったことを考えると，私立高等教育機関の増加が著しい[*]。カンボジア初の私立高等教育機関は1997年12月創立のノートン単科大学（Norton Faculty）である。この大学は授業料によって運営され，教員の給与は公立高等教育機関と比較して高かった。そのため，公立高等教育機関からこの大学へ移る教員もいた［Chamnan and Ford, 2004］。2000年，ノートン単科

大学はノートン大学（Norton University）へ改組され，その後，法律・経済大学（Law and Management Faculty）（2000年創立）やヴァンダ専門大学（VANDA Institute）（2001年創立），パンニャサ大学（Panasastra University of Cambodia）（2002年創立）など，私立の単科大学や総合大学，専門大学が次々に設立された**。

＊1998年の数値はコロク・ビチェット，西野［2009］から，現在の数値はカンボジア王国教育省資料から（http://www.moeys.gov.kh/DownLoads/Name%20of%20Higher%20Education.pdf）（アクセス日：2010-01-22）。
＊＊法律・経済大学は2002年，ビルド・ブライト大学（Build Bright University）へ改組，名称変更された。

私立高等教育機関の増加は，急速に高まっている高等教育への需要を吸収し，進学機会の拡大につながる一方，いくつかの問題も引き起こしている。その中の1つが教育の質の保証に関するものである。私立高等教育機関の中には政府による基準認定を得られず閉鎖されたり，市場ニーズの低い学問分野の大学などが学生を集められなかったりする例も少なくない。私立高等教育機関の「乱立」とも言える急増によって，政府による監視の目が行きとどかず，およそ「高等教育機関」と呼べない大学なども存在する。高等教育の質の保証は，国境をまたぐ教育交流が広がりを見せる近年，ますます重要性を増している。さらに，第1節にあげたUMAPやAPQN，アセアン大学ネットワークは質の保証を伴った交流を促進させることを目指しており，カンボジアもその参加国として，質の保証システムを早急に整えることを求められている。そこで，カンボジア政府は教育の質を保証するため，2003年3月の国王法令0303-129号（Royal Decree No. NS/RKT/0303/129）によって，教育の質に関する基準認定（アクレディテーション）を行うカンボジア適格認定委員会（Accreditation Committee of Cambodia, ACC）を設置した。ACCの設置により，カンボジア国内の高等教育機関はすべて，ACCによる適格認定を得なければならなくなった。ACCが定める基準を満たさない機関は閉鎖される。さらに，ACCは国内の高等教育の質を国際標準と整合性のあるレベルにまで高めることをも目的としている*。

* Accreditation Committee of Cambodia (http://www.acc.gov.kh/)（アクセス日：2010-01-22）

(3) カンボジア高等教育協力の現在と未来

　本節の第1項でも述べたように，カンボジアの高等教育は海外と常に関わりながら発展してきた。現在でも，国内の高等教育機関では外国人教員が教壇に立ったり，アドバイザーとして雇用されたりしており，教育を「輸入」している状況にある。また，就学人口や私立高等教育機関の急増，進学機会の平等や質の保証の問題，高学歴保持者の少なさ，高等教育制度設計の緊急性など，多くの課題への対応を迫られている。一方，カンボジア人の海外留学組が高等教育制度設計の主役を外国人に取って代わりつつあることも事実である。他の国の制度の良い部分を選択的に取り入れながら，自国の高等教育制度を築いていく過程において，教育の質をいかに確保するかは重要な課題である。本章の議論にもとづく，この国の高等教育が抱える課題は以下2点である。第1に，今後も増え続ける高等教育機関の質をいかに保証するのか，第2に，カンボジア人主役の高等教育制度設計を進行させつつ，近隣諸国との交流をどのように活発化させるのか。本節の最後では，これらの課題の解決に果たしうる教育協力の可能性を検討する。

　カンボジアで最も伝統のある総合大学（university），王立プノンペン大学（the Royal University of Phnom Penh）は近年，海外の大学や研究機関との連携を強めており，モナッシュ大学（オーストラリア）や精華大学（中国），東京外国語大学（日本），高麗大学（韓国），チェンマイ大学（タイ）など，14カ国61の機関と連携している（表8-3）。王立プノンペン大学は先にあげた王立クメール大学を前身とし，現在，社会人文学部（歴史学科，社会学科，国文学科，哲学科，地理学科，メディア・コミュニケーション学科，心理学科，観光学科），自然科学部（数学科，化学科，情報処理学科，物理学科，生物学科，環境学科），外国語研究所（英語学科，フランス語学科，日本語学科，韓国語学科，クメール語学科（外国人対象）），カンボジア日本人材開発センターの2学部，2機関から構成される。無償と有償をあわせた学生は9,000名以上，常勤の教

表8-3 王立プノンペン大学の海外学術交流機関

大学・その他機関名	国名
モナッシュ大学, シドニー工科大学	オーストラリア
ジャンブルー大学, ルーヴェン国際大学	ベルギー
サイモンフレイザー大学, トロント大学	カナダ
広西師範大学, 広西民族学院, 青島浜海大学, 曁南大学, 精華大学, 大理大学, 紅河大学, 雲南師範大学	中国
純正・応用数学国際センター, 地中海大学, パリ第13大学, チュニス・エル・マナール大学, カルタゴ11月7日大学, セント・ジョセフ大学, メイン大学	フランス
ミットヴァイダ大学	ドイツ
ボローニャ大学	イタリア
東京外国語大学, 昭和女子大学, 名古屋大学, 早稲田大学, 創価大学	日本
延世大学, 韓国外国語大学, 忠南大学, 中正大学, 清洲大学, 梨花女子大学, 高麗大学, 公州大学, 嶺南大学, 鮮文大学, 霊山大学, 誠信女子大学, 啓明大学	大韓民国
ラオス国立大学	ラオス
アテネオ・デ・マニラ大学, デ・ラ・サール大学	フィリピン
ブラパ大学, ナレスワン大学, モンクット王工科大学, コンケン大学, チェンマイ大学, メーファールワン大学, アジア工科大学, ブリーラム・ラチャパット大学, チェンライ・ラチャパット大学	タイ
オハイオ大学, 北イリノイ大学, テキサス工科大学, ワシントン大学	アメリカ合衆国
ハノイ国家大学教育学部, ベトナム科学技術アカデミー, 物質・材料学研究所, 物理・電子工学研究所	ベトナム

出所：王立プノンペン大学ウェブページ。

職員は420名超（その内，教員は294名），同国で最大規模を誇る。3年に一度開催される国際クメール学会，毎年開催されるカンボジア社会文化研究学会の主催大学でもあり，世界各国のカンボジア研究者が一堂に会する場を提供している。

　王立プノンペン大学は諸外国からさまざまな援助を受けている。旧宗主国のフランスは外国語研究所フランス語学科の設立に深く関与し，通訳者や翻訳家の養成に加えて，同学科のフランス人教員に代わるカンボジア人教員の育成を目指した［Cuenin, 1999］。フランスがフランス語やフランス文化の普及を目的に援助を行ってきたのに対して，アメリカ合衆国は地政学的な理由からアセアンとのつながりを重要視し，カンボジア，そして，王立プノンペン大学への援

助にも積極的であった［Hebert, 1999］。これらの先進国による援助の他に，本章で述べてきたアジア地域統合の時代下の国際教育交流に則った高等教育協力として，近隣のアジア諸国による協力にも注目が集まっている。一般に，国際協力，教育協力と言うと，先進国による途上国援助を思い浮かべるが，途上国間協力も多くの国や機関で実施されている。途上国間協力は南南協力と呼ばれ，上述のアセアン大学ネットワークやその中の事業である AUN/SEED-Net はその例である。南南協力に関しては1978年の国連総会を経て，南南協力推進のための特別部門（the Special Unit for South-South Cooperation, SU/SSC）が国連開発計画（UNDP）内に設置され，2009年12月には，南南協力に関する国連ハイレベル会合（High Level United Nations Conference on South-South Cooperation）が開催された。南南協力の効果はまだ十分に検証されていないが，先進国による途上国援助と比較して，経済社会の発展の程度の似通った国同士が協力することによる適正技術の移転や援助内容及び方法の多様化など，いくつかの効果が期待されている［山田，2005］。

　カンボジアの場合，例えば，王立プノンペン大学の教員を見ると，294名の教員の内，高位学位保持者は147名（修士号132名，博士号15名）である*。高位学位保持率は50%であり，この数値は近隣のアジア諸国と比較して格段に低い**。教員の研究環境も未整備で，研究費の支給もなく，また，給与も十分でないため，教員は私立高等教育機関で教鞭をとったり，大学以外の職で生活費を稼いだりせざるを得ない状況である。一方，表8-3から明らかなように，同大学はアジアの高等教育機関との連携を深めており，AUN/SEED-Net を始めこれらの機関による協力が行われている。現在は，海外へカンボジア人を派遣して，知識や技術を取得させる一方，海外から専門家を招き，カンボジア人へ知識や技術を提供する交流がほとんどである。しかし，近隣諸国の協力によって教育及び研究の基盤を整え，カンボジア人が自国の高等教育制度を築けるまでに力をつけることができれば，人材交流を中心とする，近隣のアジア諸国との対等な高等教育の交流へと発展させることができるであろう。

* The Royal University of Phnom Penh (http://www.rupp.edu.kh/about-rupp.php)

(アクセス日：2010-01-22)
＊＊近隣のアジア諸国の主要大学（工学部）における教員の高位学位保持率を見ると，マラヤ大学（マレーシア，100%），チュラロンコン大学（タイ，90.6%），ガジャマダ大学（インドネシア，63.4%），フィリピン大学ディリマン校（フィリピン，56.3%），ブルネイ・ダルサラーム大学（ブルネイ，93.2%），ホーチミン工科大学（ベトナム，69.7%），ラオス国立大学（ラオス，16.3%），ヤンゴン大学（ミャンマー（ビルマ），100%）である［梅宮他，2009］。

4 おわりに

　本章は，アジアの高等教育発展と国際教育交流の現状を概観し，カンボジアを事例として，域内の高等教育の交流を通じた教育協力の可能性と課題を検討した。ヨーロッパ諸国と比較して，アジア諸国の結束や統合の歴史は浅く，また，教育発展の程度も，辿ってきた道も極めて多様である。アジア地域統合を志向する動きに伴い，域内の高等教育の交流も活発化し，海外からの優秀な学生や研究者の受入れに積極的な国も少なくない。一方，自国の教育制度設計を急ぐ国もあり，事例として見たカンボジアもその1つである。カンボジアの高等教育は海外の強い影響の中で発展してきた。そして，現在，海外の協力なしでは自国の高等教育システムを維持できない状況にある。さらに，私立高等教育機関の増加や就学人口の急増など，いくつもの課題に同時に対応を迫られている。しかしながら，海外からの協力に頼り，外から最新の知識や技術を取り入れるだけでは，カンボジアの高等教育は独自性を欠いたものとなってしまう。近隣諸国との教育格差（gap）を緩和させつつ，この国の教育の独自性を確保し，また，アジア域内の多様性（differences）をも確保し続けるためには，カンボジア人主役の高等教育制度設計を最優先に，そのための人材育成を目的とした近隣諸国との交流を促進させることがますます求められる。

　［付記］本章は，『香川大学インターナショナルオフィスジャーナル』第1号所収の拙稿「アジア地域統合の時代下の国際教育交流──高等教育協力の可能性」を加筆修正したものである。

引用・参考文献

馬越徹（2004）「韓国――『世界水準』に向けての高等教育改革」馬越徹編『アジア・オセアニアの高等教育』玉川大学出版部.

梅宮直樹・堤和男・牟田博光（2009）「二国間協力と南南協力による留学支援事業の比較評価研究」『国際開発研究』第18巻第2号.

大塚豊（2004）「中国――大衆化の実現と知の拠点形成」馬越徹編『アジア・オセアニアの高等教育』玉川大学出版部.

黒田一雄（2007a）「大学間交流を促進する――アジア地域統合をビジョンとして」『留学交流』12月号.

黒田一雄（2007b）「『東アジア共同体』形成と国際教育交流」西川潤・平野健一郎編『東アジア共同体の構築3――国際移動と社会変容』岩波書店.

コロク・ピチェット・ラタ，西野節男（2009）「カンボジアにおける高等教育の拡大とプライバタイゼーション――現状と問題」西野節男編著『現代カンボジア教育の諸相』東洋大学アジア文化研究所・アジア地域研究センター.

坂梨由紀子（2004）「カンボジアの社会経済構造変動期におけるキャリア志向と教育――プノンペン市の社会経済的民族的環境が志向に及ぼす影響」天川直子編『カンボジア新時代』アジア経済研究所.

杉村美紀（2007）「留学生の移動と共同体形成」西川潤・平野健一郎編『東アジア共同体の構築3――国際移動と社会変容』岩波書店.

藤本典裕（2009）「大学教育の質の保証と保障――高等教育政策史の視点から」斎藤里美・杉山憲司編著『大学教育と質保証――多様な視点から高等教育の未来を考える』明石書店.

毛利和子・森川裕二編（2006）『東アジア共同体の構築4――図説ネットワーク解析』岩波書店.

山田真美（2005）「南南協力支援の課題，取り組み，改善策――『日本-チリ・パートナーシッププログラム』の事例から」『国際協力研究』Vol. 21, No. 2（通巻42号）.

Chamnan, Pit and Ford, David (2004) Cambodian Higher Education: Mixed Visions, Altbach, Philip G. and Umakoshi, Toru eds., *Asian Universities: Historical Perspectives and Contemporary Challenges,* the Johns Hopkins University Press, Baltimore, pp. 333-362.

Cuenin, Serge (1999) French University Cooperation in Cambodia, Sloper David ed., *Higher Education in Cambodia: the Social and Educational Context for Reconstruction,* UNESCO PROAP, Bangkok, pp. 125-141.

Hebert, Paul (1999) USA Assistance to Higher Education in Cambodia, Sloper David ed., *Higher Education in Cambodia: the Social and Educational Context for Reconstruction,* UNESCO PROAP, Bangkok, pp. 163-172.

Sloper, David (1999) Higher Education in Cambodia: An Overview and Key Issues, Sloper, David ed., *Higher Education in Cambodia: the Social and Educational Context for Reconstruction,* UNESCO PROAP, Bangkok, pp. 1-24.

UNESCO Institute for Statistics (2009) *Global Education Digest 2009: Comparing Education Statistics Across the World,* UNESCO, Paris.

UNESCO (2009) *2009 World Conference on Higher Education: the New Dynamics of Higher Education and Research for Societal Change and Development,* UNESCO, Paris.

UNESCO (2010) *Education for All Global Monitoring Report 2010, Reaching the marginalized,* UNESCO, Paris.

Times Higher Education, *QS World University Rankings 2009, Top World Universities* (http://www.timeshighereducation.co.uk/Rankings2009-Top200.html)（アクセス日：2010-01-22）

（正楽　藍）

第9章　教育の分権化と教員としての職業意識の変化
── インドネシア　西ジャワ州のケーススタディから

　本章は，教育分野において多くの国で行われている分権化政策が教員らの職業意識にどのような影響を与えているのかについて，長年にわたり教育の分権化政策を行っているインドネシアを事例として明らかにすることを目的としている。教員に対するインタビュー調査，参与観察などを中心にデータ収集を行い，彼らがこれまでどのように教員としての職業意識を形成し，その形成過程ではどのような要素が影響してきたか，について分析した。

　教育の分権化について，理論上言及されている内容と教育現場の現状との間にどのような関係性があり，その理論の持つ可能性と問題点について検討していく。

1　はじめに

　教育分野において，分権化を進める国がこの20年ほどの間に増加している。分権化の動きは，その形態や段階は国によってそれぞれ異なる [Fiske, 1996] が，地方の様々な行為主体に対してその仕事内容や意識について変化を迫る点では共通している。しかし，分権化を通して中央政府が地方の行為主体（コミュニティ，保護者，教員など）に望む変化について，実際にはその思惑通りに行われていない現状が多くの国で見られる。その原因としては，分権化自体が抱える矛盾，その国の人々の持つ習慣や伝統，既存の強力な権力関係，行為主体自身の学校に関する知識の少なさ，などがこれまでの研究で挙げられている [Welsh & McGinn, 1999；Osei, 2007；Naidoo, 2005；Mfum-Mensah, 2004；Bjork, 2005]。その中でも特に，学校レベルへの裁量権の委譲を伴う分権化の下で，直接教育に携わっている教員自身が分権化の影響を受け，その中で様々な葛藤や困難を経験しつつ，中央政府が意図した目的を達成することができないでい

る現状が，教育分野での分権化における大きな問題である［Bjork, 2005 ; Osei, 2007 ; Chapman, 1998 ; 笹岡・西村, 2008］。分権化によって教員自身の仕事内容や教員としての職業意識に関して，政府の指示を忠実に伝える政府職員としての職業意識ではなく，より独立した主導権・自治権を握り，創造性を持ち，教育者としての認識を持つよう変化が迫られている。つまり，教員として自分はどのような仕事を担い，どのような意識を持って仕事に臨んでいるかという職業意識自体の変容が今迫られているのである。にもかかわらず，教員の意識の変化なしに制度的改革だけが行われている状況［Osei, 2007 ; Bjork, 2005］は，教育の分権化を行う国での今日的課題である。しかし，その国の国民性や教員文化などの影響といった教員全体を一括りにした議論［Osei, 2007 ; Bjork, 2005］が多く，教員の担当する科目，研修の有無，または教員一人ひとりの教員としての経験や職場環境，教員のこれまでの人生などの背景に着目して分権化の影響が教員にどのように及んでいるのかについて，十分な分析が行われているとは言い難いのが現状である。この点を本研究の問題の所在とし，教育分野の分権化政策において中央政府の意図が地方の行為主体へと効果的に伝わらない現状をより明確にするため，教育の主要なアクターである教員の視点から分権化政策を見た場合に，政策が教員の職業意識にどのような影響を及ぼしているのかについて，インドネシアを事例に用いて明らかにすることを目的としている。インドネシアは強力な中央集権化から徐々に教育分野で分権化を進めてきた国であり，すでに15年ほどが経過しているため，分権化の現実や問題点を分析する上で，典型的な国として取り上げることは妥当と思われる。

　本研究においては，分権化政策下において教員の持つ職業意識にどのような変化があるかを主題とし，リサーチクエスチョン(1)分権化政策が教員の職業意識の変化にどのような影響を及ぼしているか，(2)教員意識の変化は職場環境，教員経験，これまでの人生経験によってどのように異なっているのか，に答えることを目的としている。(1)は，インドネシアにおいて教育の分権化政策の一環として行われた主要な政策を取り上げ，それらの政策が具体的に教員らの職業への認識にどのような影響，変化をもたらしたかを明らかにする。(2)は，(1)で把握した認識の変化が，教員個人の持つこれまでの職場環境や教員経験によ

ってどのような違いを見せるのか、という点を明らかにするもので、これが本研究の独自性を表す点である。

2　教育の分権化

(1) 分権化における地域の問題点

　現在多くの国において中央政府が意図している教育の分権化の内容や目的と、地方で行われている教育の内容や教育運営内容との間にギャップ、矛盾が生じているとの指摘がなされている。Weiler [1990] は教育内容の多様性を保証すること、教育の運営や財政の決定権限が地方に委譲されることと、国家として最低限保証したい教育内容の統一性、教育評価との間には常に矛盾を孕んでいるのであり、教育分野での分権化は矛盾を内包している、と指摘している。このような矛盾については南アフリカ共和国 [Naidoo, 2005] や、エルサルバドル [Cuellar-Marchelli, 2003] の事例が報告されている。

　一方、中央と地方との矛盾を示す内容として、地方自体が抱える問題点が挙げられる。1点目は、分権化によって地方に対して教育に関する決定権限が委譲された場合、地方に存在する様々な人々の様々な思惑や要求によって、有効な決定が実行され得ない状況を生み出している点である [Mfum-Mensah, 2004 ; Naidoo, 2005]。2点目は、教育の決定権限がコミュニティのメンバーを含む組織に委譲された場合、中央政府の期待とは裏腹に、人々の間には伝統的な権力関係が存在し、ある一定の人々によって話し合いの主導権が握られている場合があり、民主的な決定がなされていない、ということが起きている [Naidoo, 2005]。3点目は、コミュニティメンバーが抱える問題から、実質的に地方に委譲された決定権限が行使されにくい状況にあることである。教育、学校についての知識を持ち合わせていないコミュニティメンバーが学校運営に関わることの問題点 [Mfum-Mensah, 2004 ; Chapman et al., 2002] や、コミュニティメンバーの生活に余裕のない中、教育のことを最優先に考えることができない現状 [Cuellar-Marchelli, 2003 ; Wankhede, 2005] が指摘されている。

　このように、学校の運営自体に焦点を絞った研究からは、教育の分権化の方

法自体に大きな矛盾や問題を抱えていることが指摘されていた。しかし一方で、分権化政策下で学校、教員にどのような変化を及ぼしているのか、そして学校、教員はコミュニティ参加を促進する分権化の形態をどのように認識し、受け止めているのかという点を議論する必要があるのではないかと考える。先行研究が示すように地域の学校運営が中央の意図するように行われていない現状が多くの国において見られるが、分権化の下で成功、失敗のいずれを問わず、これまでと違う学校運営をすることによって学校、教員に少なからず影響が及ぼされている可能性があるため、次節では分権化が学校、教員に直接及ぼす影響についての先行研究を見ていく。

(2) 分権化における学校、教員の問題点

分権化が教員の行動にどのような変化をもたらしているのか、という研究において、これまで見られる結果としては、分権化政策が導入される以前とそれほどの変化が見られないということである。その理由として次の2点が挙げられる。

1点目は、研修の不足である。新カリキュラム作成に関するトレーニングは実施されてはいるが、既存の知識を教えるにとどまりあまり参考にならず、新任教員以外には新しく得るものはなく、教員らは新カリキュラムを作成できなかった［Osei, 2007；Bjork, 2005］のである。2点目は、教員の文化的特質である。地域の実情に合った教育内容を行うことができる権限がカリキュラム全体の20％委譲されているガーナとインドネシアにおいては、以前と同じカリキュラムを使用していた［Osei, 2007］というガーナでの指摘や、新しい教育内容を実施するための情報や資金があまりにも不足しており、教員はどのように改革すればよいか分からず、以前とあまり変化が見られない［Bjork, 2005］とのインドネシアでの指摘がある。教員らの公務員としての職業意識度合いが強く、中央政府の指示を無批判に受け入れる傾向が見られるとともに、変化を好まない体質が見られると報告している［Osei, 2007；Bjork, 2005］。

教員が分権化にどのように反応し、その行動の原因を教員の持つ文化的背景から考察していたこれらの研究は、教員を取り巻く文化や歴史的にある構造な

どが大きな影響を与えていることを示唆している。しかし，教員というものを一括りにして捉え，その特徴を単純化しすぎではないかという指摘ができるのではないだろうか。教員はそれぞれの個別の教員としての価値観やこれまでの教育歴，教員への情熱などを有している。そして，そのような多様な要素が教員としての考え方や行動を構築してきている。本研究において，教員の職業意識に焦点を当てるのは，以上のような先行研究が示唆する教員の文化的背景に加えて，教員一人ひとりの職業意識に及ぼす要因を探ることである。よって次節では教員の職業意識に関する先行研究をレビューする。

(3) 分権化政策と教員の職業意識

　教員としての職業意識は，国や時代によっても変化し，また同時に複数の意識が一人の教員に存在する［稲垣・久富，1994；Beijaard et al., 2000］。教員の職業意識に影響を与える要素として大きく分けて次の5つが挙げられる［Beijaard, et al., 2000］。1点目は，教員を取り巻く環境である。具体的には教室の環境，コミュニティや生徒・学校運営委員会・同僚などからの影響やその学校に存在する設備環境などである。2点目は，教員としての経験である。教員経験を積むことによって豊富で体系化された知識を身につけることができ，様々な段階を経て問題を解決することができるようになる。3点目は，教員自身のこれまでの人生である。生徒として経験した学校での出来事や，家族との生活，教員となるにいたった経緯や動機などが含まれる［Beijaard et al., 2000］。4点目は，教育改革である。分権化を含む国の教育政策全般を指している。5点目は，教員研修である。この教育改革と教員研修は相互に関係している内容で，教育改革は教員研修なしではうまくいかないと多くの国で報告されている［Villegas-Reimer, 2003］。よって，この両者が揃った場合，教員の職業意識に影響を与えると考えられる。ここでいう教育改革の一つとして教育の分権化が挙げられることから分権化が教員の職業意識に与えた影響を考える際，教員研修をその主要な要素として同時に考える必要がある。

　分権化政策と教員の職業意識の関係に関する先行研究としては，中央政府の考える教員に期待する職業意識と実際の教員らの持つ職業意識に差異があるも

のが多い。政策上望まれる教員は，自分で考え行動でき，独自の教育手法を作成できる創造者であり，また子どもの知的能力を高めようとする教育者であるとの職業意識を持った者なのである［Bjork, 2005；Osei, 2007；Naidoo, 2005］。一方，分権化の進んだインドネシアでは，逆に中央政府は国家として統一した教育水準を保つことにも力を入れ始めており，その水準を保った上で主体的に独自の教育内容を作成するよう求めている。つまり，国家の定めた学習の結果における"標準化"を保つことと，委譲された"自治権"に基づいて教育内容を作成することの両面を教員は期待されており［Amirrachman, 2005］，より複雑な職業意識の変革を求められているのである。しかし，実際の教員らは長年の公務員としての体質から独自性を持つことを躊躇し，指示を待つことに慣れ，与えられたノルマからそれることを嫌う傾向にあるとの事例がインドネシアとガーナで見られる［Bjork, 2005；Osei, 2007］。

(4) インドネシアにおける教育の分権化

これまでの先行研究を踏まえて，本研究ではケーススタディとしてインドネシアを取り上げ検証していく。本節では，インドネシアの教育の分権化について概要を述べる。

他民族，多言語国家であるインドネシアにおいて，教育とは国民を統合させるための手段として，その中央集権的な色合いが強いものであった［Yeom et al., 2002；Kristiansen, 2006］。学校はインドネシア人であることを認識する場であり［Bjork, 2005］，20世紀後半には，世界でもっとも中央集権的な国の一つとなった。しかしグローバリゼーションの中，様々な地域共同体や世界体制の一員としてインドネシアが参加していく上で，極端な中央集権化をやめ，分権化の方向へ進んでいくことが一つの正統化の手段となった［Bjork, 2005］。教育における分権化は，部分的に1980年代から始まり，1994年から教授時間の20％を地方独自でデザインしていくことを認め，地方独自カリキュラム（local content curriculum：LCC）プログラムが開始された。LCCの目的は地方での初等から中等への進学を高め子どもたちに職業的な技術を身につけさせる，カリキュラムと地方の状況をより強くリンクさせる，コミュニティの学校参加を高

める，LCC の導入によって新たな教授法を模索し教育の質改善につなげるなどである［Bjork, 2005］。LCC 科目を地域の実情に沿ってどのような科目内容にするかについて，中央政府はその決定権限を県政府に委譲している［Yeom et al., 2002］が，県よりも大きな行政単位である州政府によって州内の科目を統一する場合もある。例えば本研究の対象地域である西ジャワ州ではスンダ語を LCC 科目として設定し，近年，環境を新しく LCC 科目に追加している。県，もしくは州政府が決定した LCC 科目に基づき，県，州政府はガイドラインを作成し，それらに基づいて各教員らは独自にその内容を実施していくこととなる。このように県，州にカリキュラム決定権限が委譲されているが，県，州の決定したカリキュラムが必ずしも地方の状況に合致しているとは限らず，LCC が有効に機能していないとの報告もある［Yeom, et al., 2002］。LCC を実施するにあたって，地方自治体や学校に対する追加の予算は渡されず，追加予算は中央が握り，その予算で LCC についての研修やセミナーを行った。

　1999年には，第22号法が制定され，教育についての権限は地方自治体に委任 (delegation) されたこととなる［岡本, 2001］。詳細としては，教育行政組織について州・県レベルの教育省事務所が廃止され，その機能は州および県政府の教育局に統合された。また，カリキュラムに関する分権化後の教育省の権限は，児童，生徒および学生の能力基準，国家カリキュラムと全国的に行う学習成果の評価およびその実施方針の決定，主要教材基準の決定など，基準や方針の決定にとどまることとなった。そして各学校が県教育局（基礎教育段階）と州教育局（中等教育段階）による調整と監督の下でカリキュラムを発展させることとなった［中矢, 2005］。現在，2004年カリキュラムという新たな展開を迎えている。この新カリキュラムは，コンピテンシーを基盤として開発することを第一の特徴とすることから「コンピテンシーを基盤とするカリキュラム (competency Based Curriculum：CBC)」とも称されている。カリキュラムフレームワークとコンピテンシー基準を教育省が決定し，各教科別の『手引き書』において学習内容，評価指標，教授学習活動の留意点などが事例として示されている。教員はそれを参考にして学校や生徒の状況に合わせた評価指標，学習内容，活動，配分時間，教材などを含めたシラバスおよび単元別教授計画を編成する

[中矢，2006；Utomo，2005]。この段階で国から教員に求められる役割としては，国家の定めた学習の結果における"標準化"を保つことと，委譲された"自治権"に基づいて教育内容を作成することの両面を期待されている[Amirrachman, 2005]。

このような流れでインドネシアでは教育における分権化が行われてきたが，本研究においてはより分権化政策が具体的に進み始めた時期である地方独自カリキュラム（LCC）プログラムが開始された1994年以降の教員に焦点を当てていくこととする。

3　分析手法

本研究は定性的調査手法を用いる。採用しうる調査へのアプローチとしては，現象学，ライフヒストリー法とケーススタディである。本調査は，2007年8月の1ヶ月間パイロット調査を行った上で，2008年8月の20日間ほどの期間，西ジャワ州バンドン市近郊の中学校にて行った。西ジャワ州はインドネシアの先進教育地域であり，多様なインドネシア全体のトップレベルの教育環境の事例として扱うことができる。これは財政面・人員面での不足が少なく，分権化政策が比較的スムーズに行われる地域の特性を知ることで，財政・人員の面で不足が少ない中でも出てくる問題点や分権化政策の現状をより明らかにできると考えられる。

データ収集方法については，(1)インタビュー法，(2)参与観察，(3)ドキュメント調査法を用いた。(1)については，有意抽出法によって抽出された教員に対して，半構造化インタビューを行った。教員としての現在の職業意識が形成される上で学校環境や同僚・生徒との関係などがどのように関わり影響を与えてきたか，仕事内容の変化に対してどのように感じるか，などについて教員自身に自由に語ってもらった。また，インタビュー内容が教員自身の意識に特化しており，その妥当性を保証するため，その教員のことをよく知る校長に対する調査も行った。(2)についてはインタビューを行った教員の授業，日々の活動を観察し，インタビューで述べた職業意識と行動が合致しているか，意識に表れて

こなかった分権化の影響を受けた独創的な行動などに着目した。(3)についてはインタビューを行った教員の使用する教材や評価表などを対象とした。

　教員のサンプリングについても，有意抽出法を用いた。LCC 科目の担当者か否かによって，分権化の浸透度合いが異なる可能性がある。よって，LCC 科目担当者とそれ以外の科目の担当者を5校から2人ずつ，計10名を抽出した。また，分権化政策の影響が教員自身の意識にどのような影響を与え変化を見せてきたか，について時系列に沿って探るため，可能な限り教員経験が長い教員を調査対象とした。

　図9-1に示された概念枠組みは，データのコード化，分析をする過程において指針となるものとして用いるものである。本研究では，分権化政策下での教員の職業意識の分類として用いられる枠組み［Bjork, 2005；Amirrachman, 2005；Nidoo, 2005；Osei, 2007；Weiler, 1990；Cuellar-Marchelli, 2003］，教員の職業意識に与える要素についての実証研究の結果［Beijaard, et al., 2000］，教育改革と教員研修の関係性［Villegas-Reimers, 2003］を採用する。

　本研究の目的は分権化政策が教員の職業意識にどのような影響を及ぼしているのか，という点を明らかにすることなので，図9-1の左に示した科目の違いと研修の有無が職業意識にどのような影響を及ぼしているのかという点を第一に注目しなければならない。その次に，右に示したそれぞれの要素を持った教員が改革に対してどのような反応をしているか，そのパターンを見つける。

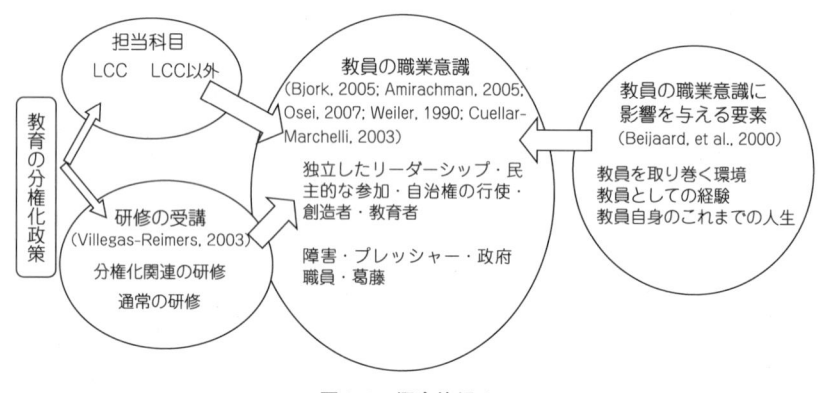

図9-1　概念枠組み

第9章 教育の分権化と教員としての職業意識の変化

ただし紙面の関係上，分析結果についてライフヒストリー法に基づいた一人ひとりの教員の職業意識に関するインタビュー結果の詳細記述は省略する。

4 結　果

この章では，各リサーチクエスチョンに基づいてフィールド調査から得られた結果を提示する。表9-1は，用意したコードに照らして示した，5つの中学校における計10名の教員らのインタビュー結果である。縦軸は，先行研究における理論的枠組みであり，それぞれのインタビュー内容をコーディング，分析

表 9-1　事例とコードの関係性

概念コード			LCC科目の教員				LCC以外の科目の教員				
			環境	スンダ語	スンダ語	スンダ語	社会	英語	数学	理科	英語
教員の職業意識についての認識	1. 教育の分権化政策の理論的矛盾 (Bjork, 2005 ; Naidoo, 2005 ; Osei 2007 ; Weiler, 1990 ; Cuellar-Marchelli, 2003)	1.1. 障害		○							
		1.2. プレッシャー									
		1.3. 政府職員			○	○		○	○	○	○
		1.4. 葛藤	○	○	○	○	○				
教員の職業意識に影響を与える要素	2. 教育の分権化 (Beijaard, et al., 2000 ; Villegas-Reimers, 2003)	2.1. 分権化という制度改革	○				○	○	○		○
		2.2. 分権化関連の研修	×		○	○		○			○
	3. その他の影響要因 (Beijaard, et al., 2000 ; Villegas-Reimers, 2003)	3.1. 教員を取り巻く環境	○	△	○		○	×			
		3.2. 教員としての経験	○				○				
		3.3. 教員自身のこれまでの人生	○				○				
		3.4. 一般的な現職教員研修								○	○

した結果，既存の理論的枠組みと合致する肯定的なインパクトがあるものには○，肯定的，否定的両面のインパクトがあるものには△，否定的なインパクトがあるものには×を記入している。空欄箇所は，コードに示された概念が当該教員に何らの影響も示していない，もしくはインタビューからは明らかにならなかったことを示している。

(1) 分権化政策が教員の職業意識の変化にどのような影響を及ぼしているか

　分権化政策の中心として据えられた科目であるLCC科目を長年担当してきた教員は，その経験によって自分で考えて教える，という行為が当然の行為として身に付き，それが教員としてのライフワークとなっている。そしてCBCとして新たに導入されたより教員らの独自の作成能力が求められる時代となっても，これまでの経験によって対応し，またそれを補う勉強会という組織にも活発に参加している。

　自分のアイディアで教材を作成することに積極的な姿勢を示すようになりこのような職務内容を歓迎している，教員による一方的なスピーチスタイルの教授方法から子どもを中心とし子どもから知識を引き出す教授法へと変化した，といった職業意識を示す教員が存在することが明らかとなり，分権化政策が教員の職業意識に影響を与えていた。一方で，分権化政策に伴うカリキュラムの変化がまだ理解できていない，分権化に伴う科目であるLCCはあまり注目されていないためモチベーションが上がらない，といった理由で旧態依然とした意識を持っている教員も存在し，分権化政策が教員の職業意識に影響を与えていない状況も見られた。

(2) 教員の職業意識は職場環境，教員経験，これまでの人生経験によってどのように異なっているのか

　ほとんどの教員には，家族の中に教員をしている者がおり，それに加えてモデルとなる教員，憧れの教員という存在がいる。このような個々の「これまでの人生経験」は，教員という職業を肯定的に捉える意識形成に影響を与え，また教員という仕事への入り口に至ったきっかけともなっている。「教員として

の経験」には，様々な内容が含まれるが，特に経験年数は教育改革による変化を受け止めることができるかに大きく関わっている。教員経験が豊富で，定年を間近に控えている教員は，分権化による変化を受け止めようと努力はするものの自分のこれまでに確立したスタイルを容易に崩すことができなかったり，離職が近いためそれほど積極的に変革しようと思えない様子が見られた。逆に，経験が浅い教員は，教員としてのスタイルを確立する過程にあり，変化を受けとめながらもそれをどのように自分のものにするかを模索している時期である。このように，教員年数によって，分権化の受け止め方に違いが見られた。

また，校長が中央の改革に理解があり研修への参加を積極的に推奨し許可を与えたり，新しいLCC科目で研修が開かれていない場合でも校長が当該教員に対し日々助言することで，教員らはその意識に変化を見せている。また，校長が研修参加に非協力的であったり，教育改革に対して無理解である場合は，教員らの成長を阻害するという負の影響を与えている。このような場合，当該教員が教員としての自負を持って自分で成長する努力ができる能力を持っているかどうか，といった個人的な背景に頼る部分が大きい。新しいカリキュラムについて，校長がその複雑な内容やすべきことをうまく教員らに伝えることも大切である。うまく伝えることができないと，教員は正確に理解することができず，旧来のカリキュラムをそのまま使用し，何の変更ももたらされていない場合がある。この点に関しては，校長自身も教育改革による変更内容を教員らに伝えることの難しさ，そして教員らの能力を開発することの難しさを述べていた。教員らが政府の目指す教員像へと変化するためには，個々の教員の身近な校長の存在が非常に重要となっている。

5　分　析

(1) 教員の個人的背景の重要性

　中央政府の意図が地方の行為主体へと効果的に伝わらない現状について，Bjork [2005] の研究においては教員文化に着目し，教員らの受動的な姿勢や変化を望まない態度などが存在するために現場での変化が見られないと分析さ

れていた。しかし，本研究において，学校現場の現状は Bjork が報告するほど単純なものではなく，教員としての職業意識の形成は一人ひとりが非常に複雑な過程を経て形成されていくものであることが明らかとなった。本研究は短期間の調査であるため，Bjork のようなエスノグラフィーという調査手法によって導き出された結果がインドネシアの現在の状況と合致するのかは明らかにできない。しかし，たとえ Bjork が指摘するような教員文化が存在したとしても，そこにいる教員は一人ひとり様々な背景を持った多様な集団である。本研究では，担当する科目の違い，研修の有無，教員を取り巻く学校環境，教員としての経験，教員のそれまでの人生といった教員一人ひとりの固有の特徴に焦点を当てた。前節の結果に示したように，これらの個人的背景が複雑に絡み合い，そして複雑な過程を経過することによって分権化政策に対して様々な反応を示していることが明らかとなった。教員文化と教員個々人の背景との相互の関係性については，本研究において明らかにすることはできなかったが，これらの両者を把握することによって分権化政策についての教員の反応を理解することができるのではないか，と考えられる。

(2) 教育改革と教員研修の複雑な関係性

　教育改革を行う場合，それをサポートする研修がないと改革はうまくいかないと分析した Villegas-Reimers [2003] の研究と同様，研修に参加することによって，分権化政策に伴う具体的な変化を理解することができた，といった教員の声が多く聞かれ，一定程度，先行研究を裏付ける結果となっている。しかし，すべての教員が研修に参加できるわけではなく，また参加したとしても，うまく解釈し自分のものとできるかは別問題である。研修の場も与えられず，学校内でも相談する同じ科目の同僚もいない場合，自分で授業を作り上げなくてはならない，と積極的に行動する教員も存在した。つまり研修によって教員の認識に変化が見られる場合も多く見られ，研修の意義は十分ある反面，研修が行われているからといって教育改革が成功するわけではなく，逆に研修がないからといって教育改革が失敗するというわけでもない，という複雑な現状が明らかとなった。

(3) 理論的示唆

1点目は，教育における分権化政策の持つ理論上の意味合いについてである。世界的に教育における分権化政策が行われる背景としては，地方で意思決定をすることで効率性が向上する，またより民主的にそれぞれの地域で教育の内容を決定することで国としての正当性を保つことができるなどの様々な理由が挙げられる［Welsh & McGinn, 1999；Weiler, 1990］。しかし，地方に権限を委譲することで地方の行為者は積極的に権限を行使し，現地のニーズに合った教育を行うとする分権化の理論は，本研究の結果が明らかにしたように非常に不明確なものであると言える。本研究の対象となったインドネシアでは，県単位に権限が委譲されているが，西ジャワ州では分権化政策の先駆けとして行われたLCC 科目の導入において，州政府がその科目を州内で統一してスンダ語，環境と設定している。州は最も大きな行政単位であり，各州は多様な民族や言語を抱えている。その州政府によって決定された LCC 科目は，州政府の提示するガイドラインに基づいて各教員によって授業が行なわれる。この際，教科書というものはないため教員らは独自の教材を作成する必要がある。LCC という科目は当初，地域とよりリンクした科目を行う，職業的技術，伝統的知識を身につける，といった目的を達成するために導入された。しかし現状ではこれらの目的を達成するには困難な状況が存在している。つまり，州といった大きな行政単位の中は非常に多様な様相を呈しているため，地域とリンクした科目になっているとは言い難い。そのことが，LCC 科目の教員らの「葛藤」を生み出しているのである。

一方で，より現地のニーズに合った教育を行うことができるように導入された CBC の開始とともに，各教員らが独自の教育計画に基づいて授業を行う体制となっている。これは，教室レベルという非常にミクロな単位に権限が委譲されているため上記の問題点が解消されたかに見えるが，中央政府は同時に教育内容の最低ラインを設定し，教育内容の標準化を教員に求めている。このことにより，LCC 科目の教員だけでなく他の科目の教員も，自由度を伴った権限委譲と国の設定した標準化の遵守という2つの矛盾した要求に対し葛藤を抱くようになっている。このことは，教育の分権化がもつ理論的矛盾を指摘して

いる Weiler［1990］の内容と同様であり，教育内容の多様性を保証し，教育内容の決定権限を地方政府や教員に委譲することと，国家として最低限保証したい教育内容，教育評価を統一することとの間に，分権化政策の理論上の矛盾点が存在するのである。つまり，教育内容を分権化することで達成されると考えられていた効率性や質向上といった理論は，その内容と地域の実情との乖離，分権化の持つ自由度と標準化という二面性という要因によって，現状では有効に機能していないことが明らかとなった。

　2点目は，教員の職業意識の形成に影響を与える要素として理論上言及されている教育改革，つまり分権化政策についてである。分権化政策というものが教員の職業意識に変容をもたらし，中央政府が望む職業意識を形成するほどの影響を与え得るものなのか。理論上［Beijaard et al., 2000；Villegas-Reimers, 2003］は，LCC 科目を担当している教員の方が分権化政策の影響をより受けていると考えられる。なぜなら，LCC 科目は今から14年前から導入され，政府からの教科書などもなく他の教科に比べてより担当教員の自主性に任された教科だからである。確かに LCC 科目の教員は，政府からの教科書がない中，長年自分の創意工夫で授業を組み立ててきた。同じ教科の教員同士のつながりの濃い地域では，共同で教科書を作成するところもある。創造性が求められていることを自覚した上で自主的に行動することが常態化し，定着しているのである。自分で授業内容を決めていくことに慣れている，という点では LCC 科目の教員はそれ以外の教員よりも上回っているだろう。しかし，CBC という新しいカリキュラムに伴って求められているのは，目の前の生徒の能力に応じた教育内容を毎年の変化に対応しながら作成することと，教育の質管理のために中央政府が設定した標準化された教育内容を遵守することの両面である。このような現在のカリキュラム下で，自主的に行動することが常態化している LCC 科目の教員は，それ以外の科目の教員に比べて CBC への反応は鈍い。つまり，LCC 科目の教材作りの延長線上に CBC という新しいカリキュラムを捉える傾向にあり，これまでの教員としての認識を大きく揺り動かされるような変化とみなすことは少ない。また，LCC 科目の教員らは LCC 科目を生徒，保護者，校長などからあまり注目されていない教科として認識し，LCC 自体が

持つ重要性と現実の注目度の低さとの間にある隔たりに葛藤を抱いている。そのため積極的に行動する意欲をそがれ，理論で言われているような教員としての職業意識の変容があまり見られない場合もある。この点は Bjork [2005] が指摘していた内容と類似している。

一方，LCC 科目以外の教員らも，CBC というカリキュラムが開始し，政府のガイドラインに沿いつつも学校の現状に合わせた教育内容づくりが求められている。これらの教員は主要科目を担当していることから研修が充実し重要視されており，また新しいカリキュラムを普及する段階であるために比較的変化に対し敏感に反応している。よって，分権化政策という教育改革は，教員らの職業意識にある程度の影響を与えていると言える。

つまり，LCC 科目とそれ以外の科目の教員を比較すると，LCC 科目の教員は分権化の影響を受けるというよりも，もともと教員という職業自体が創造性や自主性を求められた職業であると認識しており，教員経験とともにそれらの行動を内面化していく傾向にある。むしろ，自主的な行動の常態化，科目としての低い注目度といった理由から，教員としてのキャリアの途中で行われる新しい分権化政策が LCC 科目の教員らの職業意識に大きな影響を与えているとは言い難い。

(4) 政策的示唆

政策的示唆について，本研究によって明らかになった分権化政策に対する教員の様々な反応は，ケーススタディという調査手法を用いていることを鑑みても，調査対象地であるインドネシア西ジャワ州に限られたものであり，インドネシア全域に一般化できるものではない。多様性を極めるインドネシアにおいて，財政的，地理的にも恵まれ，教育水準も高い地域ならではの結果である。つまり，財政不足による学校数の不足や地理的悪条件などといった根本的な教育条件からくる問題点ではなく，ある程度の教育水準の下で行われた分権化政策それ自体のあり様や問題点といった結果が明らかとなったと考えられる。しかしながら，本研究のケーススタディは分権化という政策，特にカリキュラムの分権化を行う上で，教員がそれをどのように捉えるか，その複雑な心境を読

み解くポイントについては，汎用性のある議論を展開できたのではないかと考える。分権化政策と教員の職業意識の関係性を考える際のポイントとして，本研究によって導き出されるものは次の3点である。

　1点目は，LCC科目，すなわち分権化政策によって新たに設けられた科目の位置づけ方と，教員の職業意識は密接に関係しているということである。つまり，今回のようにLCC科目の位置づけが低く保護者，生徒の教科に対する意欲も低い場合，教員の職業意識は停滞することがあるため，政府が教員に対して期待する内容に見合った科目の位置づけができるよう配慮する必要があると考えられる。

　2点目は，研修の受講の有無と校長のサポートの有無について，真の意味を理解することの大切さである。研修が存在するかどうかと，教員が研修に参加できるかどうかが別問題であるのと同じように，研修に参加したからといって研修内容を理解するとは限らない。また，研修に参加しないからといって教員の能力が上がらないままかというと，そうとも限らない。校長のサポートが充実しているに越したことはないが，サポートがないことが逆に自分自身の能力を自ら高めるきっかけとなる場合もある。このように，研修の受講の有無，校長のサポートの有無という事実だけでなく，それを教員がどのように認識しているかが重要なのである。

　3点目は，教員としての経験と生徒との深い関係構築が教育改革による変化の吸収に関係しているということである。教員経験年数によって教員という職業の捉え方も変化し，仕事内容の変化にも柔軟に対応できる時期とそうでない時期が存在する。また，生徒と長年接する中で生徒の成長に喜びを感じ，生徒との良好で深い関係に教員としてのやりがいを強く感じると，これまでの教員としての認識やスタイルを踏襲し，あまり改革に積極的に関わらない。そのため，改革に伴った研修なども一律に行うのではなく，それぞれの教員経験年数に応じた研修を行うことで，より研修内容が伝わるようになるのではないか，と考えられる。

　これらの着眼点を用いて分権化政策下の学校現場を読み解いていくと，それぞれの教員が抱える問題や分権化政策の課題がより明らかになるのではないだ

ろうか。

6 結論

　教員が分権化政策をどのように解釈し実行し，どのような職業意識の変容を見せるかは，教員一人ひとりの背景の違いによって様々であり，分権化が当初想定しているような地方に権限を委譲することで地方の行為者は積極的に権限を行使し，現地のニーズに合った質の高い教育が効率的に行われるといった理論通りにはいかない複雑な現状であることが明らかとなった。教育内容の決定権限を委譲する，という行為は，大きな地方政府の単位に委譲すれば地域のニーズに合わず，教員といったあまりに小さな単位に委譲すれば国家としての最低限の教育水準が保てない。また，教育内容の決定権限を委譲したとしても，その内容がうまく機能するためには教員の認識の変革，研修の充実，校長の協力といった前提となる諸条件が必要となる。しかし，本研究ではこれらの諸条件が非常に多様であり，うまく分権化に対応したものとなっていない側面が明らかとなった。つまり，権限が委譲されるレベルや内容，また地方レベル内での行為者の多様性，前提となる諸条件の多様性などによってその効果が左右されることがあり，分権化の効果を理論的に一般化することの危険性を指摘することができる。

引用・参考文献
稲垣忠彦・久冨善之（1994）『日本の教師文化』東京大学出版会。
岡本正明（2001）「インドネシアの地方分権化について——国家統合のための分権プロジェクトの行方」『地方行政と地方分権化』報告書，国際協力事業団国際協力総合研修所。
笹岡雄一・西村幹子（2008）「教育の地方分権化と初等教育無償化政策の矛盾——低所得国における住民参加をめぐる政策対立」澤村信英編『教育開発国際協力研究の展開——ＥＦＡ（万人のための教育）達成に向けた実践と課題』明石書店。
中矢礼美（2005）「インドネシアにおける自律的学校経営に関する考察」広島大学教育開発国際協力センター『国際協力論集』第8巻第2号。
中矢礼美（2006）「インドネシアにおける Competency Based Curriculum の実践」第42

回日本比較教育学会発表レジュメ。
Amirrachman, A. (2005). Benefits and pitfalls of the new curriculum. The Jakarta Post. http://www.thejakartapost.com/yesterdaydetail.asp?fileid = 20050625.F04
Bangay, C. (2005). Private education: relevant or redundant? Private education, decentralization and national provision in Indonesia. *Compare, 35,* (2).
Beijaard, D., Verloop, N., & Vermunt, J. D. (2000). Teachers' perceptions of professional identity: an exploratory study from a personal knowledge perspective. *Teaching and teacher education, 16*.
Bjork, C. (2005). *Indonesian Education, Teachers, Schools, and central Bureacracy*. A Routledge Series.
Chapman, D. W. (1998). The management and administration of education across Asia : changing challenges. *International Journal of Educational Research, 29*.
Chapman, D. W., Barcikowski, E., Sowah, M., Gyamera, E., & Woode, G. (2002). Do communities know best? Testing a premise of educational decentralization: community member's perceptions of their local schools in Ghana. *International Journal of Educational Development, 22*.
Cuellar-Marchelli, H. (2003). Decentralization and privatization of Education in EL Salvador: Assessing the experience. *International Journal of educational development, 23*.
Fiske, E. B. (1996). *Decentralization of Education: Politics and Consensus*. Washington, DC.: The World Bank.
Kristiansen, S. P. (2006). Decentralising education in Indonesia. *International Journal of Educational Development, 26*.
Mfum-Mensah, O. (2004). Empowerment or Impairment? Involving traditional communities in school management. *International Review of Education, 50*(2).
Naidoo, J. P. (2005). *Educational decentralization and school governance in South Africa : from policy to practice*. IIEP, Paris.: UNESCO.
Osei, G. M. (2007). Decentralization and the exploration of the impact of local content curriculum reform in Ghana. *International Journal of Educational development, 27*.
Utomo, E. (2005). Challenge of Curriculum Reform in the Context of Decentralization: The Response of teachers to a Competence-Based Curriculum (CBC). Retrieved March 15, 2007, from University of Pittsburgh Electronic Theses and Dissertations http://etd.library.pitt.edu/ETD/available/etd-12082005-150418/
Villegas-Reimers, E. (2003). *Teacher professional development: an international review of the literature*. IIEP, Paris.: UNESCO.
Wankhede, G. G., & Sengupta, A. (2005). Village education committees in West Bengal, India : Planned vision and beyond. *International Journal of educational development, 25*.

Weiler, H. N. (1990). Comparative Perspectives on Educational Desentralization: An Exercise in Contradiction?. *Educational Evaluation and Policy Analysis, 12(4)*.

Welsh, T., & McGinn, N. (1999). *Decentralization of education: why, when, what, and how?*. IIEP, Paris.: UNESCO.

Yeom, M., Acedo, C., & Utomo, E. (2002). The Reform of Secondary Education in Indonesia During the 1990s: Basic Education Expansion and Quality Improvement Through Curriculum Decentralization. *Asia Pacific Education Review, 3(1)*.

(藤井美樹)

第10章　外国人生徒への教育支援
——イタリアのケース・スタディから

　本章では，増加する移民に関する社会問題を有しながらも，異なる価値や文化をイタリア人と移民の両者にとって豊穣をもたらすものとしてとらえて実践に取り組むイタリアの異文化間教育について学ぶ。
　1では，日本において詳細な情報の少ないイタリアの学校教育について概略を述べている。現在イタリアの教育制度は，制度改正後の移行期にあり，今後の動向を見守る必要がある。2では，外国人生徒の状況を記し，外国人生徒に関する課題を整理している。3では，外国人生徒の存在が顕著になってきた1980年代以降のイタリアの異文化間教育のプロセスを追っている。4では，異文化間教育の実践について考察する場を学校教育外に移し，CTPと呼ばれる語学センターについて記した。ここでCTPを取り上げることによって，イタリアの異文化間教育の全体像が（おぼろげながらも）みえてくることを想定している。

1　イタリアの学校教育

(1) 教育制度

　現在のイタリア教育制度の全体像は，2003年53号法（「モラッティ改革」）によって具体的に定められている。教育課程は，就学前教育3年間，第1サイクルとして初等教育（小学校）5年間と前期中等教育（中学校）3年間，第2サイクルとして後期中等教育5年間があり，その後，高等教育機関である大学や高等職業専門学校へと続いている（図10-1参照）。
　現在の義務教育年数は，2007年8月22日省令139号法によって規定された10年間である。つまり，初等教育5年間と，前期中等教育3年間と，後期中等教育の2年間がその範疇に含まれている。

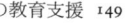

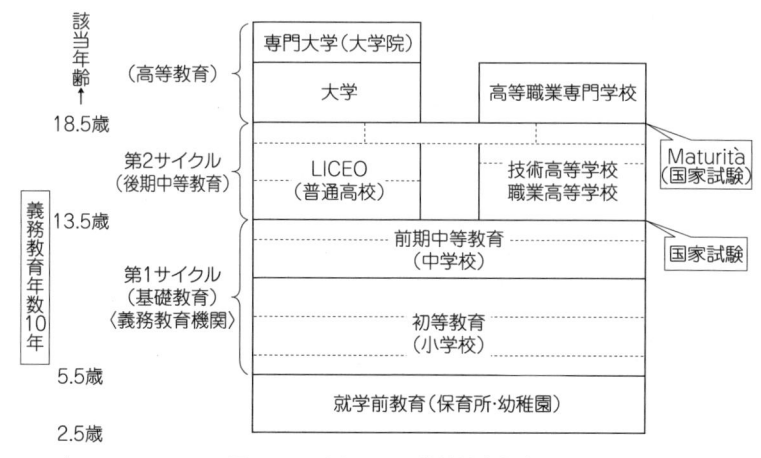

```
                    ┌─ 専門大学(大学院) ─┐
該当年齢  (高等教育) │                      │
  ↑                 │    大学    │ 高等職業専門学校
18.5歳              └────────────┴──────────┘
         第2サイクル   LICEO      技術高等学校    Maturità
         (後期中等教育)(普通高校)  職業高等学校   (国家試験)
13.5歳
義        第1サイクル      前期中等教育           国家試験
務        (基礎教育)       (中学校)
教       〈義務教育機関〉
育
年                         初等教育
数                         (小学校)
10
年 5.5歳
          就学前教育(保育所・幼稚園)
   2.5歳
```

図 10-1　イタリアの学校教育制度
出所：イタリア公教育省ウェブサイト，海外職業訓練協会（OVTA）ウェブサイト，文部省編［1995］より筆者作成．

(2) 第1サイクル

　義務教育に当たる小学校5年間と中学校3年間，合計8年間を第1サイクルと呼んでいる．

　小学校では，第1学年から外国語の授業が導入されている点が特徴である．外国語の導入は，EU の教育政策の影響によるところが大きい．「EU 市民が2つ以上の外国語で読み，聞き，書き，話す能力を身に付けられるよう，小学校からの学校教育の場で子どもたちに母語以外に少なくとも2つの言語を習得させる」という EU の教育に関する行動方針があり，その対象言語は，EU メンバーの母語の他，欧州の少数言語，少数民族や移民の言語，世界の主要貿易パートナーの言語を含んでいる［駐日欧州委員会代表部，2005］．中学校では，第2外国語の授業が導入されている．

　イタリアの学校では，小学校から留年の制度があり，小学校では約200人中1人が留年を経験しており，中学校では約25人中1人が留年を経験している［教育省 Ministero dell'Istruzione e dell'Università e della Ricerca: MIUR, 2005b］．進級もしくは留年を決定するのは教員会議である．生徒の評価は，各教科の知識だけでなく，授業に取り組む姿勢や学習態度などを対象として，複数の教員によ

って決定される。

クラスは「モジュール（Modulo）」と呼ばれる2クラスに3人の教師（それが困難な場合には3クラスに4人の教師）が担当するチーム・ティーチング制を採っている。3人の教師は，それぞれ文系，理数系，人文科学の専門性を有している［Dei, 2000］。

1クラスの生徒上限数は25人である。1977年より，障がいをもつ義務教育年齢の子どもは（その障がいが重篤な場合以外は）養護学校ではなく，普通学校の教育を受けることが義務づけられるようになった。障がい児生徒が在籍する場合のクラスの生徒上限数は20人に軽減され，専門教員が配属されることになっている。

シモンチェッリ［1999］によれば，この障がい児生徒を対象とした教育の経験が，1980年代から顕在化する外国人生徒のための教育に適用されるようになった。たとえば，外国人生徒が在籍するクラスの生徒上限数も障がい児生徒が在籍するクラスと同じ20人となっている。しかし生徒の上限数は厳密なものではなく，生徒数の多い学校では，これを上回るクラスも存在している。障がい児生徒は1クラスに2人以上の在籍は認められていないが，外国人生徒に関してはその限りではない。

第1サイクルの最終段階である中学校第3学年時に，中学卒業資格のための試験を受ける。この試験を合格することで，第2サイクルへの入学資格を得る。

(3) 第2サイクル

第2サイクルの後期中等教育は，リチェオ（liceo）と呼ばれる普通高校と，技術高等学校（Istituto tecnico）および職業高等学校（Istituto professionale）の課程に大別される。かつて，前者は大学進学のための学校で，後者は労働者階級の子弟のための学校と位置づけられていたが，近年の改革によって，そのような垣根は取り払われてきた。しかし，実際には，学習成果のよい生徒がリチェオへ就学し，技術および職業高等学校へ就学する生徒の数はその逆であることが多い。いずれにせよどちらのコースを選択するのかについては，当事者である生徒が選択するとはいうものの，実際には生徒・保護者・中学校教員による

面談というプロセスをへて決定される。

リチェオは，文科系・科学系・芸術・経済・語学・音楽と舞踏・技術・人文科学高等学校と8コースに分かれている。技術および職業高等学校は，観光・経営・電子工学・農業の他さまざまなコースがある。技術および職業高等学校では，学校が主体となり，企業，商工会議所，公社などの協力を得て，制度が導入され，学校と労働社会の連携を図っている。

第2サイクル修了時には，「マトゥリタ（Maturità）」と呼ばれる国家試験がある。これに合格すれば，ある特定の大学・学部を除き，入学試験を受けることなく大学を選択し入学することができる。

(4) 教育行政

教育にかかわる主な省庁は，公教育省（Ministero della Pubblica Istruzione）と大学・研究省（Ministero dell'Università e della Ricerca）があげられる（2006年5月以降）。公教育省は，就学前教育と第1サイクルと第2サイクルを管轄し，大学・研究省は，高等教育機関を管轄している。

イタリアの行政単位は，上部組織から「国家」「州」「県」「コムーネ」となっている。国家レベルの管轄のもとで，州，県，コムーネが具体的な機能の責任を負っており，より下部組織へ権限が委譲されてきている。

2　外国人生徒の状況と課題

(1) 背景：移民・外国人労働者の流入

1861年の国家統一から1970年代中期まで，イタリアはヨーロッパ諸国および南米アメリカに多くの移民を送り出していたが，1975年を境に流出する移民の数と流入する移民の数が逆転した。

移民の急増がみられるのは，1990年代である。現在ではその出身国は，ルーマニア，アルバニア，モロッコが多く，続いてウクライナ，中国，フィリピンといった193カ国から構成されており，「出身国の多様性」が特徴といえる。彼らの滞在許可申請理由で最も多いのは就労目的であり，続いて家族との合流を

目的とした滞在が多い。1992年から2004年までの増加率は，就労目的が3.5倍であるのに対して，家族との合流を目的とした滞在は5.9倍という高い増加率を呈している［政府中央統計局 Istituto Centrale di Statistica: ISTAT, 2004］。

(2) 外国人生徒の増加

公立学校において，外国人生徒の存在が確認されるようになったのは，1983／84年度からであり，彼らの増加が顕著になるのは，1990年以降である。図10-2でみるように，1990年代は漸増し，2000年以降急増している。

この増加は，上記にあげた家族との合流に未成年者が含まれていることと，移民・外国人労働者の定住化傾向にともなって彼らの2世が誕生しているからである。また，合計特殊出生率1.29（2003年）というイタリアの少子化現象と重なって，学校の全生徒比における外国人生徒の比率も上昇している［MIUR, 2002］。

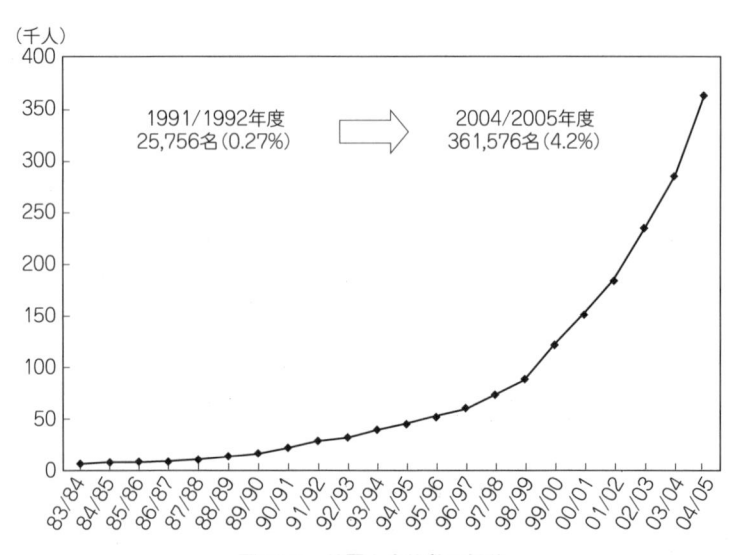

図10-2　外国人生徒数の推移

出所：Alunni con cittadinanza non italiana-Scuole statali e non statali ［各年］より筆者作成.

(3) 出身国

2004／05年度の外国人生徒の出身は，187カ国に及んでいる。その内訳は，出身国別に多い順をあげると，アルバニア，モロッコ，ルーマニア，中国，セルビア・モンテネグロ，エクアドルとなっている［MIUR, 2005a］。

出身国が多様であるということは，彼らの使用する言語が多いことを意味しており，2000年では外国人生徒の母語が78言語確認されている。

(4) 滞在地域

イタリア内での彼らの滞在分布をみると，中部地域から北部地域にかけて就学者が多い［MIUR, 2005a］。

州別や県別で外国人生徒在籍割合の高い地域をみた場合，とくに大都市のある州や県ではなく，分布の特徴をあげることは難しい。コムーネ別でみた場合，移民に対して厳しい視線をもつイタリア人の多い地域の１つであるミラノ（ロンバルディア州）への分布が最も高く（10.17％），大都市集中の様子を呈しているようにみえるが，イタリア全体をみれば，中小都市にも多く分布しており，「多極中心型（policentrico）」「拡散型（diffuso）」といった特徴をもっている［MIUR, 2004］。

(5) 外国人生徒に関する課題

外国人生徒に関する課題をどのように理解しているかは，当該国もしくは地域の社会状況や，外国人生徒の増加が確認されてからの時間，彼らの出身地域など，さまざまな要因によって左右されるだろう。

現在，イタリアが直面している課題には，イタリア人生徒と比較して外国人生徒の学業成果が低いことがあげられる。学業成果の具体的な指標としては，教育課程内の進級や留年が用いられている［MIUR, 2005c］。

2003／04年度の進級率を教育課程別にみると次の通りである。第１サイクルの小学校では，イタリア人生徒99.55％，外国人生徒96.19％であり，3.36ポイントの差がある。中学校では，イタリア人生徒96.06％，外国人生徒89.00％であり，7.06ポイントの差がある。第２サイクルでは，イタリア人生徒85.22％，

外国人生徒72.66％であり，12.56ポイントの差がある［MIUR, 2005c］。教育課程が進むに連れて，イタリア人生徒と外国人生徒の格差が開いている。

　進級率の格差は，イタリアの地域によっても違いがみられる。第1サイクルでは，外国人生徒が多く就学しているイタリア北部・中部地域において格差が小さく，南部地域では格差が大きい。反対に，第2サイクルでは，南部地域で進学率の格差が小さいことが確認されている。その他に，学校の規模や，外国人生徒の就学者数によっても違いがみられる［MIUR, 2005c］。

　学業成果に関係する要因としては，生徒の家庭の社会経済的状況や，民族的出自，学習に対するアスピレーション，教師・他の生徒・教育的支援者との関係，将来への展望，学校での心地良さなどがあげられる［Besozzi, 2002；MIUR, 2005c］。また，イタリア学校関係者と，生徒や保護者とのコミュニケーションが困難な場合も，生徒の学業成果に負の影響を与えている。

3　イタリアの異文化間教育

　イタリアの学校教育は「統合」の理念のもとで，外国人生徒とイタリア人生徒のための教育を発展させてきた。現在のイタリアの異文化間教育をみると，外国人生徒のオリジナル文化・言語を尊重し，彼らとともにイタリア社会の豊饒を図ろうとしていることがうかがえる。

　これまでの移民受入国の多くが，その歴史の中で「排除」や「同化」といった状況や政策を経験した後に，現在のような「多文化教育」や「異文化間教育」という選択を採ってきた。しかし，フィスケルら［2002］が「イタリアでは，移民受入国として後発組だったために，他国のこれまでの経験を活用することができた。そして，さまざまな試みや論争のプロセスの結果ではなく"異文化間（interculturale）"という観点から出発した」と述べているように，イタリアの異文化間教育の概念は輸入されたものだったといえる。

　ただし，社会や教育のあり方としての概念は，移民を受け入れてきた歴史をもつ国々を参考にできたとはいうものの，外国人生徒を受け入れた地域，学校，学級は，現実的な彼らへの対応を迫られたこともあった。

そして、外国人生徒に関する法令が、彼らの存在が顕在化する1980年代に入って、省通達や共和国大統領令の形で発令されるようになった。

(1) 萌芽期

外国人生徒に関する法令が、はじめて発令されたのは1981年である。「"移民労働者子弟の学校教育"に関するEC閣僚理事会7月25日付77-486号法令に関するイタリアにおける実施について」というタイトルの通り、EC（現，EU）の行動方針を具体化するものとして発令された。

1989年に、初めてEC域外外国人の生徒をも対象とした省通達が発令された。この省通達では、域外外国人の生徒に対して公式な形で学習権を保障したこと、クラス配属に関する配慮があること、言語・文化仲介者による教授活動の活性化を奨励するなど、具体的な指導を盛り込んだ特徴がみられた。

(2) 形成期

最初に「異文化間教育」の概念が導入されたのは、1990年の「義務教育と外国人生徒」という省通達である。この通達では、ローマ移民研究センター(CSER)が行った「イタリアの学校における外国人生徒就学状況」という調査の結果が報告され、ECの文脈としてだけではなく、イタリア国内の学校教育分野で、外国人生徒へと関心を向ける必要があることが示唆された。多文化的な社会状況を肯定的にとらえ、異文化間の出会いと日常の中で、イタリア人と外国人の双方にとって豊穣をもたらす戦略として、異文化間教育をとらえている。

1998年、移民に関する法律「移民に関する規則と外国人の生活状況に関する規範」(40号法)が発効された。その中の36条が「外国人の教育」に関する条項になっており、これまでに育まれた異文化間教育の理念が採用されている。「イタリア語習得によって学習権を保障すること」「オリジナルの言語や文化を受容し、保護すること」「イタリア語コースの提供を実現すること」「義務教育修了を達成させること」などが主な内容である。

1998年40号法では増加する移民に対して寛容だったといえるが、2002年に変

更された移民法（Bossi-Fini法）では，移民の制限が厳しくなったといわれている。しかし，1998年の教育に関する条項部分（36条）は変更されず，Bossi-Fini法では38条として採用されている。このような経緯にみられるほどに，1998年40号法から続く教育に関する条項は充実した内容だと考えられていると解釈ができるだろう。

（3）現在の異文化間教育

2004年，現実への対応と異文化間教育の充実を図って，公教育省の下部組織に「外国人生徒の統合」事務局が開設された。

この事務局の会議では，公教育省の公式声明によって，4つの優先方針が表明されていた。第1に「イタリア語教授を強化し，促進する」，第2に「教師と外国人生徒の家族の対話を支援するということ」，第3に「（これまでに経験した）統合の「より良い実施」の経験を生かし」，第4に「異文化間教育に関する経験について，他国との系統的な交流を活発にする」というものである。

（4）理　念

外国人生徒に関する法令を，1980年代から振り返ってみると，1980年代は，地域や学校の現実的な対応に加えて，ECの設定するガイドラインを具体化させるという動きの中で，異文化間教育が芽生えてきたといえる。1990年代は，諸外国の経験を参考にしながら，自国の現状に即した異文化間教育の概念を導入し理念の充実を図ってきた。そして，2000年代に入り教育省に専用事務局が設けられ，国家協力のもとでプロジェクトが展開できる基盤がつくられた。

イタリアの異文化間教育は，「地域や学校の現実への対応」と「ECの行動方針の具体化」に先導され，後押しされて発展してきた。そして，国家の協力のもとで，地域主導型で具体的なプロジェクトを展開してきたのである。

4　学校教育外の異文化間教育

このような異文化間教育の成果を図る指標の1つとして，イタリアは生徒の

学業成果をあげている。学業成果が，外国人生徒の教育の課題であることは，先に述べてきた通りである。留年をすることによって，学業を放棄する生徒がいることも報告されている [Besozzi, 2002]。そこで，義務教育課程で学業を放棄した生徒や，その他何らかの事情で義務教育を終えることができなかった生徒および成人のために，学校教育とは別の機関である「語学センター (CTP: Centro Territoriale Permanente)」が機能している。

CTPの対象者は，15歳以上であることに加えて，「正規の滞在許可証を所持している成人外国人」「保護者同伴の未成年外国人の場合，身分証明証を所持していること」「義務教育の卒業証書を必要とする者」「イタリア語を取得したい者」「高校生，または高校入学のために，イタリア語能力を向上させたい者」（他）である。通常の語学学校と大きく異なる点は，無償であることに加えて，「義務教育の卒業証書を必要とする者」とあげられているように，このセンターで義務教育の卒業証書を付与している点である。

CTPの詳細なコース設定については地域のニーズに沿った形で開講されている。たとえば，筆者が見学したミラノのCTPでも，地域の現状に即したカリキュラム「中国人生徒のための専用コース」が組まれていた。ミラノは，モロッコ人，アルバニア人に次いで中国人が多く在住しているコムーネである。イタリア国内の中国人生徒の分布をみると，ミラノに一番多く集まっている。中国人生徒がモロッコやアルバニアの生徒と異なる点は，「地中海文化という共通の文化を有していないこと」「お互いの文化や言語に関する情報が少ないこと」があげられる。また，イタリア語の言語体系と大きく異なることも，中国人生徒専用コースの設置につながっているのである。このように地域の現状に即した教育が，学校以外でも行われている。

5 おわりに

移民受入国として後発国のイタリアは，移民・外国人労働者とその子弟が急増する中で，現在も多文化・多民族社会としてのあり方を模索している。そして，その社会を築くメンバーの形成という役割を，教育は担ってきている。

イタリアは自らの経験と，EU 加盟国としての枠組みの中で，異文化間教育という戦略を用いている。これまでのプロセスからみえてくることは，学校教育と学校外教育がバランスを保って，外国人生徒の学習権を保障しているということである。義務教育をはじめとする学校教育は，国家が責任を担っている分野である。しかし，何らかの事情で義務教育を修了できなかった者に対して，学校ではなく地域の施設である CTP がセーフティネットの役割をしている。そして，学校教育においても，CTP においても，国家の協力のもと，地域のニーズに即したカリキュラムが地域主導で行われているのである。

引用・参考文献

落合俊郎（1998）「障がい児教育からの教育改革　イタリア」佐伯胖他編『世界の教育改革現代の教育——危機と改革』岩波書店．

海外職業訓練協会（OVTA）ウェブサイト（http://www.ovta.or.jp/）．

北村暁夫（1999）「移民と外国人労働者」馬場康雄・奥島孝康編『イタリアの社会』早稲田大学出版部．

坂井一成編（2003）『ヨーロッパ統合の国際関係論』芦書房．

サスキア・サッセン，伊豫谷登士翁訳（1994）『グローバリゼーションの時代　国家主権のゆくえ』平凡社新書．

田辺敬子（1994）「イタリアの教育と教育学研究　インテグレーションの現在」森田尚人・藤田英典・黒崎勲・片桐芳雄・佐藤学編『教育学年報 3　教育のなかの政治』世織書房．

駐日欧州委員会代表部（2005）「特集：EU の語学教育政策（「多様性の中の統合」を目指した国家間協力）」『Europe；Summer 2006』通巻第246号．

パオロ・トリヴェッラート，三石大介訳（1999）「学校と教育」馬場康雄・奥島孝康編『イタリアの社会』早稲田大学出版部．

原田種雄・新井恒易編著（1981）『現代世界教育史』ぎょうせい．

文部省編（1995）『諸外国の学校教育』．

Bertolini, Piero (1996) *Dizionario di Pedagogia e Scienze dell'Educazione*, Zanichelli, Bologna.

Besozzi, Elena (2002) "L'esperienza scolastica: mobilità, riuscita e significati dell'istruzione", a cura di Graziella Giovannini e Luca Queirolo Palmas, *Una scuola in comune: Esperienze scolastiche in contesti multietnici italiani*, Fondazione Giovanni Agnelli.

Dei, Marcello (2000) *La scuola in Italia*, il Mulino, Bologna.

Fischer, Lorenzo e Fischer, Maria Grazia (2002) *Scuola e società multietnica: Modelli teorici di integrazione e studenti immigrati a Torino e Genova.*
ISTAT (2004) *La presenza straniera in Italia: caratteristiche demografiche.*
Ministero della Pubblica Istruzione (公教育省) ウェブサイト (http://www.istruzione.it/).
MIUR (1998) (1999) (2000) (2001) (2002) (2003a) (2004) (2005a) *Alunni con cittadinanza non italiana-Scuole statali e non statali.*
MIUR (2003b) *L'offerta formativa dei centri territoriali permanenti.*
MIUR (2005b) *La Scuola in Cifre.*
MIUR (2005c) *Indagine sugli esiti degli Alunni con Cittadinanza Non Italiana-Anno Scolastico 2003/2004.*
Simoncelli, Maurizio (1999) "Scuola e immigrazione in Italia. Aspetti geografici e didattici", a cura di Carlo Brusa, *Immigrazione e Multicultura nell'Italia di oggi*, Vol 2, FrancoAngeli, Milano, (858).

（杉野竜美）

第11章　労働市場参入への教育の役割
——トルコのケース・スタディから

　　　　　　教育と労働市場の関係はこれまで経済学者，社会学者，また教育学者によって幅広く議論されてきた。中でも人的資本の理論において，教育（職業訓練も含む）はとても重要な役割を担っている。なぜなら教育を受けることによって，知識とスキルを身につけ，労働市場に参入しやすくなるからである。本章では，西アジアに位置し，EU加盟を目視する中所得国，トルコを事例に教育と労働市場の関係について概説することを目的とする。

　　　　　　トルコにおいて教育が労働市場への参入にどのように貢献しているのだろうか。職業中等教育や高等教育を受けた者が，彼らが受けた教育やトレーニングと関連した職業をみつけることができているのか。どのレベルの教育を受ければ就職率がどれだけ上がるのか，などの点について本章では考察する。まず初めにトルコの教育開発について概説し，労働市場の現状について述べる。職業中等教育や高等教育と労働市場の関係だけでなく，アプレンティスシップ・プログラムなどについても紹介し，教育と労働市場の関係を包括的に家計労働調査の研究結果を用いて説明する。

1　はじめに

　教育と労働市場の関係は，開発途上国でも先進諸国においてもとても重要な課題である。理論的に考えれば，高いレベルの教育を受ければ受けるほど雇用される機会も増え，高所得の職業に得ることができる，と考えられている。しかし，大学を卒業しても就職ができない，という現状が多くの国でみられる。たとえば，トルコと同じ西アジアに位置する低所得国のイエメンでは，イエメンで最も優秀とされているサナア大学を卒業しても1年以内に就職できる卒業生は，全体の10％しかいない。また，東南アジアに位置するフィリピンでは，

1980年代に大学を卒業しても，大学卒業者の資格と同等なレベルの就職をすることができず，大卒者がタクシーの運転手になる，といった例は有名である。一方で就職はできるが，職業高校や大学を卒業しても学校で学んだこととは，全く違った職種に就かなくてはならない，という現状も多くある。本章では，トルコを事例に教育と労働市場の関係についてデータ分析の結果を紹介しながら概説する。

2　トルコの教育について

(1) トルコの教育システム

　現在のトルコの教育システムは，8年間の基礎教育，3年間の中等教育，2年間の職業訓練的な教育と4年の大学教育からなる高等教育の3つに区分されている。1997年までは，初等教育が1年生から5年生までであったが，1998-99年度以降は1年生から8年生までが義務教育化され従来の中学教育（3年間）が初等教育と合併して，8年の基礎教育となった。また，1997年の教育改革により，中学教育レベルでの職業訓練が廃止され，中等教育（高校）は，最低3年間の普通教育と職業訓練教育からなっている。英語で授業を行う高校では，1年から2年間の語学を学ぶコースが設けられている。上記で述べたトルコの教育制度を簡単に提示すると下記のようになる。

トルコの教育制度
- 就学前教育（3歳から5歳）……………日本の幼稚園にあたる任意の教育。
- 基礎教育（6歳から14歳：9年）……日本の小・中学校にあたる義務教育。
- 中等教育（最低3年）………………日本の高校にあたる。普通教育と職業訓練教育がある。
- 高等教育（最低2年）………………短大，大学，大学院。

　トルコの8年間の基礎教育のうち最初の5年間を小学校，次の3年間を中学校，中等教育の3年間を高校と本章では，呼ぶことにする。

(2) トルコの教育発展

ツナリ［Tunali, 2003］は，トルコにおいて教育を受ける機会が過去数十年間において急速に増えてきている，と述べている。とくに，政策的に1990年後半に無償初等教育と前期中等教育が修正され，5年生から8年生までが義務教育になったことが大きな要因である，と指摘している。この改革により無償の基礎教育が多くの国民にも供給できるようになり，高等教育の分野においても1980年代から1990年代にかけて新しい大学や遠隔教育プログラムが数多く設立され，大学教育を受ける機会も急速に増えてきている［Tunali, 2003］。しかし，大学教育の需要がとても高く，政府側の供給が追いつかない状態にある，とツナリ［Tunali, 2003］は指摘する。たとえば，2002年に150万人が高等教育入試を受験したが，その中で，現役の高校生が36％しかいなかったのに対して，浪人者が64％もいた。

トルコにおいて，2000-2001年度の教育統計をみると基礎教育の粗就学率が100％に達し，基礎教育に就学している学生数が1千万人を超し，学生数がトルコの総人口の21.5％になった。表11-1は，トルコの基礎教育と中学教育の入学者数と卒業者数を記している。最も興味深い点は，1999-2000年度の基礎教育における女子の卒業生が男子と比べて40.7％であるが，2000-2001年度の女子の入学率は，47％と大きくなっている。女子が教育を受けることが社会的にも理解され，社会的弊害を乗り越えて入学者数を増やしているのであろう。一

表11-1 基礎教育と中等教育における入学数と卒業生数

	入学制の数（2000-2001年度）			卒業生の数（1999-2000年度）		
	全体	男子（割合）	女子（割合）	全体	男子（割合）	女子（割合）
基礎教育（8年間）	1,316,194	697,930 (53.0%)	618,264 (47.0%)	820,063	486,421 (59.3%)	333,642 (40.7%)
高校（全体）	757,593	448,251 (59.1%)	309,342 (40.8%)	498,241	280,278 (56.3%)	217,963 (43.7%)
普通高校（割合）	502,424 (66.3%)	281,643 (56.1%)	220,781 (43.9%)	274,963 (55.2%)	146,703 (53.4%)	128,260 (46.6%)
職業訓練高校（割合）	255,169 (33.7%)	166,608 (65.3%)	88,561 (34.7%)	223,278 (44.8%)	133,575 (59.8%)	89,703 (40.2%)

出所：Tunali ［2003］．

方で，女子の高校への入学者数をみると，40.8％とまだ低い。1999-2000年度の女子の高校卒業の割合が43.7％だから割合的にみると男女格差が広がっているようにも読み取れる。これは，職業訓練高校に入る女子の割合が急速に減ったからである。1999-2000年度の女子の卒業生の割合は，男子生徒と比べて40.2％だったのに対して，2000-2001年度の女子の入学生の割合が34.7％だけだからだ。

　トルコにおいて8年間の基礎教育を卒業したら3つの進学先がある。1つは普通高校への進学である。もう1つが職業訓練高校。3つ目が，ノンフォーマル教育である。2001年に基礎教育修了者が高校に進んだ割合は，90％である。ここで注目すべき点は，高校に入学した学生の中で職業訓練高校に入学した生徒が33.7％と職業訓練高校を卒業した割合（44.8％）よりもかなり低くなっている点である（表11-1参照）。ツナリ［Tunali, 2003］によると職業訓練教育から普通教育へ学生が流れる傾向は，1998年に高等教育評議会（Higher Education Council）が職業訓練教育から大学に入る数を制限したからである。

　1970年代に職業訓練に関する開発プランが執行された後，職業訓練教育が重要視され，中等教育の65％を職業訓練校生で占める，という目標はまだ達成されていない。表11-2からは，最近の職業訓練高校と普通高校の入学者数の傾向が読み取れる。1991-1992年度の42.4％の割合から2000-2001年度の33.7％まで急速に職業訓練高校への入学者の割合が減っている。これは，主に女子の入学者数の減少のためである。

表11-2　普通高校と職業訓練高校の新入生

	全体	普通高校	職業訓練高校	普通高校(％)	職業訓練高校(％)
1991-1992	581,946	334,945	247,001	57.6	42.4
1996-1997	666,981	337,533	329,448	50.6	49.4
1997-1998	760,314	442,078	318,236	58.1	41.9
1998-1999	675,625	366,104	309,548	54.2	45.8
1999-2000	706,036	428,361	277,675	60.7	39.3
2000-2001	757,593	502,424	255,169	66.3	33.7

出所：Tunali［2003］。

3 トルコの労働市場の現状

トルコにおける15歳以上の教育取得率を世界銀行が行った調査結果をもとに説明する。世界銀行［World Bank, 2006］の調査結果である下記の表11-3からわかるように無識字者や小学校中退者の割合が1988年から2003年にかけて大きく減少している。小学校卒業者の割合はあまり変わらないが、中等教育や高等教育卒業者の割合が増えている。とくに、高等教育卒業者の割合が伸びており、中でも女性の高等教育卒業者の割合が急速に伸びている。1988年に女性の高等教育卒業者の割合は、2％弱だったのに対し、2003年には、3倍近く（5.2％）にも増えている。この数字からもわかるように15歳以上の成人の教育レベルは過去15年間で向上しており、政府の教育改革の成果が伺える。

(1) 教育と失業率の関係

まず、トルコにおける教育と失業率の関係をみることにする。表11-4が示すようにトルコの失業率は、高いレベルの教育を受けた若い年齢層に高い。20歳から24歳の高等教育修了者の失業率が比較的に高い理由は、卒業後すぐに仕事がみつからないためである。このような高い教育を受けた若者の高い失業率は、労働市場で求められているスキルと学校で学んだスキルとのミスマッチが1つ

表 11-3　トルコにおける15歳以上の教育取得率（％）

	トルコ全体		男性		女性	
	1988	2003	1998	2003	1988	2003
無識字者	22.9	11.7	11.6	4.3	33.9	18.9
小学校中退者	9.1	4.4	9.6	4.0	8.6	4.8
小学校卒業者	47.2	49.6	51.8	48.7	42.8	50.6
普通中学校卒業者	8.1	9.8	10.5	12.9	5.7	6.8
職業中学校卒業者	0.7	0.1	1.0	0.1	0.5	0.1
普通高校卒業者	6.0	11.1	7.1	13.1	5.0	9.1
職業高校卒業者	2.7	6.4	3.8	8.3	1.7	4.4
高等教育卒業者	3.2	6.9	4.7	8.6	1.8	5.2

出所：世界銀行［2006］。

表 11-4　トルコにおける失業率 (2003年)

年齢	無識字者	初等教育中退者	初等教育修了者	中等教育修了者	高等教育修了者
15-19	18.0	27.7	13.7	29.5	0.0
20-24	17.0	37.5	16.1	23.4	38.5
25-29	16.3	14.8	12.2	12.2	14.8
30-34	13.3	16.7	10.3	7.1	5.3
35-39	11.4	16.7	8.1	5.4	4.1
40-49	7.5	9.5	7.8	4.6	2.5
50-59	5.0	4.9	5.9	5.7	2.2
60+	1.6	1.5	1.4	4.0	0.0

出所：世界銀行 [2006]．

の理由であろう，と考えられる。世界銀行 [World Bank, 2006] は，この現象は教育を受ける側と教育を提供する政府の側から説明ができる，といっている。トルコの経済が高いレベルの教育を受けた若者を吸収できないためであり，また，教育を受けた若者が労働市場に十分適応していないためだ，と説明している。一方，高齢層の労働者は，若年層の労働者より仕事に従事していることが表11-4からも読み取れる。世界銀行 [World Bank, 2006] は，1990年代に高い失業率によって，教育への投資収益率も減少した，と述べている。とくに大学教育からの収益率が大きく減少しているようだ [World Bank, 2006]。

小川とタンセル [Ogawa and Tansel, 2005] の1997年の家計労働調査 (HLFS：Household Labor Force Survey) の分析結果によると，フォーマル教育を受けた人の52%が労働市場に参加しており，その割合は初等教育で50%，中等職業訓練教育で67%と高くなり，大学卒業者では，81%である，とまとめている。フォーマル教育を受けた成人の労働参加率を地域的にみると，都市部での労働市場への参加率が40%に対して，農村部では60%もある。これは，職業訓練中等教育と受けた人口でも同じ傾向である。都市部での労働参加率が48%に対して，農村部での参加率が57%と10%近く農村部の方が高い。大学卒業者においては，都市部で81%であるが，農村部では85%の労働参加率がある。労働参加率をアプレンティスシップを経験した人口でみると87%と非常に高くなる。これは，男性で88%であり，女性でも72%もある。アプレンティスシップとは別の職業

訓練コースを修了した男性では86％に対して，女性では，半分以下の42％である。上記の結果をまとめると，女性にとって，アプレンティスシップを経験することが労働市場に参加するために最も効果的な教育の1つであるようだ [Ogawa and Tansel, 2005]。

さらに，小川とタンセル [Ogawa and Tansel, 2005] の調査結果では，1980年から1989年の間で，大学卒業生の85％が大学で専攻した分野の仕事に就いている，と述べているのに対して，1989年から1997年の間では，その割合が80％に減少した，と述べている。大学で専攻した分野で仕事をしていない大卒者の中で，40％の卒業生はその分野で仕事がみつからない，といっている。

(2) 教育と収入の関係

次に教育と収入についての関係をみることにする。多くの実証研究において，教育を受ければ受けるほど収入が高くなる，という結果が出ているが，トルコでも同じことがいえるのだろうか。図11-1は，トルコの都市部における労働者の収入を教育レベルにわけて比較したものであり，図11-1から読み取れるように教育のレベルによって収入に大きな違いがあることがわかる。初等教育卒業の資格のみをもった労働者は，労働者全体の平均収入の72％の収入しかない。中学校卒業者は，平均収入の87％の収入であるが，高校，大学の卒業者は平均収入よりも高い106％と186％となっている。とくに大学卒業者の収入は，平均収入の2倍近くにもなっている。

さらに図11-1が示すように男性の収入は，全体の収入と同じようなパターンになっている。しかし，女性の2002年の収入は，教育レベル別にみると男性の収入より大きな違いがあることがわかる。大学の卒業資格をもつ女性の労働者は，小学校のみの卒業資格をもつ女性と比べると3.67倍も多くの収入があり，中学校の卒業資格をもつ女性と比べても3.31倍の収入があることが図12-1から読み取れる。同じような比較を男性の教育と収入でみてみると，大学の資格をもつ労働者は，小学校卒業の資格をもつ労働者より2.67倍，中学校卒業の資格をもつ労働者より2.26倍高いことも図11-1からわかる。一方で，教育をあまり受けていない小・中学校卒の女性の収入があまり高くない。

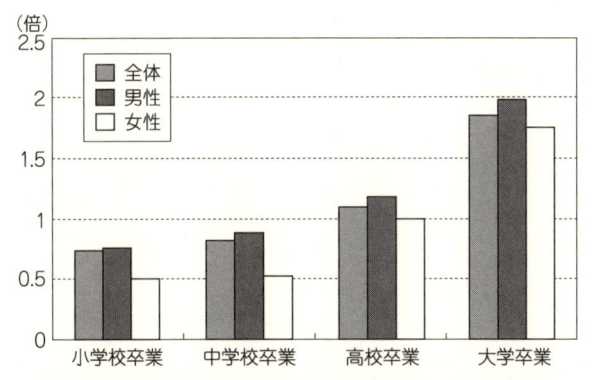

図 11-1 教育レベルと比較した都市部における平均月収（2002年）

注：15歳から65歳の年齢層における教育レベル別の収入を平均収入で割った値．農業セクターを除くフルタイムの労働者のみ．
出所：世界銀行［2006］．

4 大学卒業者と職業訓練高校卒業者

トルコにおける大学卒業生の就職情況を1997年の家計労働調査を使って分析すると下記のようなことがわかる［Ogawa and Tansel, 2005］。

- 83.3％の大学卒業者は彼らの受けた教育内容と同じか，それに近い仕事をしている。
- その中で，66.1％の大学卒業者は，科学，技術，プロフェッショナルな仕事に就いている。
- 上記の83.3％の中で0.2％は，農業や林業，漁業での仕事をしている。
- 41％の大学卒業者が大学で学んだこととは全く関係ない分野で仕事をしている。
- その中で25.7％は，大学で学んだ分野での仕事がみつからなかった，といっており，大学教育が効果的でなかったと感じている大学卒業者の50％は，コミュニティや社会，人事的なサービス分野で仕事をしている。

・上記の41％の中で，48％の大学卒業生は，家族の仕事を継がなくてはならなかったので，大学で習った分野で仕事をしていない，といっている。

　同じような調査を職業訓練高校を卒業した労働者に対して行うと，職業訓練高校の卒業生は，大学卒業生と比べると学校で勉強した分野と同じような分野で仕事をみつけることができない，という研究結果が出ている［Ogawa and Tansel, 2005］。さらに，職場でのパフォーマンスについて調査すると，大学卒業者の方が高校卒業者より効率的に働いているようだ。

　これらの研究結果から考えられるのは，大学教育より職業訓練高校の質をいかに向上させるかが課題であろう。その１つとして，アプレンティスシップのようなオン・ザ・ジョブ・トレーニング（on-the-job training）と併合させて，より実践的な教育を促進することが考えられる。職業訓練高校と労働市場の関係からみて，労働市場で求められているスキルが職業訓練高校でうまく教えられていないのではないだろうか。労働市場のニーズに合っていない教育を提供することによって，教育と労働市場の間にミスマッチが生じる。そのミスマッチを改善する一療法としてアプレンティスシップ・プログラムを紹介する。

5　アプレンティスシップ・プログラム

　ドイツやスイスなどの先進国では，教育と労働市場の架け橋としてアプレンティスシップ（apprenticeship）を古くから教育システムに取り入れ高校や大学に進学しない学生に技術と知識を丁稚奉公的に企業で経験を積ませている。これにより，低い失業率を保ってきているのも事実だ。トルコにおいてもこのプログラムが古くから活用されているので，それを小川とタンセル［Ogawa and Tansel, 2005］の論文をもとに紹介する。

　トルコにおいてアプレンティスシップが始まったのは1977年に遡る。アプレンティスシップ・トレーニングは2089条のもと1977年に最初に紹介され，1986年の3308条のもと「アプレンティスシップ職業教育法」として制定され，1997年と2001年に修正された。正式なアプレンティスシップとノン・フォーマル職

業技術トレーニングはこの法律のもと実施されている。教育省がこの法律の規定を遂行するための責任機関だとすると，トルコ貿易工芸組合（Turkish Confederation of Trades and Craftsmen）は，教育省が関知しない同じ分野の活動を遂行する役割を果たしている。

国民一人当たりのGNPにおける教育省の予算と教育省の中でアプレンティスシップとノン・フォーマル職業技術トレーニングに使われている予算をみると表11-5ができる。トルコにおいて教育省の予算は毎年削減されており，アプレンティスシップとノン・フォーマル職業技術トレーニングに配分されている予算も1995年から2000年までほとんど同じ割合になっている。

理論的，また，応用的な訓練を組み備えるアプレンティスシップ・トレーニングは，職業を学ぶことを目的とする企業で働くことを望む若手のために運営されている。このトレーニングに参加が可能な資格は，最低14歳で義務教育を修了したもの，または，19歳以下で企業の雇用者とアプレンティスシップの同意書のサインを交わしたものがこのプログラムに参加できるようになっている。トルコにおいてアプレンティスシップ・トレーニングは，以下の4つに区分されている。それらは，キャンディデイト・アプレンティスシップ（candidate apprenticeship），アプレンティスシップ（apprenticeship），ジャーニーマンシッ

表11-5　GNPに対して教育省に割り当てられている予算とアプレンティスシップ・プログラム（AP）に割り当てられている予算

	GNPに対するAPの予算（％）	GNPに対する教育省予算（％）
1991	0.10	3.68
1992	0.14	4.55
1993	0.15	4.82
1994	0.10	4.17
1995	0.07	3.39
1996	0.07	3.44
1997	0.07	2.92
1998	0.06	2.36
1999	0.07	2.31
2000	0.07	2.41

出所：Ogawa and Tansel [2005]．

プ (journeymanship)，マスターシップ (mastership) である。14歳以下で義務教育を修了したものは，キャンディデイト・アプレンティスとして考慮される。キャンディデイト・アプレンティスとアプレンティスは，学生の資格をもっており，職場での一員としては数えられない。アプレンティスシップ・トレーニングは，職業の種類にもよるが2年から4年の歳月をかけることになっている。最初の3ヵ月は，給料が支給される仮採用機関である。16歳以下の最低賃金の約85％を受け取る。雇用者は最低でも30％の最低賃金を支払うことになっている。職場での事故や病気での保険料は，国から支給される。

企業は，キャンディデイト・アプレンティスとアプレンティスに実用的なトレーニングを提供する責任がある。職業訓練センターは，理論的なトレーニングと実用的なトレーニングを提供する。上級トレーニングセンターは，トルコ貿易工芸組合によって運営され，職業訓練センターと同じような機能をしている。

アプレンティスシップ・トレーニングの最後の時期に，候補者は，理論的，また応用的知識を確認するジャーニーマンシップの試験を受け，試験に合格した候補者がジャーニーマンシップの資格を得ることができる。ジャーニーマンシップ・トレーニングは，職業訓練センターの外で3年間働いたこととして制定されている。さらに，トレーニングの最後にジャーニーマンは，マスターシップの資格が与えられる試験を受けることができる。最低5年間働いた人と職業技術高校を卒業した人もこの試験を受けることができる。この試験に合格したマスターは，職業訓練センターで教育学のコースをとることができ，その後で，自分でキャンディデイト・アプレンティスとアプレンティスを訓練することができる。

6 教育と労働市場への参加
――アプレンティスシップの効率性

トルコにおいて教育を受けることによってどれだけ労働市場への参加が可能になるかを統計学的手法の1つであるプロビット・モデル（Probit Model）を使

って小川とタンセル［Ogawa and Tansel, 2005］が1997年の家計労働調査を使って分析しているので，その実証結果を紹介する。

　小川とタンセルは，小学校を修了していない人に比べて，小学校を卒業すると就職率が3％高くなる，と述べている。さらに，普通高校を卒業すると小学校未修了者に対して16％就職率がよくなり，職業訓練高校を卒業すると27％も高くなる。大学を卒業すると小学校未卒業者に比べて45％も就職率が高くなる，という結果を小川とタンセルは出している。上記の研究結果から職業訓練高校を卒業した方が普通高校を卒業するより就職率が高くなる，ということがわかる。同じサンプルを使って，女性の就職率をみると，小学校未修学者に対して小学校卒業者は1％就職率が高くなる。普通高校と職業訓練高校を卒業するとそれぞれ16％，27％も小学校未修了者より高くなる。大学を卒業すると65％も就職率が高くなる，という結果が出ている。

　同じサンプルで都心部と農村部とで比較すると，農村部の方が就職率が都心部より高くなる，という結果も出ている［Ogawa and Tansel, 2005］。実際に都心部での失業率が高く，女性の就職率を男性と比べると女性の方が統計的に低い傾向がある。

　教育と労働市場の掛け渡しをアプレンティスシップがしているかを統計的に分析すると，アプレンティスシップ・プログラムを受講することによって就職率が高くなる，という結果が出ている［Ogawa and Tansel, 2005］。アプレンティスシップ・プログラムを受講すると22％も就職する確率が高くなる。この確率を性別にみると，男性の受講者で8％だが，女性の受講者では，40％もある。このサンプルを使って分析した結果だが男性の8％はやや低めであるが，アプレンティスシップ・プログラムが女性の就職率を促進するのにとても役立っているようである。職業訓練におけるノンフォーマル教育の一機関である職業訓練センターがどのような役割を果たしているかであるが，このトレーニングを受けると就職率が5.5％よくなる，という結果が出ている。女性では，2.3％，一方，男性では，5.4％である。

　上記で示したようにアプレンティスシップ・トレーニングや職業訓練センターが大学に進学をしない人にとって労働市場との架け橋の役割をしているのは

確かである。ちなみに，上記のデータ分析で1997年の家計労働調査を使用した研究結果を紹介したが，トルコで家計労働調査は毎年行われているものの，教育セクターを深くカバーした調査では，1997年が最も新しい調査である。

7 おわりに

　本章では，中所得国のトルコを事例に教育と労働市場の関係について概説した。教育や職業訓練が労働市場への参入にいかに重要な役割を果たしているかが理解できたと思う。経済学的に分析した研究結果を中心に本章をまとめたが，教育学的に考えると労働市場のニーズにいかに適応できる人材を育成していくかが，トルコにとっての大きな課題であろう。そうなると，教育の質，つまりカリキュラムや教材，教え方などについても何が問題なのかを深く分析する必要がある。

引用・参考文献

Ogawa, K. and Tansel, A. (2005) "Transition from Education to Labor Market in Turkey", *Journal of International Cooperation Studies*, Vol. 12. 3, 113-143.

Tansel, A. (2000) "*General Versus Vocational High Schools and Labor Market Outcomes in Turkey*", Working paper.

Tunali, I. (2003) "Background Study on Labor Market and Employment in Turkey", Final Report/ June 27, prepared for the European Training Foundation, Ankara.

World Bank (2006) *Turkey: Labor Market Study*, Poverty Reduction and Economic Management Unit, Europe and Central Asia Region.

（小川啓一）

第12章　地域住民参加による基礎教育の推進
―― イエメンのケース・スタディから

　教育開発における地域住民参加は，長い歴史と経験が蓄積されている分野である。たとえば，政府が教育サービスを十分に提供できない時代において，あるいは政府の手の行き届かない地域（貧困地域や遠隔地）において公的教育機関とは別に，地元の有力者や富裕層，教会，NGOが，独自の学校（コミュニティ・スクールなど）を建設し，自ら運営してきた。

　これに対して，本章では1990年代以降，ドナー関係者，途上国政府間で議論され，国家の教育開発戦略の一環として推進されている基礎教育における地域住民参加の問題を扱う。まず，1990年代以降，地域住民参加が注目されてきた背景とその目的，メリットを理解した上で，地域住民参加を「学校運営に関する意思決定への参加」と定義し，これを学校とコミュニティによるパートナーシップと呼ぶ。さらに具体的に教育開発プロジェクトでどのような住民参加が進められているのかを検証し，最後にそこでの課題を抽出する。その際，筆者が従事しているイエメンにおけるJICA（国際協力機構）プロジェクトである「タイズ州地域女子教育向上計画」を事例として活用する。

1　背　景

　「万人のための教育（EFA）」や「ミレニアム開発目標（MDGs）」でも示されている通り，2015年までに初等教育の完全普及（UPE：Universal Primary Education）を達成することは，国際社会が協調して取り組みを進めている重要課題である。基礎教育の普及に向けて，ドナー関係機関や途上国政府が協調した取り組みを行っている中，地方分権化の流れが加わり，これまで中央集権的に中央政府が主導してきた基礎教育の普及に，州や郡などの地方政府，学校そして地域の住民とのパートナーシップの重要性が強調されるようになった。その背

景には，人口増加にともない教育需要が拡大する一方，経済危機などによる中央政府の財政的な制約，あるいは中央集権による画一的な教育の普及に対する批判などが指摘されるようになったことが影響している。1990年の「万人のための教育」世界会議宣言の7条では，「中央政府，地方政府そして地域の教育機関は万人に基礎教育を提供するというユニークな義務を負っている。しかし，彼らがすべての人的，財政的，組織的な要件を提供することはできない。新しい，再活性化されたあらゆるレベルでのパートナーシップ（政府と非政府組織，民間セクター，コミュニティ，宗教グループ，家族）が必要である」ことを言及している。

　ここであえて「パートナーシップ」という用語を使うのは，従来までの地域住民参加と区別するためである。ブレイ［Bray, 2000］によると，「パートナーシップ」は関与（Involvement）や参加（Participation）よりも積極的でより強いコミットメントを示しており，パートナーは互いに対等な立場で1つの活動を分かち合い実践し，責任をも共有することを意味している。

2　地域住民参加の目的，成果，要件，定義

　近年のドナー支援プロジェクトでは，個々に学校建設や成人識字プログラムに住民参加を取り入れるだけでなく，学校へのアクセスや教育の質を改善するために学校単位でその運営能力全般を高めようという「学校改善アプローチ」(Whole School Development) が導入され，その中で地域住民の参加が積極的に推進されている。

　地域住民・コミュニティの参加を促進する目的は，学校が地域の実情（文化，伝統，慣習）を最もよく理解する地域住民と協力して，就学の阻害要因を明らかにし，その阻害要因を取り除くための解決策をみいだし，実践していくことを通じて，学校へのアクセスを改善し，より質の高い教育をより効率的に提供していくことである。このように学校と地域住民とが協力して学校改善に取り組むことで，第1に地域住民の自立性が高まり，学校活動に積極的に参加する主体へとエンパワーすることができる，第2に学校側の説明責任が高まり，地

域住民のニーズに応えた形で学校運営が行われ，学校改善に必要な資金や知見を学校と地域が協力して動員することが可能になる，第3にこうした学校単位での学校改善アプローチを地方の教育行政組織がサポートすることにより，教育の地方分権体制が強化される，などが成果として期待される。

しかし，こういった成果が実現されるための要件として，第1に学校とコミュニティ，住民とが対等な立場で意見を交換し，コミュニティ側が学校運営に関する意思決定に参加できる場が設定されること，第2に郡，学校，コミュニティ・住民の各々が自らの役割を明確に理解し，それぞれの立場から必要なスキル，能力を習得するための研修の機会が設けられること，第3に学校改善計画を実施するために必要な「呼び水」となる資金が確保されることが重要である。さもなければ，地域住民参加とは，「『参加』の名目で単に財政難から行政が提供できなくなった教育費用を住民に肩代わりさせるだけ」との批判を受けることになる。

それでは，次に本章で議論する「地域住民参加」を図12-1を用いて定義する。

地域住民参加の第1段階は，学校でのクリニックの開催や予防接種プログラムの実施への参加，授業後の女性向け裁縫教室や識字教室への参加などの「サービスの享受」であり，受動的な参加である。第2段階は，住民が学校校舎や教室の建設，補修に必要な労働力や資金などの資源を提供することを指す。第3段階は，たとえば学校での父母会などの会合に「聴衆として参加」し情報を得ることを指す。第4段階では，ある特定課題（たとえば，学校における女子の未就学の原因など）について住民が学校に対して意見を供述し「問題解決に参加」することを指す。第5段階ではたとえばコミュニティの住民が学校と協力して地元出身の教員をリクルートする，カリキュラムや指導教材などを地域の価値観や日常の生活に沿う内容に改善することなど，実際に学校が提供する「サービスへの参加」を示す。第6段階は，学校委員会や父母会などを通じて地域住民が学校運営ならびに学校改善に関する「意思決定へ参加すること」である。

図12-1は，住民がこうした「参加」を通じて学校への親近感や所属意識をもつようになり，その結果，自分たちの財産である学校をよりよくしていこうと

6. 意思決定への参加
5. 学校サービスの提供
4. 学校での問題への意見具申
3. 会合への聴衆としての出席
2. 学校改善に対する資源(労働力, 資金)の供与
1. 学校が提供するサービスの享受

↕ 地域住民参加

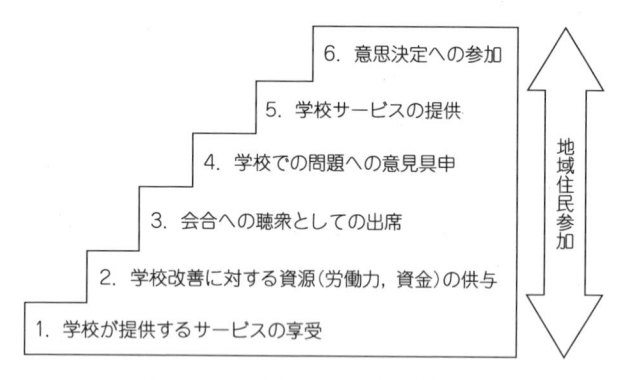

図 12-1　教育における地域住民の参加
出所：シェファー［1994］をもとに筆者作成．

いう意欲を高めていくためのステップを示している。「地域住民参加」とは，こうした意思決定への参加に至るまでの包括的なステップとして理解されるべきであるが，これまで機会に恵まれてこなかった住民やコミュニティが，意思決定の場において学校と対等な立場で参加していくまでには，時間をかけて経験を積み上げていく必要がある点は留意しなければならない。

3　学校と地域住民とのパートナーシップ構築に向けて

　イエメンでのJICAプロジェクト「タイズ州地域女子教育向上計画」は，2005年6月から42カ月の予定で実施されている基礎教育，中でも女子教育推進のための「学校改善パイロット事業」である。タイズ州の中でも女子教育の普及が遅れている6郡での56校をパイロットとして，地方行政，学校，コミュニティの三者が基礎教育改善（とくに女子の就学率向上）のためのパイロット事業を計画，実施し，女子教育を効果的に推進する地方教育行政モデルを開発することがその目的である。

　同プロジェクトでは，学校パイロット事業の主体を学校委員会とし，その下に，父会，母会を設置している。学校委員会は総勢20名で構成され，学校長，教員などの学校関係者に加えて，父会，母会の代表，地域の有力者，宗教指導

表12-1 パイロット校における地域住民参加

N=56	Excellent		Satisfactory		Weak	
	n	%	n	%	n	%
コミュニティ指導者の女子教育に対する理解	17	30.4	36	64.3	3	5.4
コミュニティと学校長の協力関係	4	7.1	30	53.6	22	39.3
コミュニティ指導者の率先した女性参加奨励	4	7.1	37	66.1	15	26.8
女性の意思決定への参加	2	3.6	13	23.2	41	73.2

出所：国際協力機構［2006］．

者，さらには識字，非識字にかかわらず可能な限り多様な地域住民の参加が呼びかけられた。学校委員会がJICAの提供するパイロット事業資金（1校当たり上限約30万円相当）を受け取り，パイロット事業の計画，実施，評価を担う。プロジェクト開始に当たって，学校委員会主要メンバーは郡教育局が行う計画策定・実施のための研修に参加し，研修を受けたメンバーが各校に戻り委員会メンバーとともに女子の就学率向上に資するパイロット活動を選択，決定する。

パイロット事業の実施過程において，表12-1に示された地域住民参加はどの程度達成されたのであろうか。進行中のプロジェクトであり結論を急ぐことはできないが，こうしたドナー主導の地域住民参加のアプローチがどの程度有効であるのかを検証するための一助となると考える。

まず地域住民の参加意欲については，非常に高く，住民はパイロット事業の実施に協力的であった。たとえば，プロジェクト1年目において，すでに女子生徒数はすべての対象パイロット郡において増加し，総計で前年比28.3％の増加を示した（2004年9月：6095名→2005年9月：7822名）。この結果は，これまで学校へ娘を通わせていなかった親がプロジェクトの実施を知り娘の通学を支援し始めたことを示している。

1年次（2005年6月～2006年5月末）のパイロット活動では，教室やトイレ建設（25.4％：活動件数ベース），地元教員の臨時雇用（20.7％）などのアクセス改善のための活動が多くみられた。1年目のパイロット活動では総資金の約6％を地域住民からの資金で賄うことができた。そのうち，教室，トイレ建設には，いずれの学校においてもコミュニティの男性が労働力を提供し，建設に参加した。教員の雇用については学校長と地域住民が協力してそれぞれの家族や知人

にあたり，自分たちで地元出身の教員を発掘し，採用した。その結果，総勢145名の臨時教員（内，女性65名）が採用された。これら教員はいずれも地元住民からの信頼ある人物の親族や関係者が採用されたため，男性であっても教員に対する住民の信頼は厚く，各校での女子就学の推進に貢献している。

意思決定への参加については，制度的にはパイロット校すべてにおいて学校委員会と父会が設立され，母会については53校で設置された。イエメンの場合，教育省令により学校委員会（1997年）と父会・母会（2002年）の設立が義務づけられているが，その設立は徹底されていなかった。プロジェクト開始前年の2004年には，学校委員会をすでに設立していたのは調査対象校98校（パイロット53校とコントロール42校，ただし，パイロット校56校のうち3校は新設校であったため対象外）中14校（全体の14.3%）に過ぎなかった。父会については，30校（30.6%），母会に至っては5校（5%）の設立状況であった。こうした状況からみるとプロジェクト開始により住民参加の「場」としての学校委員会，父会，母会が設置されたことは大きな一歩である。しかし，実際に設置された学校委員会や父会，母会を通じて，どの程度の住民参加が実現できたかについては，注意深い検証が必要である。そこで，各郡の教育委員長によるパイロット校の1年次の評価をもとにいくつかの課題を抽出する。

表12-1ではパイロット校における地域住民参加に関して，とくに女性の意思決定への参加（Weakが全体の73.2%），次いで学校長とコミュニティとの協力関係（Weakが全体の39.3%）が課題であることが示されている。

まず学校長とコミュニティとの協力関係であるが，学校モニタリングの経験も加味して検討すると，学校長の経験・能力とやる気（たとえば，学校長のリーダーシップならびに地域住民参加に対する理解）が大きく地域住民の参加に影響していると考えられる。たとえば学校長自身が学校の設立者である場合，独裁的に学校パイロット活動を決定し，地域住民の意向を聞き入れず実施するケース，その反対に学校長のリーダーシップが弱い場合でも，地域の有力者と地域住民が率先してパイロット事業を運営しているケースもみられる。パイロット校の学校長は，半数以上が35歳以下で高校卒業以下の学歴を保持しており，約3割が学校長として5年未満の経験しか有していない。学校が主体となって

地域住民参加を促進し，学校改善をすすめていくためには，学校長の能力向上が不可欠である。

　女性の意思決定への参加も，今後への大きな課題である。イエメン，とくにプロジェクトを実施する遠隔地では，伝統／慣習的に女性の家庭外での活動は制限されている。こうした環境で，女性の学校委員会や母会への参加を呼びかけても，意思決定への参加までには多くの努力と時間が必要とされる。プロジェクト開始1年で，これまで女性の学校活動への参加がほとんどみられなかった状態から，大きな前進がみられた。たとえば，裁縫教室や識字教室を授業が終わった午後に学校で開催したところ，これまで学校へ行くことを父親や夫から禁じられていた女性が学校へと通い始めた。また，65名の地元女性教員の中には，母会との協力により出席率の悪い生徒や，学校へ娘を通わせない家庭を訪問したり，結婚式や週末に地域の女性たちと積極的に交流し，女子教育の重要性についての啓発活動を行うなどの動きがみられるようになった。しかしながら，こうした事例はまだ一部であり，女性の学校パイロット活動への参加を促進していくためには，女性の参加を促すとともに男性の意識変化，学校長のリーダーシップが不可欠である。

4　おわりに

　これまでのイエメンでのプロジェクト経験から，基礎教育推進において地域住民の「参加」を推進するためには，第1に，住民が学校の意思決定に参加できる場を設定すること，第2に，学校の責任者である学校長の経験・能力とやる気が地域住民参加の鍵となること，第3に地元出身の教員を雇うことが地域住民参加のための動力となること，第4に，とくに女性が意思決定に参加できるようになるためには時間と経験が必要であることの4点の重要性が確認された。

　途上国あるいは各コミュニティによって政治，経済・社会的，歴史的，文化的背景は異なるため，イエメンのタイズ州における事例をすべてに適用することは難しいが，以上の教訓は今後のプロジェクト運営ならび同様のアプローチ

を行うプロジェクトの改善のための課題として参考になると考えている。

引用・参考文献

独立行政法人国際協力機構（2006）「イエメン国タイズ州地域女子教育向上計画パイロット活動結果報告書（第一号）」独立行政法人国際協力機構（未公開資料）．

Bray, M. (1999) "Community Partnerships in Education: Dimensions, Variations, and Implications", *EFA Thematic Study*, UNESCO: Paris.

Bray, M. (2003) "Community Initiatives in Education: goals, dimensions, and links with governments", *Compare*, vol. 33, No. 1, British Association for International and Comparative Education.

Japan International Cooperation Agency (2005) "Baseline Survey Report for Broadening Regional Initiative for Developing Girls' Education (BRIDGE) Project in Taiz Governorate" Japan International Cooperation Agency, Tokyo（未公開資料）．

Japan International Cooperation Agency (2005) "JICA Technical Cooperation Program for Broadening Regional Initiative for Developing Girls' Education (BRIDGE) Project in Taiz Governorate: Inception Report", Japan International Cooperation Agency, Tokyo（未公開資料）．

Rose, P. (2003) "*Communities, gender and education: Evidence from sub-Saharan Africa*", Background paper for 2003 UNESCO Global Monitoring Report, UNESCO: Paris.

Shaeffer, Sheldon (1994) *Participation for Educational Change: A Synthesis of Experiences*, International Institute for Educational Planning (IIEP), UNESCO, Paris.

（桜井愛子）

第13章　教育・貧困を取り巻く社会構造
―― ケニアのケース・スタディから

　　　　　教育は，本来は貧困削減を実現する上で不可欠なセクターとして位置づけられている。本章は，近年その教育がなぜ低所得国において貧困削減に容易に結びついていないのかについて理論的，実証的視点を明らかにし，教育と貧困の問題に関する理解を深めることを目的としている。手法としては，アフリカのケニアを事例に教育政策と教育開発の沿革を概説し，複数の理論的枠組みを使って教育と貧困を取り巻く社会構造を分析するという帰納法を用いる。アフリカ，とくにケニアにおいては，教育と貧困という課題は重層的な問題を内包しており，実は1つの理論で説明するには限界がある。このため，理論的枠組みとしては，人的資本論，スクリーニング仮説，二重政治経済（エスニシティ）論といった複数の学際的な理論的枠組みを利用する。本章を通して筆者が示したいのは，どの理論がこのケニアのケースで妥当しているのかという点よりも，むしろいかに社会構造は複雑で，その理解が容易ではないかという点にある。

1　はじめに

　多くの国々で教育，中でも初等教育は貧困削減のために不可欠な重点セクターとして位置づけられている。しかし，教育が貧困削減に資するためには，さまざまな他の要因が介在しており，それらに対する理解や対策が必要である。戦後の東アジアにおいては，経済成長，貧困削減，教育普及を結果として同時並行的に進めることに成功した国々がいくつかみられたが，サブサハラアフリカ諸国ではこの3つの国家目標を達成できた国はほとんど存在しなかったといえる。
　ケニアはサブサハラアフリカ諸国の中でも，1963年の英国からの独立以来，とくに教育熱が高い国として知られてきた。1964年から1973年の間の6.6％と

いう高い経済成長率を受けて1973年には初等教育の1〜4学年の授業料を無料とした。しかし，その後の経済成長の低迷とともに教育支出は減少し，初等教育の就学率や修了率は低下し，貧困率も1994年には農村人口の47%，都市人口の29%に達した。1997年には1260万人が絶対的貧困の状態であった［Republic of Kenya, 1999］。このような背景のもと，ケニア政府は，国家貧困撲滅計画（1999〜2015年）において，2015年までに貧困人口を半減すること，そして初等教育を完全に普及させることの2つを国家目標として掲げるに至っている。そして，2003年の政権交代により，初等教育無償化政策（Free Primary Education：FPE）が再び導入された。本章の主な目的は，ケニアを事例として，教育と貧困のリンクを考える場合に必要な社会構造や重層的な問題群を明らかにすることである。2では，ケニアにおける教育と貧困の歴史的背景を概観する。3では，ケニアにおいて教育開発と貧困削減に影響を及ぼすいくつかの要因について分析する。4では3の現状を踏まえ，教育と貧困という課題を考察するための理論的枠組みを提示し，5で暫定的な結論を述べることとしたい。

2 ケニアにおける教育と貧困の歴史的背景

　ケニアは教育開発において独立以来目覚しい発展を遂げてきた。1963年から1995年の期間に，初等，中等，大学レベルの就学率の年間平均成長率は各々5.7%，9.5%，13.6%に及んだ［Republic of Kenya, 2000］。政府の教育の拡大政策は市民の高い教育熱に支えられ，コミュニティレベルの自助努力運動である「ハランベー」をともなって教育施設が全国的に整備されていった［Bray, 1988；Gakuru, 1998；Eshiwani, 1989］。その成果もあって，1960年に20%であった識字率は1995年には77%に達した［Deolalikar, 1999；Kremer et al., 2002］。
　ケニアにおいて貧困削減における教育の役割が明示的に認識されるようになったのは，1972年のことである。1972年にケニアで作成されたILOのミッション報告書は，世界で初めて労働市場におけるインフォーマルセクターという概念を紹介し，当時支配的であったトリックルダウン仮説*とは対照的に成長から再分配への戦略を提言したことで知られている。経済成長と平等性の拡大

が相反する可能性を認めながらも，同報告書は平等性の拡大は成長の増大を助けるという仮説を立てた [ILO, 1972]。この点において，後に開発理論の主流となる「人的資源」や「人間開発」といった議論を予告していたといえる [Singer and Jolly, 2000]。

＊経済成長したことにより社会の富が広く波及し，やがて所得再配分効果が生まれるとした仮説。

しかしながら，1970年代から始まった不況は，多くの中学校卒業者を失業者にし，1980年代には大学卒業者の失業も深刻化させた。雇用の伸び率は，1974～79年の平均4.2%から，1980年代には3.5%，1990年代に入ると1.9%となり，人口増加率を下回ることとなった [Republic of Kenya, 1997]。こうした中，フォーマルセクターにおける雇用の減少とともにインフォーマルセクターにおける雇用の割合が急速に増大し，その割合は1990年の39%から1990年代の終わりには60%以上に上昇した [Republic of Kenya, 1992；1998]。これにともない，若者の失業の主な理由は実社会の需要に対する妥当性の低い教育のカリキュラムと卒業者のホワイトカラー志向にあるといった公教育批判が噴出した。

その結果，1985年の教育改革は，実践的なスキルの開発，自営業への積極的態度，高い失業率や上昇する貧困レベルに耐える道徳と倫理に焦点を当てたものとなった [Republic of Kenya, 1998]。初等7年，前期中等4年，後期中等2年，大学3年という，いわゆる7-4-2-3制は，初等8年，中等4年，大学4年という8-4-4制に代わり，教科も初等レベルで11から13科目，中等レベルで23から29科目に増加した。図工，ビジネス教育，農業といった職業科目が履修科目に追加され，初等，中等卒業後は起業あるいは自営業に就くようカリキュラムがデザインされた [西村，1999]。しかしながら，教員の負担は増大しながらも，必要な機材や教員訓練が提供されなかったため，教育の質は低下を極め，職業教育においては無資格教員を雇用する有様であった [IEA and SID, 2001]。

職業教育の導入により教育費用は増大する一方で，財源は減少の一途をたどった。経済危機に呼応して，1980年代前半から構造調整政策が実施されたケニアでは，1989年には教育セクターにおいてもコスト・シェアリング政策が導入

された。この政策の目的は，教員給与以外の政府の教育費支出を最小限に抑えることで生徒1人当たりの費用を最小化し，教育財源を多様化することにあった。学校建設費や教室家具，教科書などがすでに生徒負担となっていたケニアにおいては，コスト・シェアリング政策の導入が，貧困層の就学率のさらなる低下を招いたとされる [Bahemuka el al., 1998；IEA and SID, 2001]。実際，初等教育の総就学率は，1989年の105.4％（男子107.6％，女子105.4％）から1998年には88.8％（男子89.3％，女子88.2％）に，中等教育の総就学率は同時期に30％（男子35.5％，女子24.3％）から23.2％（男子24.6％，女子21.7％）に減少した [西村，1999]。また，教育の質についても，同様に貧困地域と非貧困地域で格差が増大したといわれる [Gakuru, 1998]。

2003年の初等教育無償化政策（FPE）は，こうした流れを受け，教育普及と貧困削減という二重の国家目標を達成するために打ち立てられた政策である。同政策は，授業料を無料化し，学校運営経費を生徒1人当たりの額を基準に中央から学校に直接供与するものである。これを受け，初等教育の就学人口は570万人（2002年）から720万人（2004年）へと18％増加した [Republic of Kenya, 2004]。この政策が貧困削減にどの程度影響していくかについて分析するには時期尚早であるが，教育普及政策が平等化へと変化していることは注目に値する。

3 ケニアにおける教育と貧困の力学

本節では，前節でみた歴史的背景を踏まえ，ケニアにおける教育，経済成長，貧困削減の関連に影響を及ぼしている教育セクターにおける要因について概観する。具体的には，教育熱と格差，民族グループ間の対立，ミスマネージメントといった3つの課題に注目し，ケニアにおける教育と貧困の複雑な力学をたどってみることにする。

(1) 教育熱と格差

ケニアにおける教育熱は著しい。これは，ケニア社会における学歴による給

与格差，ホワイトカラー指向，独立以来の教育と権力との強い関連などに裏打ちされている。労働市場の状況にかかわらず，学歴志向は一貫してケニア社会にみられる現象である［Nishimura and Orodho, 1999］。先行研究では，学歴が労働生産性を上げているというよりも，学歴社会と労働市場のミスマッチが，逆に労働生産性を低めているという結果が得られている［Daniels, L. et al., 1995；Hazlewood, A. et al., 1989；Livingstone, I., 2002］。

一方，ケニアにおける教育政策は，クレーマーら［Kremer et al., 2002］が指摘したように，非効率かつ不平等な教育拡大を許容するものであった。教育熱の高い住民の自助努力であるハランベーにより学校建設が行われた後は政府からの教員配置などの手当てが比較的容易に受けられたため，各地に多数の小規模の学校が建設された。一方で，教員給与以外の教育費用は親やコミュニティに頼っていたため，豊かな地域と貧しい地域の間の学校間の資金的格差が拡大した。政府とコミュニティの役割は連携しているようにみえて，非効率かつ不公平な体制を整備していったのである。

次に，ケニアにおける1989年のコスト・シェアリング政策の導入は，2003年の初等教育無償化政策（FPE）の導入までに教育の質に著しい格差をもたらしたといわれる。これは，教員の給与以外の教育の質に関する予算がすべて親や地域の資金力に頼っていたためである。施設設備の老朽化，教科書・教材の不足，教員資格を有したやる気のある教員の不足など，この期間における教育の質の低下は多くの研究によって指摘されている［Narayan et al., 1995；Bahemuka et al., 1998；IEA & SID, 2001］。また，1997年に実施された全国調査結果をみると，初等レベルの授業料だけでも都市部と農村部の差は約5倍，都市部の貧困層と非貧困層の差は約4倍，農村部のそれは約2.5倍となっている。さらに，本，制服，交通費などの支出についても貧富の差は著しい。同調査を使って45県の特徴と教育の状況との統計的な関連を調べたところ，貧困率が高い県ほど経済的な理由で退学している生徒が多く，初等教育の授業料の格差が大きい県ほど中等教育の授業料格差も大きく，中等教育の授業料格差が大きい県ほど貧困層と非貧困層の女子の純就学率における格差も大きい，という結果が得られる。2000年の世帯調査においても，多数派民族が居住している地域において初等レ

ベルの残存率＊が10％程度高く，全地域の最も裕福な世帯の残存率87％に対し，貧困層では68％となっている［UNICEF, 2000］。

＊残存率とは，小学校に入学した生徒が最終学年まで退学しないで到達する率を指す。

これらのデータは，県別あるいは地域別の格差を表しているだけでなく，貧困と教育のアクセス，質，公平性が切り離せない問題であることを示唆している。また，教育がその労働生産性への貢献度合いの真価にかかわらず国民の期待を背負っている一方で，非効率かつ不平等な教育システムが許容されてきたということができる。

(2) 民族グループ間の対立

先にみた労働市場の悪条件に反して広く浸透している教育熱を理解するには，もつ者ともたざる者の間，そして民族間で長く続いてきた力関係について検証しなければならない。ムルサ［Mulusa, 1992］によれば，教育は民族間で公共サービスと国家のビジネスセクターを支配するための道具であり，国民全体の間での平等な分配という感覚は弱く，その道具意識はあくまで自らの民族グループに帰属している。このような緊張感は教育と地域格差の歴史的な関係に根ざしている。植民地時代の西欧近代教育は異なった地域に住むすべての民族グループに等しく与えられず，独立後に教育を受けていた者が国家権力と富を握ることにより地域間格差，民族間格差につながった［Mulusa, 1992；Cheu, 1987；Kremer et al., 2002］。この意味で，教育は（個人ではなく）民族グループの集団的な社会的地位の上昇移動のための回路として認識されている。まさに，「自分の民族グループの教育は自らの利益をもたらすため支持するが，他のグループの教育は支持しない」という姿勢となって現れた［Easterly, 2001：271-272］。

数多くの実証研究も教育の分配における公平性と平等性を阻害する民族の緊張関係について指摘している。たとえば，西部農村地域において，より民族多様性をもつ県は，同一性の強い県よりも初等学校資金が明らかに低く，学校施設の状態もより悲惨である［Miguel, 1999］。また，民族バランスあるいは優勢を維持するため，生徒は教員，親，コミュニティリーダーから学校の試験でよ

い成績をとり，責任ある地位につくよう促されるという［Gakuru, 1998］。さらに，知識が国の中での権力を得る手段となることで，民族間の競争が熱を帯びる余り，国家試験での不正行為が教員とコミュニティにおいて頻繁に組織されるようになったことも報告されている［Mulusa, 1992］。

教育の分配をめぐる民族間の緊張はより高い政治レベルにおいてもみられる現象である。たとえば，公立学校で最低25％の就学者を少数民族から入学させるという割当システムの導入後，モイ前大統領の選挙区で少数民族のエリート学生が最難関の国立校に入学を許可されていった［ICJ, 2000：47］。このようなシステムは逆差別として批判された［ICJ, 2000；Mulusa, 1992］。加えて，ケニアは独立以来，教員1人当たり生徒数が少なく抑えられてきたが（初等約30人，中等約20人），その背景には氏族（クラン）や民族の異なるグループが同じ学校を共有することが難しいという事情も存在した［Sogomo, 1999］。

つまり，ケニアにおいて教育熱は民族間の競争に深く根ざしており，教育はこの意味で知識と権力と富を媒介する関係の中心にあった。公平性と平等性の感覚は個人よりもむしろ民族グループとして判断されるため，教育の平等な機会は民族グループ間の対立によりしばしば阻害される。学校レベルの加熱競争は教育の全体的な質を上げるかもしれないが，民族グループ間の緊張を増大させるというリスクもともなっている。

(3) ミスマネージメント

ケニアにおいては，教育普及はしばしば政治化され，独立以来その実施にかかる費用は見落とされてきた［Cowan, 1970；Abagi and Olweya, 1999］。コミュニティの自助努力としてのハランベー運動による膨大な教育普及は「需要過多」と政府による公教育の不十分な提供を背景として1970〜80年代に広まった［Bray, 1988］。公的資金による適切な費用計算をともなわない1970年代の初等教育無償化政策や1985年のカリキュラム改革は社会経済的な階層間格差や教育の質の悪化という悲惨な結果をもたらした。

とくに説明責任とコミットメントの不足は適切な平等化政策とその実施のボトルネックとなってきた。たとえば，経済的に貧しい家庭の生徒に対する奨学

金制度があるにもかかわらず，その使途に関する透明性は確保されなかった。1994年に実施された参加型貧困アセスメントによれば，多くの貧困層が奨学金制度について聞いたことがなく，聞いたことのある者も奨学金は必ずしも貧しい生徒に供与されていないと語っている［Narayan et al., 1995：37］。実際，奨学金の運営は校長ではなく，県のリーダーから村の酋長と年寄りにより選ばれた生徒に供与されていた［Narayan et al., 1995：37］。また，初等教育普及政策は地方レベルの強い政治的意図とリーダーシップにより実施されてこなかった。退学者のうち，12%程度の者しか県政府から財政支援を受ける道についてガイダンスを受けていなかった。67%はまったく支援されず，8％については逆に仕事に就くよう促されたという［Narayan et al., 1995：45］。

リーダーシップとコミットメントの欠如は政策実施に多大な阻害要因となって立ち塞がる。ケニアにおいては，少なくとも2003年までは教育の格差に関する政府の怠慢と不十分な管理が教育普及における格差と貧困の持続化に少なからぬ影響を及ぼしてきたといえるだろう。

4　貧困と教育の理論的枠組み

これまでみてきたケニアにおける貧困削減と教育との関連を阻む多層的な要因については，既存の理論が多くの示唆を与えているが，1つの理論仮説で複雑な現実を解き明かすことは困難である。このため，本節では人的資本論，スクリーニング仮説，二重政治経済（エスニシティ）論の3つを順次導入し，ケニアの事例に関し一定の範囲での説明を試みる。

(1) 人的資本論

人的資本論は教育が個人の生産能力に関連するスキルと価値観を強化するという前提に立つ。そのうえで，労働市場においてはより生産的な個人にはより高い賃金が支払われるため，教育は個人の収入上昇につながり，ひいては総計としての社会全体の生産の上昇をもたらすと考える。したがって，教育費用は，個人の収入上昇という意味で個人的投資であるが，経済成長のための社会的な

投資でもある。これまでに多くの研究は，開発途上国（ケニアを含む）および先進国における教育の個人および社会的収益率が有意に高いことを示してきた [Psacharopoulos, 1994；Knight and Sabot, 1990；Bigsten, 1984]。

所得分配や貧困削減との関連では，人的資本論は教育が貧困削減や社会経済的平等性を達成するためにも効果的であり得るという立場をとる。人々は教育を受けることによりさまざまな選択肢を広げ，自らの生活水準を向上させるだけでなく，学校教育への公共投資は個人的な収入の不平等分配を減らし，個人間，家族間の平等な分配を促進すると考えるからである [Schultz, 1971]。

しかしながら，ケニアの事例のように，教育が経済成長あるいは貧困削減に必ずしも結びつかない場合については人的資本論の説明は不十分と考えられる*。人的資本論が基盤とする新古典派経済学の視点は方法論的個人主義に立脚しており，個人はつねに進歩的に行動し，収益率の高さを基準に投資を決定しているとする。そして個人の行動から得られるアウトプットは国家の経済成長として総計できると考える。しかし，アフリカ諸国においては，教育を受ける動機は必ずしも個人的，社会的収益率を基盤にしていない場合がある。さらに，労働市場の構造と環境が，教育を受けた個人への労働需要や賃金を基盤としたアウトプットといった前提を必ずしも許容していない。親の期待においては，教育を通して労働生産性を上げるという目的が皆無とはいえないまでも，現実には人的資本論を成立させる社会環境が独立以来のケニアにおいては整ってこなかったのである。

＊教育と経済成長の関係は長い間議論されてきた。最近では，東アジア諸国と比べ，サブサハラアフリカ諸国においては独立以来の人的資源開発の成長率と比べ経済成長が芳しくないことから，多くの経済学者によって両者の相関関係が見直されている [Easterly, 2001；Appiah and McMahon, 2002；Pritchett, 2001；Bills and Klenow, 2000]。教育が経済成長を促進しないという論者の間でも，教育への投資が経済成長につながるために長い時間が必要であるとする見解や，むしろ経済成長の方が教育開発をもたらすとする見解もあり，その視点は必ずしも単一ではない。

(2) スクリーニング仮説

スクリーニング仮説は，人的資本論への批判として，学歴社会の弊害を説明

する見方を提供する。教育が労働生産性を上げるとする人的資本論の流れを汲みながら，スクリーニング仮説は，学歴は労働生産性のシグナルとして機能する一方，過度な学歴主義は労働生産性をともなわない教育をも許容していると警告する［Spence, 1973 ; Whitehead, 1981］。これが「学歴病」という言葉を生むこととなった［Dore, 1976］。

ケニアにおける教育熱は，質の高い教育を求めた結果というよりも，教育という資格を通して得られる既得権益や権力，地位が労働生産性とは無関係に与えられてきたという社会構造に根ざしている。先に述べた通り，ケニアにおいては，学歴間の賃金格差が膨大であるにもかかわらず，実際の近代セクターにおける労働機会はきわめて限定されているため，労働生産性は必ずしも学歴に準じていない。このため，学歴は労働生産性や社会的便益を示唆する道標ではなく，むしろ資格それ自体にさまざまな利益や権力の源泉が絡むことが多い。

(3) 二重政治経済（エスニシティ）論

この視点は，人的資本論の分析手法に対し，根本的な疑問を呈する。たとえば，近代セクターとインフォーマルセクターというアフリカ経済の「二重性」が賃金によって生産性を測ることの困難さ，そしてある場合においては妥当性の低さを指摘する［Samoff, 1993］。また，賃金と不平等の関係は東アフリカにおいてより複雑であり，不平等とは個人間の現象ではなく世帯あるいはより大きな集団的な現象としてとらえられる。この意味で社会は個人と集団という二重構造になっている。この集団とは，アフリカにおいては概して民族と結びついている。民族性とは民族間の差異についての信念を表現したものであり，特定の民族グループが他の民族グループより優れているといった意味合いやある種の民族的ヘゲモニーを提示する場合にしばしば使われる。これは，「規範としての我々」と「変異としての他者」という概念を示唆している［ICJ, 2000 : 13］。したがって，民族はさまざまな機会や資源を利用して特定の集団の地位を定めることを正当化するアイデンティティでもある。このような場合，民族はイデオロギー的な現象となり，権力構造を生み出し，持続させ，政治的，経済的，社会的なプロセスに大きな影響を及ぼす。

このような視点からみると，ケニアの教育と貧困を分析する際の枠組みとしては，個人主義の概念を超えた集団としての利害関心がどのように教育に浸透しているのか，を明らかにすることが重要となる。また，ケニアの二重経済構造の中で教育が個人の生産性とアウトプットにどれだけ変換されるかについても慎重に議論されなければならない。さらに，公的および私的な教育の平等な資源配分はすべてのグループに質の高い教育を保証するためには不可欠であるが，ガバナンスの欠如により阻止されることがある。

5 おわりに

以上のように，ケニアの教育と貧困との関連は，これまでの歴史的な背景を踏まえた現況では，人的資本論よりもむしろスクリーニング仮説や二重政治経済（エスニシティ）論の方がより妥当しているようにみえる。つまり，1960～70年代の教育投資はその後の経済成長，ひいては貧困削減にはつながっておらず，むしろ平均的な階層における資格としての学歴競争を過熱させ，その競争は個人や世帯間にとどまらぬ集団や民族間のものとなったのである。教育が貧困削減につながらなかった要因としては，1970年代半ばより経済成長一般が不調になったこと，1980年代の構造調整政策による教育予算の削減とコスト・シェアリングの導入，教育と労働市場とのミスマッチ，他の制度的要因があげられるが，本節ではとくに，生産性を反映していない学歴偏重の賃金格差と民族を基盤とした政治社会の権力構造の2点に注目した。

こうした視点に立つとき，今後の対策としてはまずスクリーニング仮説や二重政治経済論が示してきた教育の効果を妨げる諸要素にどう取り組むのかが出発点となろう。また，所得の多い階層や地域がより受益するという機会としての不平等が，ハランベーのもとでもコスト・シェアリングのもとでも結果的に増長されてきた。こうした過去の遺産である不平等を改善する対策が教育政策の上で求められる。この意味で2003年の初等教育無償化政策（FPE）は従来の教育政策の中でも画期的な内容を含んでいる。FPEは初等レベルの授業料を廃止し，生徒1人当たりの学校運営資金を統一単価で各学校に供与している。

これは一種の平等化政策となっており，集団や学校間の格差をコントロールしようとしている*。ただし，FPE は開始からの実施期間が短いこともあり，実際の学校現場における教育の質の格差の是正，貧困層と非貧困層の教育へのアクセスの平等性に関する事態的インパクトについては，今後さらに解明される必要がある。

＊1人当たりの教育費用が一般よりも高いと見積もられる障害児教育や遊牧民の多い（半）乾燥地域において追加的支援が行われている。また，FPE 政策の問題点として，都市部における教室の混雑化による教育の質の低下などの懸念が存在している。

引用・参考文献

西村幹子（1999）『ケニア教育分野企画調査（実業中学校）報告書』国際協力機構．

Abagi, O. and Olweya, J. (1999) *Achieving Universal Primary Education in Kenya by 2015- Where the Reality Lies: Challenges and Future Strategies* (IPAR Discussion Paper Series, DP No. 017/99). Nairobi: Institute of Policy Analysis and Research.

Appiah, E. N. and McMahon, W. W. (2002) The Social Outcomes of Education and Feedbacks on Growth in Africa, *The Journal of Development Studies*, 38 (4), 27-68.

Bahemuka, J. et al. (1998) *Poverty Revisited: Analysis and Strategies Towards Poverty Eradication in Kenya*, Nairobi: Ruaraka Printing Press Ltd, 37-53.

Bigsten, A. (1984) *Education and Income Determination in Kenya*, Hampshire and Vermont: Gower Publishing Company Ltd.

Bils, M. and Klenow, P. (2000) Does Schooling Cause Growth? *The American Economic Review*, 90 (5), 1160-1183.

Bray, M. and Lillis, K. (1988) *Community Financing of Education: Issues and Policy Implications in Less Developed Countries*, Pergamon Press.

Cheru, F. (1987) *Dependence, Underdevelopment and Unemployment in Kenya: School Leavers in a Peripheral Capitalist Political Economy*, Lanham, New York, and London: University Press of America.

Cowan, L. G. (1970) *The Cost of Learning: The Politics of Primary Education in Kenya*, New York: Teachers College.

Daniels, L., Mead, C. D., Musinga, M. (1995) *Employment and Income in Micro and Small Enterprises in Kenya, Results of a 1995 Survey*, KREP research paper no. 26, Nairobi.

Dore, R. (1976) *The Diploma Disease: Education, Qualification and Development*, London: G. Allen and Unwin.

Easterly, W. (2001) *The Elusive Quest for Growth: Economists' Adventures and Misadventures in the Tropics*, Cambridge, M. A.: MIT Press.

Eshiwani, G. S. (1989) The World Bank Document Revisited, *Comparative Education Review*, February, 116-125.

Gakuru, O. (1998) Education Inequality and Poverty in Kenya. In Bahemuka, J. et al., *Poverty Revisited: Analysis and Strategies Towards Poverty Eradication in Kenya*, 37-53, Nairobi: Ruaraka Printing Press Ltd.

Hazlewood, A., et al. (1989) *Education, Work, and Pay in East Africa*, Oxford: Clearendon Press.

International Commission of Jurists (ICJ) (2000) *The Political Economy of Ethnic Clashes in Kenya*, Nairobi: ICJ.

Institute of Economic Affairs (IEA) and Society for International Development (SID) (2001) *Kenya at the Crossroads: Research Compendium*, Nairobi: IEA & SID.

International Labour Office (1972) *Employment, Incomes and Equality: A Strategy for Increasing Productive Employment in Kenya*, Geneva: International Labour Office.

Knight, J. B. and Sabot, R. H. (1990) *Education, Productivity, and Inequality: The East African Natural Experiment*, Oxford University Press (Published for the World Bank).

Kremer, M., Moulin, S., and Namunyu, R. (2002) "Unbalanced Decentralization, Work in Progress." Unpublished paper.

Livingstone, I. (2002) Prospects for Rural Labour Force Absorption through Rural Industry, In Belshaw, D. and Livingstone, I. (Ed.), *Renewing Development in Sub-Saharan Africa: Policy, Performance and Prospects*, 248-260, London and New York: Routledge.

Miguel, T. (1999) *Ethnic Diversity and School Funding in Kenya*, Mimeo, Harvard University, November.

Mulusa, T. (1992) Pluralistic Education in Sub-Saharan Africa: An Overview, *Prospect*, 22 (2), 159-170.

Narayana, et al. (1995) *A Participatory Poverty Assessment Study-Kenya* (Report Prepared for the World Bank, Sponsored by the British ODA and UNICEF), Nairobi: World Bank.

Nishimura, M. and Orodho, J. A. (1999) Vocational and Technical Training and Employment: Designing Projects that Link Education and Vocational Training and Employment in Kenya, Japan International Cooperation Agency.

Pritchett, L. (2001) Where Has All the Education Gone? *The World Bank Economic Review*, 15 (3), 367-391.

Psacharopoulos, G. (1994) Returns to Investment in Education: A Global Update, *World Development*, 22 (9), 1325-1343.

Republic of Kenya (1992 and 1998) *Economic Survey*, Nairobi: Kenya Government

Printing Office (KGPO).

Republic of Kenya (1997) *National Development Plan 1997-2001*, Nairobi: KGPO.

Republic of Kenya, Office of the President (1999) *National Poverty Eradication Plan 1999-2015*, Nairobi: Kenya Government Printing Office.

Republic of Kenya, Ministry of Finance and Planning (2000) *Second Report on Poverty in Kenya, Volume II: Poverty and Social Indicators*, Nairobi: KGPO.

Republic of Kenya, Ministry of Education, Science and Technology (MOEST) (2004) *Sessional Paper on A Policy Framework for Education, Training and Research*, Nairobi: MOEST.

Samoff, J. (1993) The Reconstruction of Schooling in Africa, *Comparative Education Review*, 37 (2), 181-222.

Schultz, T. (1971) *Investment in Human Capital: The Role of Education and of Research*, New York: Free Press.

Singer, H. W. and Jolly, R. (2000) Poverty, employment and the Informal Sector: Some Reflections on the ILO Mission to Kenya, In Ghai, D. (Ed.), *Renewing Social and Economic Progress in Africa: Essays in Memory of Philip Ndegwa*, London and New York: Macmillan Press, Ltd. And St. Martin's Press Inc, 91-101.

Sogomo, B. K. (1999, January) *Issues on Teacher Education and Management in the 21st Century*, Paper presented at the seminar on Education for 21st Century, Nairobi, Kenya.

Spence, M. (1973) Job Market Signaling, *Quarterly Journal of Economics*, 187 (3), 355-374.

UNICEF (2002) *Kenya Multiple Indicator Cluster Survey 2000*, New York: UNICEF.

Whitehead, A. K. (1981) Screening and Education: A Theoretical and Empirical Survey, *British Review of Economic Issues*, 3 (8), Spring, 44-62.

(西村幹子)

第14章　農村小学校における複式学級の現状と課題
——日本・ネパール・ザンビアの比較事例から

　　世界中で見られる複式学級（一人の教員が複数の学年を同時に指導する学級運営形態）だが，先進国と開発途上国では事情が異なる。最も顕著な違いは，複式学級を認知しているか否かである。教育普及と公正における複式学級の高い貢献度にもかかわらず，多くの途上国において複式学級は正式に国の学校教育制度としてみなされず，きちんとした方針も政策もないことが多い。当研究は日本，ネパール，ザンビアを比較することによって，政策の取られている先進国に見られる複式学級と，あまり政策の取られていない途上国に見られる複式学級の現状の違いを明確にすることを目的とする。教員の複式学級に対する認識と責任を軸にして，先行文献による国際的な複式学級の現状の多様性を標準類型とし，それに照らし合わせながら日本における複式学級とネパール及びザンビアにおける複式学級の現状を比較した。その結果，途上国一般に比べて政策の取られている日本ではプラスの多様性が見られ，あまり政策の取られていないネパールではマイナスの多様性が見られた。

1　はじめに

　1990年にタイのジョムチエンにおいて開催された「EFA（万人のための教育）世界会議」そして2000年にセネガルで開催された「世界教育フォーラム」において国際的に認められるようになったEFAの理念によって，それまでの小学校中心の基礎教育の概念は拡大された。基礎教育は，人種，性別，階級等を超越したすべての人が，公的な学校教育の他に就学前教育，職業教育，成人教育，ノンフォーマル教育等より幅広い教育の機会を得るべく，「基本的人権としての教育を受ける権利」という理念として広く認められるようになった[北村，2005]。同時に基礎教育を受けることは個人の基本的人権であるだけで

はなく，人的資本を構築して社会に社会経済や文化的な発展をもたらし，貧困削減の有効な手段となり，さらには平和で安定した世界を構築するための基礎となる［国際協力事業団，2002］。1992年の「教育援助の基本方針」は教育援助の増大と基礎教育最重視，相手国の教育開発全体を視野に入れた教育協力を謳っている。これらを始めとした議論の場を通じて構築された世界の教育に対する合意は，地球上の全ての人に質の高い基礎教育を受ける機会を保障することが，地球市民が取り組むべきグローバルイシューであるということを確認させた。

　これを受けた国際社会や各国家の努力により，近年急速に初等教育の普及は拡大してきた。2005年度（推定）の初等教育における純就学率（NER）は，太平洋・東アジアは93％である。同様に欧州・中央アジアは91％，中南米が95％，中東・北アフリカが90％，南アジアでは86％，サブサハラアフリカでNER66％である［World Bank, 2006］。このように世界のほとんどの地域が9割程度の初等教育普及率という順調な伸びを見せている一方，サブサハラアフリカにおいては初等教育の純就学率や識字率がいまだ60％程度と低迷し，ミレニアム開発目標の達成が危ぶまれている国が多い。

　初等教育の普遍化において，残りの取り残された子どもたちへの質の高い教育の普及が課題だが，その多くは都市から離れた僻地，過疎地，山間地，離島など政策や交通等がアクセスしにくい辺境の地に住む住人，農村や都市スラムの貧困層，点在する少数民族コミュニティ，近代学校教育制度に伝統的な生活形態が馴染まない遊牧民等，限られた条件の中では通学の優先順位が低い女子児童等もっとも社会的に弱い立場の子どもたちである。そのような子どもたちが通う学校は，複式学級編成されていることが多い。複式学級とは，一人の教員が複数の学年を同時に指導する学級運営形態である。多くの場合これらの人々にとって，複式学級校は唯一の教育へのアクセスとなっていて，各国における複式学級を含む小学校数は想像されるよりも高い［Berry, 2001］。たとえば，1998年におけるインドの小学校の62.03％は複式である［Warnalekha, 1999］。1998年，ペルーでは78％［Hargreaves et al., 2001］，1999年スリランカでは63％である［Little, 2001］。

　このように，初等教育の普遍的普及のために複式学級の果たすことのできる

役割は大きい。そのため複式学級に対する支援や援助が導入されていることがしばしばあるが，複式学級は途上国に限らず世界中で見られるので，その支援は各国の経験に基づくことが多い。しかし先進国と途上国ではそのニーズが異なるのではないかという点が本章の問題意識である。

なぜ先進国と途上国ではそのニーズが異なるのかというと，先進国と途上国では複式学級の背景が異なるからである。まず，先進国では複式学級の要因は少子化や過疎等における児童数の減少等，教育の需要側の問題である。それに対して，途上国では教室や教員不足など教育の供給側の問題であるので，教育の質の確保はより困難である。

次に，先進国では特別な政策や方針がある場合が多く，法律や補助金に支えられているのに対して，途上国の多くでは現場の教員や児童のニーズについて考慮されていない場合が多い。それは，世界の教育制度のほとんどは学年制を用いており，単式学級の運営が前提とされるからである [Little, 2001]。そのため複式学級は正式に国の学校教育制度としてみなされず，応急処置的な一時しのぎであるとみなされることが多いので，特別な政策や支援がない場合が多い [鈴木, 2009]。その結果，研究，カリキュラム，評価，奨学金，指導要領，情報ネットワークなどにおいて，複式学級はたいてい含まれていない [Little, 2001]。また，複式学級教員は特別な支援を受けず，必要な教員訓練も受けていないことも多い [Rowley and Nelson, 1997]。その結果，教員は単式制度（学年別指導の教員養成，学年別教科書，学年別学級編成等）と自らの現実である複式学級（同時に複数の学年を教える）の狭間で，どうすればいいのかわからないまま一人で立ち向かわなければならないのである。だから教員は独自の判断でそれぞれ学級運営をする [Wright, 2000]。その結果，直面する複式学級に教員一人一人が各自対応することになり，学級運営方法は多様化しがちである。

このように途上国における複式学級の現状は多様な上，教育の供給側の整備が求められるので，そのニーズも多様化していると考えられる。そこで本章では，それぞれの複式学級のニーズを探る手がかりとして，先進国の事例としての日本と，途上国の事例としてのネパール・ザンビアを比較することによって，政策の取られている先進国に見られる複式学級と，あまり政策の取られていな

い途上国に見られる複式学級の現状の違いを明確にすることを試みる。

本章では，まず先行文献による途上国における複式学級の現状の多様性について描写する。次に日本，ネパール，ザンビアの複式学級の現状をそれぞれ描写する。その調査方法は文献調査と共に，日本の愛知県東賀茂郡（調査当時）と長野県下伊那郡，ネパールのヌワコット郡とカブレ郡，ザンビアの中央州チボンボ郡とセレンジェ郡において実施された現地調査による事例研究に基づく。これらの地域の複式学級の運営状況について，教員に対して聞き取り調査及び質問票調査を行うとともに，授業観察を行った。これらの結果に基づき，日本，ネパール，ザンビアの複式学級の現状をそれぞれ類型化し，途上国に関する先行文献に基づく類型を標準として照らし合わせながら，日本，ネパール，ザンビアの事例類型を比較することによって，先進国と途上国における複式学級の現状と課題について考察する。

2　途上国における複式学級の現状

教育政策において複式学級に関する方針を明確に打ち出している途上国は非常に少ない［鈴木，2009］。このような状況において複式学級が正式に認識されることが少ないため，あまり資料が残されていないが，Lally［1995］と Little［2001］は複式学級の現状を「多学年混合学級」と「学年別学級」の2種類に分類している。前者は複式の学年から成る複式学級をひとつの混合学級として捉え，履修する児童全員に対して一斉に教授する。後者は複式学級に含まれる複数学年を学年別に分けて指導する方法である。

混合一斉授業にする場合，音楽，体育，図工のような，段階を踏まなくともある程度一緒に行うことができる科目が多いようである。ボリビアの2つの学校では，伝統文化，フォークダンス，民謡は一斉授業，その他の科目は学年ごとに別々に指導されていた［Suzuki, 2004］。ベトナムでも体育が一斉授業で行われている［Aikman and Pridmore, 2001］。タイでも，混合学級で同一科目を一斉授業することがあり，場合によっては能力別に小グループが形成される［Yeerong, 1989］。ベリーズでも，多くの教員が算数や国語は学年ごとに別々に

指導するが，社会や理科は一斉授業をしていると1993年の調査が報告している [Nielsen et al., 1993]。フィリピンでも，国語，英語，算数は学年別だが，音楽や図工は一斉授業が報告されている [Miguel and Barsaga, 1997]。

しかし事例をいくつか調べてみると，学年別に指導する場合，主体クラス（直接指導）とサブクラス（自習）に分けて，主体クラスを中心に教授するというケースだけではないようである。メキシコのある農村の複式学級では，教員は最初の数分間に学年Aに説明をした後，練習問題等自習課題を与え，学年Bの指導を数分間する。最後に自習課題を与えて，学年Aに戻り，答え合わせ等を行い，その後学年Bに戻る。学年Cが存在する場合は，A，B，Cと巡回する。これを時間中に可能な限りコンスタントに繰り返す [Tatto, 1999]。ベトナム北部のP.N.小学校でも，1つの教室の四方の壁にそれぞれ黒板があり，児童はそれぞれ学年別に壁の方を向いて座っていて，1時限中に教員が順番に1学年数分ずつ回って，課題を与えて自習させて一巡した後，もとの学年にもどり監督や答え合わせを行う。1時限の間に教員は2年生を3回，3年生を2回巡回した [Aikman and Pridmore, 2001]。同様にベトナム南部の学校の3-4学年の複式学級において，1時限の間に各学年3回ずつ教員が巡回したと報告されている [Thanh and Le, 2000]。

以上のことから，途上国における複式学級の運営方法には大きく分けて(1)一斉授業，(2)直接指導と自習，(3)巡回指導の3つの傾向が見られることがわかる（表14-1）。すなわち「一斉授業」は複式の学年から成る複式学級をひとつの混合学級として捉え，児童全員に対して一斉に教授する方法である。混合にする場合，音楽，体育，図工のような，段階を踏まなくともある程度一緒に行うことができる科目が多く，混合学級内における学年の異なる児童に対する差別化は，たいていの場合見られない。「直接指導と自習」は複式学級を学年別に指

表14-1 途上国における複式学級運営の類型

	指導の形態	学級の運営方法
1	一斉授業	教員が学級全体を一つの混合学級として直接同時に指導
2	学年別（直接指導と自習）	1学年は直接指導，他学年は自習
3	学年別（巡回指導）	1時限中に異なる学年を交互に数回ずつ巡回指導

導する方法で，ひとつの学年は教員が直接指導するが，他の学年は自習させる。日にちや授業内容によって，直接指導を受ける学年が異なる。初めて習う単元や説明を要する内容は教員が直接指導し，練習問題や復習のような独力でできるものは自習させる。「巡回指導」も複式学級を学年別に指導する方法だが，学年ごとの指導量を差別化せずに，直接指導時間と自習時間を平等に分配する。1時限中に，異なる学年から成る複数グループを交互に数回ずつ巡回指導するものである。例えば，最初の数分間に学年Aに説明をした後，練習問題等自習課題を与え，学年Bの指導を数分間する。最後に自習課題を与えて，学年Aに戻り，答え合わせ等を行い，その後学年Bに戻る。これを時間中に可能な限り繰り返し，異なる学年から成る複数グループを交互に数回ずつ巡回指導するのである。

3　日本の複式学級

　2006年度，日本の小学校数は2万2,878校であるが，その1割強にあたる2,406校は複式学級を含む学校で，そのうち849校は複式学級だけで構成される学校である［文部科学省，2006］。複式学級の存在しない都道府県はひとつもなく，全国の複式学級数は6,420学級に上る。最も多いのは北海道の1,134学級，次いで鹿児島県の529学級，三位は岩手県の311学級である。岩手県の435小学校のうち，34.8％に当たる151校が複式学級をもつ学校である。首都圏・関西圏も例外ではなく，東京都に19学級，大阪府で22学級の複式学級が存在する。日本の複式学級のほとんどは連続する2学年で1学級が構成されているが，中には3学年，4学年で構成される学級も存在する。2005年度までは，6学年で1学級を構成する学校も1校だけ存在した。事例調査を実施した2007年度の長野県では71学級，愛知県には457の複式学級が編成されていた［文部科学省，2007］。このように，日本においても，複式学級は僻地教育において重要な役割を果たしている。

　日本では政策として，僻地手当や助成といった側面支援や研究会や複式用の授業計画等，積極的な対応がとられている。まず文部科学省は全国の複式学級

数を把握している。その上で各自治体は，複式学級用にカリキュラムの再編成や僻地手当の交付など特別の教育学的施策を講じたり，スクールバスを運行するなど運営面で工夫したり，あるいは統廃合などで複式学級を解消したりして，何らかの方針と対策をとっている。茨城大学教育学部附属小学校では，あえて複式学級を設けて教育研究を行っている。現実的に存在する複式への対応だけにとどまらず，自主的な学習の習慣，グループ学習による協調性，各自のペースによる学習，インターネットの活用等を通じて，人間力をつける先端的な教育になる可能性も秘めた教育学的手法として，複式学級を捉えているのである。日本だけではなく，たとえば英国でも年齢と能力が必ずしも比例しない，従って学年別が必ずしも学習に最適なグルーピングではないという概念の下，年齢別の輪割りの学級編成ではなく，あえて年齢に関係なく様々な分野の能力別の縦割りの「Vertical class」によって学級編成をする試みがなされている。この背景の下，学年に関係なく，独自に学習を進める日本の「公文式」が注目を集めている。

　日本の複式学級の主な要因は，主に少子化や過疎化などによって，1学級あたりの児童数が少ないことである。国が定める学級編成基準に照らし合わせ，児童数が著しく少ない等特別の場合は，複数学年の児童を一学級に編成することができる。「公立義務教育諸学校の学級編成および教職員定数の標準に関する法律第3条（昭和33年法律第116号）」によると，「小学校では，2の学年の児童数の合計が16人以下の場合1学級編成とする。ただし，第1学年の児童を含む学級にあっては8人以下を1学級編成とする」と定められている。しかし複式学級の編成基準は，各都道府県教育委員会によって学級編成の基準を設定することが可能なので，この法律に準拠している都道府県もあれば，各地方の状況に応じた学級編成基準を設けている地方もある。また，個別の学校の事情に応じることができるように，市町村別の教職員定数等の範囲内で，学級編成の弾力的運用が認められている。愛知県では18人以下の場合1学級編成とし，第一学年の児童を含む学級は7人以下を1学級編成と設定している［鈴木，1999］。また長野県では9人以下の場合1学級編成とし，第1学年の児童を含む学級は4人以下を1学級編成と設定している（聞き取り結果，2008）。

北海道立教育研究所と北海道教育大学［2001］によると，複式学級における学習指導の方法は主に3つの類型に分類される。ひとつめは，同じ科目・単元を同時に複数学年の児童の指導する「同単元指導」である。「同単元指導」には「同内容指導」と「類似内容指導」が含まれる。「同内容指導」は，学年別カリキュラムを2年毎に再編成したり，類似単元を組み合わせたりするなどして，同じ単元を対象に複数学年の児童の既習事項の習得状況の違いや発達段階を踏まえながらも同時に学習活動を行うものである。「類似内容指導」はたとえば割り算という単元でも，学年によって小数と分数のようにそれぞれの学年の学習対象に差別化を行い，異なる段階の学習活動を行うものである。この指導法は，共通の指導場面を設定することによって複式学級の一体感が出る他，協力的な学習の場を設定しやすいという長所がある。しかし一方で，カリキュラムの再編成や計画案において同単元あるいは類似単元を組み合わせるという事前準備が求められる。

　ふたつめは，学級の枠を越えて複数学級の児童が一緒に学習する「合同学習」である。これは，主に体育のボール運動や音楽の合唱や楽器合奏などある程度の集団を必要とする学習活動に用いられる。学級ごとに楽器のパート練習を行い，合同で合奏する場合もあれば，ボール競技において両チームの力量の差を同等にしながら学年混合のチームを編成し，対戦することもできる。既習の差や発達段階をあまり考慮しなくて済むので，比較的容易で，かつ一体感が出せる手法といえる。

　みっつめは，それぞれの学年に別々の異なる科目・単元を指導する「学年別指導」である。教師が一方の学年に直接指導している間は，他の学年はリーダーを中心に自主的に自習（間接指導）をするというものである。教員は個別に学習活動をしている複数学年を同時に指導しなければならないので，直接指導と間接指導の間に学年間を交互に移動することになる。この教師の移動を「わたり」と呼ぶ。それぞれの学年は，直接指導と間接指導の順番によって，学習の問題把握，解決努力，定着，習熟・応用の順番がずれていく。この学習過程の各段階をずらして組み合わせることを「ずらし」と呼ぶ。

　「わたり」は大きく3つの類型に分けられる［士別市立中士別小学校，2001］。ま

表 14-2　日本における複式学級運営の類型

	指導の形態	学級の運営方法
1	同単元指導	同じ単元を発達段階に合わせながら複数学年同時に指導
2	合同学習	教員が学級全体を1つの混合学級として直接同時に指導
3	学年別指導 （頻繁にわたり）	1時限中に異なる学年を交互に数回ずつ巡回指導
4	学年別指導 （交互にわたり）	1時限中に異なる学年を交互に1回ずつ巡回指導
5	学年別指導 （1学年に重点）	1学年は直接指導，他学年は自習

す，児童の状況を見ながら必要に応じて柔軟に回数を固定せずに行う「わたり」である。次に，問題把握，解決努力，定着，習熟・応用の4つの順番に計画された「わたり」である。最後に，ひとつの学年に直接指導の重点を置き，他の学年は授業の大半を自習する重点的な「わたり」である。これらの分類を踏まえると，日本には大きく分けて5つの運営方法が存在することになる（表14-2）。

今回の調査で訪れた長野県B村の小学校の5，6学年の体育の授業は「合同学習」により「同単元指導」であった。教員が5年生担任，6年生担任の2名いること以外は，複式学級の合同学習と同様の形態である。児童数は5年生3名（男子1，女子2），6年生7名（男子1，女子6）の計10名（男子2，女子8）で，5名ずつに分かれて，ボール競技の対戦を行った。チーム編成は，単元のはじめの方は教師が男女差や能力差に応じて均等になるよう編成していたが，後半は6年生の2人をキャプテンとして任命し，空間ポジショニング，足の速さ，根性などを考慮して，児童たちが自主的に決めた。授業観察を行った日の成績は，1勝3敗1引き分けだったが，教員によると，指導の上で気になるのは学年差よりも各人の身体能力の差という。たしかに傍から見ている限り，どの子がどの学年かは不明である。単元は5，6年生で10コマで，2年サイクルで回ってくる。国語や算数と違って，既習内容にあまりかかわらないので，児童にとって学年差があまり影響しない手法であるとともに，教師にとって負担が最も軽い授業形態であるといえる。

4　ネパールの複式学級

　ネパールの複式学級の主な要因は，教員あるいは教室不足などの本来はあるべきものが不足している点である［CERID, 1988］。したがってこれは一時的な問題で，緊急的な一時的処置としてみなされているので，複式学級はあまり認識されておらず，その実情も把握されていない。そのため，ネパールの国家政策において，複式学級は正式に明記されていない。正確な統計も出ておらず，複式学級を教育学的に捉えた包括的な戦略も実施されていない。しかし現実的にネパール全小学校（1 - 5 学年）の学校あたり平均教員数は3.8人（1998）であり，実質的な複式学級数は相当な数に及ぶことが推測される。2000年ヌワコット郡の小学校の94.6％，2001年カブレ郡の84.71％が複式学級であった［鈴木, 2009］。

　この現状に対応するために，短期の現職教員訓練等対策が実施されている。ネパールの複式学級における学習指導法として，複式学級の小学校8校を対象にした調査を通して，「一斉授業」「直接指導と自習学習」と並んで「1学年ずつ交代で順番に教員が巡回指導」が報告されている［CERID, 1988］。2000年に実施した調査では，設備，組み合わせる学年のコンビネーション，席の形態などによって，各学校・学級によってまちまちであったが，大きく5つのパターンに分類することができた［鈴木, 2009］。理解しやすいように図を示しながら説明するが，比較しやすいように，ここでは2学年を対象とした複式学級の場合を図説する（図14-1）。

　まず第一パターンは，教員が順番にひとクラスずつ授業を行う方法である。たとえば，その学校の5学年に対して教員が4名の場合，1時限目に各教員が1年生から4年生までひとりずつ担当し，5年生は待機となる。この場合5年生に対して自習課題が与えられることはまれで，自習時間というより放置された状態となる。2時限目に各教員は対象学年を変え，各自2年生から5年生まで教授し，その間1年生が待機時間となる。これが順番に続いていく。このようにして毎時限余剰学年を待機させておくことで，1時限中に授業をする学年

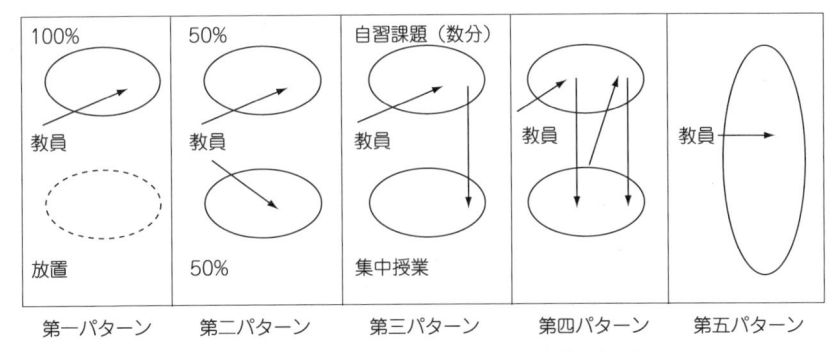

図14-1 ネパールにおける複式学級運営の類型

の数を教員の数とそろえ，1学年1教員1教室の状態を作り出すことによって，単式授業を実施しているのである。

　第二パターンでは，教員は1時限を等分に前半と後半の二部に分け，1学年ずつ順番に教授する。たとえば1時限が40分の場合，最初の20分は1学年を対象に教授し，もう1学年は待機する。多くの場合，自習課題は与えられない。20分後，最初の学年の授業を終え，次の学年の指導に当たる。最初に指導を受けた学学年は自主学習課題を与えられないが，授業の最後に宿題が出るため，この待機時間に宿題に取りかかる子どももいる。しかし，やるかやらないかは各児童の主体性による。このパターンでは，2学年が異次元の時間をシェアするため，各学年の授業時間は半減する。

　第三パターンは，「複式学級」対象の学年をメインクラスとサブクラスに分け，まず1時限の最初の約5分にサブクラスに行き，自習課題を与える。そしてメインクラスにいき，授業を行う。時限の最後にサブクラスに戻り，自習課題の点検を行う場合が多い。メインとサブクラスの切り替えは，科目や単元によって入れ代わる。単元最初の説明を要する内容の学年や科目がサブクラスとなり，練習問題や応用問題など自主的に取り組むことが可能な場合はサブクラスとなる。

　第四パターンは，教員は「複式学級」の学年の教室を数回往復して，交互に教授する。たとえば，最初の5分間，1学年に授業内容の説明を行い，練習問題を与えた後，次の学年の教室に向かう。そこで5-10分授業を行い，練習問

題を与えてから，最初の学年に戻り，授業を再開する。数分後再び練習問題を与えて，次の学年で授業をする。これを1時限の間に数回繰り返す。

第五パターンは，学年別にクラスを分けず，2学年を1つの混合クラスとして同時に単一内容を一斉授業する。音楽や体育などの科目に採用されることが多い。

5　ザンビアの複式学級

1984年の文献によると，ザンビアの複式学級は26％であった［Lungwangwa, 1989］。しかし2008年度の中央州はチボンボ郡70.26％，セレンジェ郡80.33％であった（2009年度統計から筆者計算）。EFAや小学校無償化等の政策の影響もあって，小学校，特にコミュニティスクールの数が増えたため，複式学級の数も大きく伸びたと推測される。

ザンビアの複式学級の要因も，主に教員不足や教室不足による。ザンビアでは政策として，1980年代から複式学級モデル校を設置したり，マニュアル等の作成や現職教員訓練を実施したりしている。（聞き取り結果，2008）。一部の州だけで部分的に実施されていた複式学級に関する現職教員訓練は，2009年度から全国展開されるようになった。

ザンビアの複式学級における学習指導法は，3つの学級運営が報告されている［Lungwangwa, 1989］。ひとつめは「共通時間割」で，全学年の児童は同じ科目を学習するが，別々の異なる課題に取り組む。これは日本の「同単元指導」の中の「類似内容指導」に値する。ふたつめは「科目別グループ」で，音楽，図工，宗教，社会は複式学級全体をひとつのグループとみなし，一斉授業をする。先述の日本の「合同学習」及びネパールの「第五パターン」と同様である。みっつめは「科目別指導」で，各学年の児童は，異なる科目を別々に学習する。教員は異なる学年間を行ったり来たり巡回指導する。これはネパールの「第三パターン」あるいは「第四パターン」と同様である。

2009年度から全国展開されている現職教員訓練には4つのモデルが提示されている［Shiaka, 2001］。新しく改定された教員訓練マニュアルでは上記の「共

第 14 章　農村小学校における複式学級の現状と課題　207

表14-3　ザンビアにおける複式学級運営の類型

	ザンビアの理想	ザンビアの現状
総合学習	○	
共通時間制（同単元指導）	○	
科目別グループ（合同学習）	○	○
科目別指導（頻繁にわたり／交互にわたり）	○	○
科目別指導（1学年に重点）		
1時限を二分		○

通時間」「科目別グループ」「科目別指導」に加えて「総合学習」が導入されている。これは課外学習あるいはオープンディアプローチと称され，児童が自主的に学びたい科目等を選択し，児童が主体性を持って学ぶ日である。したがって，ザンビアではこの4つのモデルが理想的な複式学級の運営手法として分類される（表14-3左列）。

しかし実際に観察した複式授業では，その理想とは少し異なる現状が見られた（2009年調査）。モデルスクールにおける訓練のマスタートレーナーによるデモ授業は「共通時間割」と「科目別グループ」であったが，中央州で訪問した他の4校の教室の教員の授業では，「科目別グループ（合同学習）」「科目別指導（頻繁にわたり）」「科目別指導（交互にわたり）」の他，マニュアルにはない「1時限を二分」して授業の半分は児童を放置する状態が見られた。また「科目別グループ（合同学習）」は音楽や体育等の科目だけではなく，社会や英語等習得段階を踏まえなければならない科目でも見られた。すなわち，複式学級が対象であるにもかかわらず，そのまま単式として授業をしているということである。また「総合学習」は他のモデルと構造が異なり，特別な設備や技能が必要となるため実現は難しいと推測される。したがって，実際の複式学級の現状は表14-3の右列のような分類となる。

6　日本・ネパール・ザンビアの複式学級の比較

日本とネパールとザンビアの複式学級運営手法の類型を専攻文献による標準

表14-4　ザンビア・ネパール・日本における複式学級運営の類型の比較

		ザンビア理想	ザンビア現状	ネパール	日本	途上国の動向
A	総合学習	○				
B	同単元指導	○			○	
C	合同学習	○	○	○	○	○
D	学年別指導（頻繁にわたり／交互にわたり）	○	○	○	○	○
E	学年別指導（1学年に重点）		○	○	○	○
F	1時限を二分		○	○		
G	全授業時間を学年数で分配			○		

モデルに照らし合わせたものが表14-4である。先行文献，日本，ネパール，ザンビアの複式学級の運営手法モデルは，全部で「総合学習」「同単元指導」「合同学習」「学年別（頻繁にわたり）」「学年別指導（交互わたり）」「学年別指導（1学年に重点）」「1時限を二分」「全授業時間を学年数で分配」の8種類に分類できた。いくつかの項目は，複数の国に関して文献の中で取り上げられたり，授業観察で観察されたりした。表14-4はそれぞれのモデルがどの国で見られたかを示している。表右から，先行文献による途上国の動向では3通り，日本では4通り，ネパールの授業観察等で見られた教室の現状は5通り，ザンビアの教員訓練マニュアル等で見られる理想の手法は4通り，授業観察等で見られた教室の現状は4通りであった。

　国際的動向に関する先行文献の3類型「合同学習」，「学年別（交互あるいは頻繁にわたり）」，「学年別（一学年に重点）」は3カ国ともで共通して見られた。一方，各国の傾向を個別に見てみると，先行文献による途上国の動向（C，D，E）を基準とした場合，この3つに比べて日本は表の上方（B）に広がりを見せている。一方，ネパールやザンビアの現状は表の下方（F，G）に広がりを見せている。これはどのような意味を持つのだろうか。

　これらの学級運営手法の違いは，教員のとる指導手法によるので，教員の複式学級に対する責任感の程度の差によって表れるのだと推測されるが，類型化された複式学級の運営法と教員の責任の度合いの関係をまとめたものが表14-5である。

表 14-5　複式学級運営の特徴と複式学級の多様性

複式学級運営の特徴	「複式学級」の認識	同時に複数学年を担当している認識	同時に複数学年を教授する責任	同時に複数学年を学年のレベルに応じて教授する責任
A, B	○	○	○	○
C, D	○	○	○	
E	○	○		
F	○			
G				

　表14-4のGでは児童は異なる教室に学年別に配置されており，教員は順番に一学年ずつ指導するので，この学校には「複式学級」と認定されるべきクラスは存在しない。したがって教員にはひとつの時限に1学年を担当しているという認識しかなく，複式授業をしているという認識はまったくない。教員には待機学年を担当しているという認識がないので，待機学年の児童には責任を持っていない。したがってその待機学年の児童に自習課題を与える責任を持っていない。結果としてその学年の児童は自分たちの順番が来るまでじっと待たなければならないということになり，その学年の同時指導責任は果たせていない。

　Fでは教室数が学年数に足りず，2学年以上が同じ教室に配置されているケースで，物質的に「同じ教室という空間領域にいる複数の学年」として「複式学級」は認識されている。したがって担当教員は自分が，複数の学年を同時に担当しているという認識がある。しかしその時限という時間を二分割することによっておのおの単式授業を行っており，待っている学年に対して自習課題を与えないことから，同時に2学年を教授しなければならないという責任は欠落している。したがって複数学年の同時指導責任は果たせていない。

　Eでは「複式学級」をメインとサブクラスという形で認識しており，サブクラスに自習課題を与えることで，2学年以上を同時に担当するという責任は認識している。しかし課題を与えるというところで意識は止まっており，自習課題の量と内容が不十分であるため，1時限全部をカバーしきれず，実際には2クラスの同時指導責任を果たせていない。

　Dでは「複式学級」と認識された学年を同一時限に交互に数回教室を巡回することで，担当すべき複数学年の指導をしている。頻繁にわたりを行う場合は，

数分という短い時間単位で交互に指導するため、交互にわたりよりも自習時間の有効利用が可能になっている。わたりの結果、複数の学年の児童の学習時間の犠牲が最小限になり、教員は同時指導の責任を果たしている。

Cでは「複式学級」と認識された複数の学年をひとつにまとめ、同じ教室において授業がされている。教員はその複数学年すべての児童を担当しており、同時に指導している。同時に一斉授業がされているので全ての児童に自習時間がなく、教員は同時指導の責任を果たしている。

A、BはCと同様に同じ教室において一斉に授業がされているが、レベル別に異なる指導や課題が取り入れられているので、授業内容にさらにきめ細かい配所がされている。基本的に全ての児童に学習時間の無駄がなく、教員は同時指導の責任を果たしている。

表14-4で示された特徴と教員の複式学級に対する配慮や責任の程度を図式化したものが図14-2である。教員の複式学級に対する責任と配慮は、GからAにかけてはしごのように順番に上がっていく。Gでは「複式学級」の認識さえされていない。Fでは認識はされているものの、その認識された複数学年を同時に担当しているという責任の認識はない。E以降では、「複式学級」の認識も同時指導の責任も認識はしているが、よほどの配慮がない限り、結果として同時指導しきれていない。それに比べてCとDは、その時限内での複数学年の同

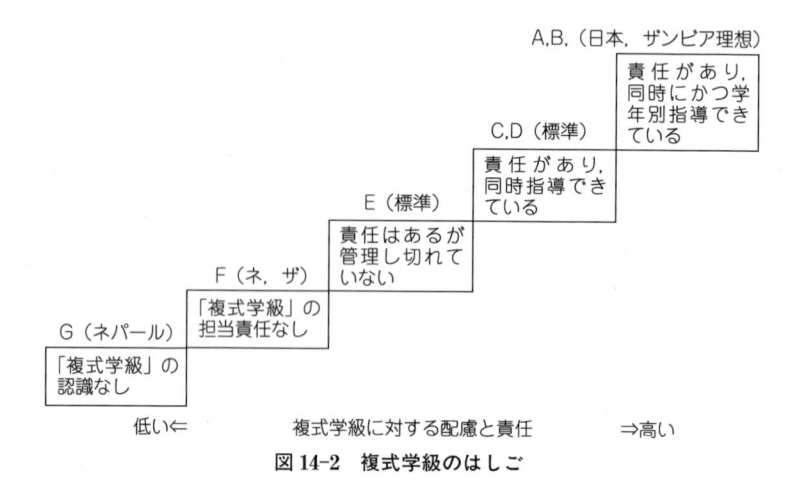

図14-2 複式学級のはしご

時指導ができている。さらにA，Bでは，同時指導が可能になっていると同時に各学級への個別対応も可能にしている。Cも同時に1学級として指導するが，科目が限定される他，単式と同等化することにより，各学年への個別対応はとりにくくなる。このように，GからAにかけて複式学級に対する認識，責任，配慮が上昇していくのである。

　図14-2の中間の3つ（C，D，E）が途上国における複式学級の標準類型だとすると，日本のBは，はしごの上方に位置するので，標準よりもさらに日本の教室における教員は複式学級に対して深い配慮と責任感が伴う傾向にあることがわかる。一方，標準よりもはしごの下方に分布が伸びているネパール・ザンビア（F，G）は，標準よりもさらに教室における教員の複式学級に対する認識や責任が乏しい傾向にあるといえる。すなわち，途上国一般に比べて，政策の取られている日本（先進国）ではプラスの多様性が見られ，あまり政策の取られていないネパールやザンビア（途上国）ではマイナスの多様性が見られるということである。

　教員の責任感と同時に，はしごの上昇に伴って児童の何もしないで待っている時間は減少する。単式学級に比べて，複式学級の問題点は，児童の学習時間のロスである。先にみたように，Gでは，犠牲になる学年が1時限の学習時間をまるまる無駄にすることになる。Fでは1時限の半分の学習時間が無駄になる。Eでは，与えられた自習課題の量と質および各児童のそれをこなす時間によるが，1時限すべての学習時間として有効に利用できていることはあまりない。Dでは，教員が決め細やかな指導をおこなっているため，学習時間の無駄は比較的少ない。Cでは，一斉授業なので，単式学級と比べて学習時間においてまったく引けをとらない。Bは，科目に限定されず，合同学習の中でも，各学年の差を考慮した個別指導が可能となるため，時間の無駄を省くだけではなく教育の質を上げる可能性もある。

7　おわりに

　世界中で見られる複式学級だが，先進国と開発途上国では事情が異なる。そ

のもっとも顕著な違いは，複式学級を認知しているか否かである。教育普及と公正における複式学級の高い貢献度にもかかわらず，多くの途上国において複式学級は，正式に国の学校教育制度としてみなされず，きちんとした方針も政策もないことが多い。これが途上国における複式学級の問題の本質である。本章では，その問題がどのような結果を教室にもたらしているかを明らかにするために，特別な政策の取られている先進国に見られる複式学級と，あまり政策の取られていない途上国に見られる複式学級の現状の違いを浮き彫りにすることを目的とした。そのために，先行文献から得た途上国の複式学級の現状の多様性を標準類型とし，それに照らし合わせながら，事例として日本における複式学級の現状とネパール及びザンビアの教室における複式学級の現状を教員の複式学級に対する認識と責任を軸にして比較した。その結果，途上国一般に比べて政策の取られている日本ではプラスの多様性が見られ，あまり特別な政策の行き届いていないネパール・ザンビアではマイナスの多様性が見られた。

　一部の教員は複式学級を受け持っているという認識すらない。このような状況において，標準類型を想定した教員訓練や教材などの教育政策は，標準よりも複式学級に対する認識の低い受益者のニーズに合っておらず，その成果を上げることは困難だろう。したがって複式学級の対策は，この多様性，特にマイナス方向への多様性をしっかり認識し，F，Gの教員がA・B方向に向かってや認識や責任感を向上させる方策を練る必要がある。

　また，単式学級に比べて複式学級の問題点は，児童の学習時間のロスである。はしごの上昇に伴って学習時間が増加するので，教員の意識をはしごにそって向上させることは，時間の無駄を省くだけではなく，教育の質を上げる可能性もある。児童の学習時間が教育の質と結果を定める大きな要因である［Lockheed et al., 1991］ことを考慮すれば，複式学級の現状，特にF，Gの現状をはしごに沿って向上させることが重要だろう。

　はしごを基にそれぞれの欠けている部分を補っていけば，児童の学習時間増加や教室における教育の質の向上につながる可能性がある。例えば「複式学級の担当責任認識はあるが手法がわからない」教員に対して自習課題の作成法や教授法の導入は効果的であろう。しかし「複式学級を受け持っている自覚な

い」教員に同じものを導入しても，必然性を感じていないので有効利用はされないかもしれない。この段階では，まず教員自身が複式学級を担当していることを認識することが重要になる。このように複式学級の対策は，マイナス方向への多様性をしっかり認識し，それぞれのニーズに応じた方策を練る必要があろう。

引用・参考文献

北村友人（2005）「教育学からのアプローチ」黒田一雄・横関裕見子編『国際教育開発論』有斐閣．

国際協力事業団（2002）「開発課題に対する効果的アプローチ：基礎教育」．

士別市立中士別小学校（2001）『複式教育の手引き（基礎編）――児童に確かな学力を育成し教師としても成長できるへき地・複式教育のために』士別市立中士別小学校．

鈴木隆子（1999）「僻地における小規模校経営についての一考察」『1997-1998年度国内実地研修報告書』名古屋大学大学院国際開発研究科．

鈴木隆子（2009）「ネパールの小学校における複式学級の現状――万人のための教育（EFA）を目指して」『アジア教育研究報告』第9号，京都大学大学院教育学研究科比較教育学研究室．

北海道立教育研究所，北海道教育大学（2001）『複式学級における学習指導の在り方～はじめて複式学級を担任する先生へ～』北海道リハビリー．

文部科学省（2006）「3種類型別学級数」『学校基本調査平成18年度初等中等教育機関 専修学校・各種学校編 統計表一覧』http://www.mext.go.jp/b_menu/toukei/（2008年4月16日）．

文部科学省（2007）「編成方式別学級数（2-2）」『学校基本調査平成19年度初等中等教育機関 専修学校・各種学校編 統計表一覧』．http://www.mext.go.jp/b_menu/toukei/001/08010901/003.htm（2008年8月21日）

Aikman, S. and Pridmore, P. (2001), 'Multigrade schooling in' remote' areas of Vietnam'. *International Journal of Educational Development, 21*, 521-536.

Berry, C. (2001), *Achievement effects of multigrade and monograde schools in the Turks and Caicos Islands*. Unpublished PhD thesis, Institute of Education, University of London, London.

CERID (Research Centre for Educational Innovation and Development). (1988), *Multigrade teaching in primary schools of Nepal (part1-3)*. Kathmandu: Tribhuvan University.

DEO (District Education Office) Kavre. (2001), *Educational Destination 2058*. Dhulikhel: DEO.

DEO (District Education Office) Nuwakot. (2000a), *School Leaving Certificate Exami-*

nation Nuwakot: At a Glance. Bidur, Nuwakot: DEO.
DEO (District Education Office) Nuwakot. (2000b), *Teacher Selected Form 2000*. Bidur, Nuwakot: DEO.
Hargreaves, E., Montero, C., Chau, N., Sibli, M. and Thanh, T. (2001), 'Multigrade teaching in Peru, Sri Lanka and Vietnam: an overview'. *International journal of educational development*, 21, 499-520.
Lally, M. (1995), 'Multigrade teaching: Bangladesh, Cambodia, China, Laos, Myanmar, Papua New Guinea, The Philippines and Viet Nam') (ed.), *Managing schools for better quality: multigrade teaching and school clusters* (pp. 33-52). Bangkok: PROAP (Principal Regional Offices for Asia and the Pacific), UNESCO.
Little, A. (2001), 'Multigrade teaching: towards an international research and policy agenda'. International *Journal of Educational Development*, 21, 481-497.
Lockheed, M. E., Verspoor, A. M., Bloch, D., Englebert, P., Fuller, B., King, E., Middleton, J., Paqueo, V., Rodd, A., Romain, R. and Welmond, W. (1991), *Improving Primary Education in Developing Countries*. (1st ed.). Washington, D. C.: Oxford University Press for The World Bank.
Lungwangwa, G. (1989), *Meeting the Educational Needs of Children in Sparsely Populated Areas through Multigrade Teaching: An Experience from Zambia. Lusaka:* Department of educational administration and policy studies, university of Zambia, school of education.
Miguel, M. and Barsaga, E. B. (1997), 'Multi-grade schooling in the Philippines, a strategy for improving access to and quality of primary education'. In L. O. Mahlck, D. W. Chapman and A. E. M. Smulders (eds), *From Planning to Action: Government Initiatives for Improving School-level Practice* (pp. 117-131). Oxford, Paris: UNESCO.
Nielsen, H. D., Gillett, E. and Thompson, E. (1993), *Multigrade teaching in Belize: current practice and its relation to student achievement*. Belize.
Rowley, S. D. and Nielsen, H. D. (1997), 'School and Classroom Organization in the Periphery: Using the Assets of Multigrade Teaching'. In H. D. Nielsen and W. K. Cummings (eds), *Quality Education for All: Community-Oriented Approaches* (pp. 183-212). New York, London: Garland Publishing.
Shiaka (2001) *The basics of multigrade teaching: Multigrade teaching options*. TED, Lusaka.
Suzuki, T. (2004) *Multigrade Teaching in Primary Schools in Nepal: Practice and Training*. Unpublished Ph. D. thesis. Institute of Education, University of London.
Tatto, M. T. (1999), *Education for the rural poor in the context of educational reform: the case of Mexico*. Paper presented at the 5th Oxford International Conference for Education and Development, Oxford.
Thanh, T. T., Bui, T. P. N. and Le, S. (2000), *Multigrade Teaching in Southern*

Provinces of Vietnam. Hanoi: The British Council.
Yeerong, S. (1989), 'Thailand'. PROAP (ed.), *Multigrade Teaching in Single Teacher Primary Schools* (pp. 67-70). Bangkok.
Warnalekha, N. (1999), *Application of multiple interventions for reducing the work load of teachers and enhancement in attainment of competencies in students of rural multigrade primary schools* paper presented at the International Seminar on researchers in school effectiveness primary stage, New Delhi.
World Bank (2006) *World Development Report 2007: Development and the Next Generation* Washington D. C.
Wright, W. N. (2000), *Belize experience of multigrade teaching*. Paper presented at the Commonwealth Secretariat Regional workshop on multigrade teaching, Gaborone, Botswana.

(鈴木隆子)

第15章　グァテマラ教育改革の新展開
―― 政府・教育省と教員組合の対立緩和がもたらすもの

　　ラテンアメリカの中でも，教育開発が特に遅れている中米のグァテマラでも，それ以前にも教育改革への努力はなされていたが，1996年の和平合意の中で本格的に，教育改革を進めていくことが確認され，13年が経過する。国際世論の圧力，国際機関や二国間援助による教育開発支援もあり教育改革は，少しずつ進展し，就学率の増加にみるアクセスの拡大では，基礎教育開発も徐々に進みつつある。しかし，学校現場レベルで実際の効果を発揮するためには，マクロ政策の作成，実行の主体である教育省と現場での直接の教育サービスの提供主体である教員とが，かりに思想・理念の違いなどがあっても，教育状況をよくしていこうという問題解決の基本線では一致している必要がある。しかし，現実には，両者は常に対立を繰り返し，結局は，教育改革の進行にブレーキをかけてきた歴史の流れがある。

　　本研究は，特に前々政権の末期と前政権の衝突をマスコミ報道，関係者インタヴューなどの手法による比較分析などにより，歴史的に両者の対立が教育改革の進展にブレーキをかけてきた実情を歴史レビューする。その後2008年より新政権になり，当初考えられていた教育改革の基本デザインの実行は，一応達成され，また現政権は教員組合との距離が近いため無用な対立は減少し，教育改革は新展開を迎えている。

　　過去のラテンアメリカや特にグァテマラの教育改革の特徴をレビューしながら，今後のグァテマラ教育改革の重点はどこに向かっていくのか。その際の重要な課題はなにか。教育協力の立場からは，教育改革の新展開に対応し，今後の教育開発協力や教育援助にどういうことができる可能性があるか。これらの点を明らかにしていくことが，本章の目的である。

1　90年代以降のラテンアメリカ諸国の教育改革

(1) 教育改革の特徴

　国によってその内容やその進展の速度は異なるものの，ラテンアメリカ（以下ラ米と表示）地域では，1990年の EFA ジュムティエン会議以前より「基幹教育プロジェクト（PROMEDLAC）」*と呼ばれる地域教育プロジェクト存在し，基礎教育の拡大，普遍化のために教育改革を地域的に推進するのに重要な役割を果たしてきた。2001年コチャバンバ会議で終了したが，モニター・評価も含めて調査・研究の面から教育改革を促進するため1995年より PREAL（El Programa de Promicion de la Reforma educativa en America Latina y el Caribe：ラテンアメリカ・カリブ教育改革促進プログラム）が始まった。

　＊PROMEDLAC (Major of Education in Latin America and the Caribbean) に関する分析は，斉藤［2003］が詳しい。

　Nickson, A.［2001］によれば，ラ米の教育の特徴として以下の点をあげている。
1）大学に極端に教育予算が配分され，基礎教育には少ない，配分上の低い効率性
2）高い中退率，ドロップアウトの多さ，そして少ない年間授業時間数にみられる教育生産上の低い効率性
3）実際の職業と結びつかない理論中心のカリキュラムや最低限のトレーニングしか受けていない低い資格の教員が教えるという「貧しい質の教育」による低い教育達成
4）経済所得上位3割の階層が初等教育から大学教育まで，私的に教育費の恩恵を受け取っているという社会的不平等
5）都市と農村で教育サービスのカバー範囲（平均就学年数や成人識字率）に大きな格差を生んでいるという地理的不平等
　そしてこれらの問題を解決するためのキーワードとして「地方分権」がすすめられるようになった。

一方、新自由主義的政策の流れで、イギリスやニュージーランドで始まったNPM（New Public Management：新しい公共マネージメント）は、世界銀行や米州開発銀行などの強い影響でラ米諸国のなかに強く浸透していった。教育の面でも、中央政府による一元的管理でなく、地方政府、公立学校、民間セクター、NPOなどが新しい役割で管理していくことが模索された。

90年代の教育改革はいくつかの国では、法改正をともなって実施された。アルゼンチン（教育連邦法、1993年）、ボリビア（教育改革法、1994年）、コロンビア（教育一般法、1994年）メキシコ（教育一般法、1993年）

これらの法律はNPMの大きな影響を受けており、
① 平等性を改善するための財政補償
② 国家カリキュラムの強化
③ 教育の量から教育の質への重点のシフト
④ 国家テストを通じての教育結果への評価
⑤ 改革の中心として学校そのものに焦点
⑥ 義務教育年限の増大
⑦ インプットからアウトプット・データ収集へ教育情報システムの重点のシフト
⑧ 教育省中央の再構成化

などの共通の性格を持っていた。

最近では、NPMが単に外から圧力というだけでなく、知識グローバル経済への養成で、地域の国際競争力に勝つために、より高いスキルをもった労働力が求められており、経済成長だけでなく収入格差を減少させるために教育投資が重要であるが、単に教育支出を増やすだけでなく、より効率性と平等性を資源配分に求められるようになってきた［Nickson, A., 2001］。

1990年代末には、NPMの影響を受けた教育改革が進展し、国によって改革の程度は異なるが表15-1にように教育改革は進んできた。ただ、多くの国で教育成果を上げるための授業時間の拡大には、成功していない（コロンビアとチリだけ）。

2000年と2003年におけるPISA国際学力比較は、先進国の中でも大きな影

表 15-1 ラ米諸国の教育改革の進展状況評価

	教育機関の再組織化と管理の分権化	学校（カリキュラム，教授法，財政）の自主性の強化	質と平等性の改善（教材・教具の提供，インフラ整備からなる強化プログラム）	カリキュラムの改革	学業期間の拡大	教師の役割に対する地位向上，教員の専門性確立	教育投資の増大（1996年との比較）
アルゼンチン	×		×			×	×
ボリビア		×	×				×
ブラジル	×	×	×	×		×	×
コロンビア	×		×		×	×	×
チリ	×	×	×	×	×	×	×
コスタリカ	×			×		×	
エルサルバドル			×				
グアテマラ	×	×					
メキシコ		×	×			×	×
ニカラグア	×			×			×
パナマ		×				×	
パラグアイ							×
ペルー		×	×				
ドミニカ共和国			×				×
ウルグアイ			×	×		×	×

出所：PREAL (2001) p11, CUADRO1（現出典：Gajardo, M., PREAL Documento de Trabajo No. 15, 1999）．

響を与えたが，ラ米諸国の中でも PISA ショックがあり＊（表15-2参照），本格的な教育の質向上に向けてその中でも特に教員の仕事の質に目が向けられるようになってきたと言える。PREAL でもこれを受けて多くの援助機関の支援のもと，400ページ近くにもなるラ米諸国の教員の実態に関する詳細な調査報告書「ラテンアメリカの教員 (Maestros en America Latina)」［PREAL-BID, 2004］を2004年に出している。

＊表15-2の出典となった PREAL［2006］の題名は，「質の伴わない量」という題名をつけ，量の拡大だけではだけで，いかに結果を出せる質が重要かを暗示している。

これらの教育改革を進めることは，最終的には，政府にとっては，教員の仕

表15-2 PISAに参加したラ米諸国の数学のテスト結果

国名	PISA2000	PISA2003
香港	560	550
フィンランド	536	544
韓国	547	542
ドイツ	490	503
平均	500	500
アメリカ合衆国	493	483
ギリシャ	447	445
ウルグアイ	―	422
メキシコ	387	385
インドネシア	367	360
アルゼンチン	388	―
チリ	384	―
ブラジル	334	356
ペルー	292	

出所：PREAL [2006] p.32, Cuadro A.6（現出典：OECDデータ）．

事の質を向上させることであり，教員としての身分，待遇さらには毎日の仕事にも大変な影響がでるため，さらに思想的には教育の新自由主義的な動きにはそもそも受入れられない立場もあり，教育改革を進めて行く際，多くの国で教員組合とのコンフリクトが発生している．

(2) ラ米諸国の教員組合の動向と教育改革

ラ米諸国のなかの教員組合で，特徴的な重要な役割を果たしているのは9ヶ国で，アルゼンチン，ブラジル，チリ，コロンビア，コスタリカ，ドミニカ共和国，メキシコ，ベネズエラそしてグァテマラとされている．*しかし，Filmusによれば，アルゼンチン，ブラジル，チリ，ドミニカ共和国，メキシコ（上記9ヶ国に中の国）さらにボリビア，エクアドル，ニカラグアが国家，教員，父母そして学生間の合意形成に比較的成功している**としている [Tiramonti, G & Filmus, D., 2001]．グァテマラは，教員組合が重要な役割を果たして

いるが，合意形成には成功していない国の一つと位置づけられる。

＊ Sarah A. Robert [2004] の中で，Ibarrola and Loyo のよる9ヶ国の教員組合の重要性について紹介している。
＊＊ Sarah A. Robert [2004] の中で，Filmus (Tiramonti G.&. Fulmus D. [2001]) のよる8ヶ国の成功例（民主的なガバナンスによる合意形成）を紹介している。

Gajardo, M. によれば，(1)教員組合の力が強く，法的基盤形成や政治的コミットメントへの交渉能力が高い国（チリ，メキシコ），(2)公教育の伝統と教員組合の伝統が強く，社会対話への能力もあるが合意形成の政治条件やガバナンスの批判的状況にはいたらない国（アルゼンチン，コロンビア，コスタリカ），(3)教員組合の力が弱く，交渉能力も弱く，政治的意思や社会対話のコミットメントもが弱い国（ホンジュラス，エルサルバドル）の3つのカテゴリーに分類される [Gajardo et al., 2002]。グァテマラは，この分類の中では，どちらかと言えば，(2)に近いタイプであると言える。

また，Gentili らは，近年のラ米の教員の抗議行動を，表15-3のようにまとめている。

1998年から2003年にかけてアルゼンチンが抗議行動の回数が大変多いが，政治経済状況が複雑で大変な時期で，特殊なケースと推測される。ブラジル，メキシコも大変多いが，国土が広く，分権化が進んでいるため抗議は，中央政府に対してだけでなく，地方政府に対しても同時に抗議行動を起こしているのべ回数，のべ日数と推測される。それ以外では，100日を超えたボリビア，ドミニカ共和国，エクアドル，グァテマラそしてホンジュラスが抗議行動が盛んであると言える。

抗議行動の形態については，重複を含めてストライキや社会的麻痺行動が54％，何かの活動や行進が57％，その他が27％となっている。また，Pablo がまとめた教員の主な主張内容は，以下の通りである [Gentili, P. et al., 2004]。

1) 労働問題79％；教員給料引き上げ，退職システム，教員キャリアのプラン
2) 教育政策28％；教育予算引き上げ，地方分権や透明性へのプロセスに対

表15-3 ラ米18ヶ国における教員の抗議行動の期間

国名	抗議件数（1998〜2003年）		抗議日数（1998〜2003年）	
	合計件数	登録をともなった件数(A)	合計日数(B)	平均抗議日数(B/A)
アルゼンチン	146	104	1,491	14.3
ボリビア	51	26	192	7.3
ブラジル	117	79	1,118	14.1
コロンビア	11	4	31	7.7
チリ	31	20	85	4.2
コスタリカ	11	5	47	9.4
ドミニカ共和国	51	33	113	3.4
エクアドル	22	13	186	14.3
グァテマラ	30	12	147	12.2
ホンジュラス	64	23	119	5.1
メキシコ	150	47	978	20.8
ニカラグア	9	2	8	4
パナマ	26	7	39	5.5
ペルー	24	14	46	3.2
パラグアイ	27	11	62	5.6
エルサルバドル	13	3	13	4.3
ウルグアイ	23	20	71	3.5
ベネズエラ	57	12	56	4.6
合計	863	435	4,802	11

出典：Gentili et al. [2004] p. 1265, Cuadro1.

する対立，教育関連法に関する交渉，新教員評価システムの議論，カリキュラム改革など

3）政治問題12％；政権への退陣要求，現行の社会・経済モデルへの反論など

これらを見ると，すなわち，教員組合の抗議行動の多くは，労働問題であるが地方分権化推進を中心とした一連の教育改革そのものに反対あるいは自分たちの主張を含めようという動きが顕著であると言える。

2 和平合意以降のグァテマラ教育改革の進行状況

1996年の和平合意で確認された「教育システムの地方分権化」「コミュニティーの教育への主体的な参加」「二言語多文化教育の拡充」などを基本に，教育改革デザインが作られた。その後，教育関連19団体から「教育改革諮問委員会」が設置され，(1)教育改革法案の素案作成，(2)カリキュラム改編の方向付け，(3)長期国家計画の策定，(4)教員専門化プログラムへの提案，などが重要な仕事とされた。2000年までの第一期はアルツ政権の時期と重なり，ほとんど準備スタート期間であった。前々ポルティージョ政権時代にあたる第二期には，これらを作成し，実行する時期とされたが，作成するだけでやっとであり，教育改革法案は手をつけられず，政権末期にようやくカリキュラムは方向性を受けてやっと完成し，長期教育国家計画も2003年の末に，2004-2023年版が確定した。20年間を「万人のための教育」「生産のための教育」「社会イニシアティブのための教育」「発展のための教育」の5年ごとの4期に分け，各期の優先活動をさだめた。すべての期間にわたって，ジェンダーと多文化主義を重視することを注でさだめている［MINEDUC, 2003a］。

唯一実現までこぎつけたのは，教員専門化に向けて，「全教員再教育2カ年計画」を開始した点である。前政権のベルシェ政権では，教育改革第三期にあたり，小学校カリキュラム*は，実行段階（教室での実践も含めて）になり，教員専門化にむけては，前々政権のプログラムを破棄し，新しい計画を提案した。これとも関連し教育改革関連2法案を提案している。

　　＊就学前教育と小学校の新国家カリキュラムは2004年に，教員形成に関するカリキュラムは2006年に，中学校のカリキュラムは2009年に完成した。

3 教育省と教員組合の衝突2003年（前々ポルティジョ政権）

2003年1月，新学期がまさに開始されるときに，主として教育予算の大幅増

額（とくに教員給料の引き上げ），教育改革への教員の参加を要求して，本格的な大規模な教員スト，抗議行動が実施された。政府側は，誠実に教員組合に対応しなかったため，教員たちの強い反発を買い，ストライキは3月までの長期におよんだ。最終的には，教員給料表の改訂で決着がついたが，学校をスムーズに始業できず，しかも年間授業時間数も大幅に減少し，直接子どもに大きな影響がでた。しかし，一般市民は，政権への信頼度がほとんどなく，教育省の仕事にも不満をもっていたため，教員たちの行動への批判は少なかった。教育省と教員たちの関係は完全に悪化し，その後の全教員再教育計画も力をいれて実施したが，うまくいかなかった。

4 教育省と教員組合の衝突2006年（前ベルシェ政権）

(1) 教育省の問題認識

　背景としては，自由貿易体制下による国際競争力に貢献，対応できる人材育成の重要性，必要性を認識している。しかし大学生，高校生の学力（高校卒業予定者に対する全国統一テストを2007年より実施，2008年からは中3も実施）が大変低いのが実態である。それは，初等教育の質の低さ（内部効率性の悪さ，PRONEREプログラムによる小3，小6学力調査）その主な原因は初等教育の教員レベルの低さ（国際機関による教員学力調査，ラ米内の教員学歴レベル比較調査）にあると教育省は考えていた。

(2) 教員組合の問題意識

　背景としては，現政権が進めている新自由主義路線，特にアメリカとの自由貿易推進には反対の立場をとっている。その流れにのった地方分権化政策は，教育省の責任放棄（つまり教育民営化推進）と考え，そもそも反対の立場をとってきた。

　初等教育の質の悪さは，教育予算が少ないことに関連した教育省の仕事の不十分さ（教員給料の低さから起因する問題点，教員配置の問題，学校施設の不十分さ，おやつサービスの不十分さ，テキスト・教材配布の不十分さなど）が

主な原因と考えている。現在の教員学歴レベルを引き上げることは，教員の負担が増えるだけであり，反対の立場を取ってきた。

(3) 過去の対立の動き

旧教育省（前政権時代）は，前々政権時代の衝突を間の当りに見てきていたため，当初は教員組合との対話を一応重視していたため，決定的な対立はなかった。

その後，「教育政策の方向性2005-2008 (LINEAMENTOS DE PLITICA EDUCATIVA 2005-2008)」（①初等教育の完全普及化（普遍就学），②教室における教育改革（教育の質），③学校は，コミュニティから（参加），④競争社会における教育（競争），⑤グァテマラ人であることの誉れ（アイデンティティ））の発表により教育省の基本方針には，民営化促進であると，組合側は反対の立場をとっていた。さらに教員資格レベル（高卒から短大・大学卒レベルへ）を現職教員も含めて引き上げて行くための教育改革法2法案の提案を始めたが，教員たちの抗議に耳をかさなかったことにより，対立が決定的になった。

提案された教育関連2法案は，以下の通りである。

  (1) 国家教育法（1991年制定）の改革法 (INICIATIVA DE LEY DE REFORMA A LA LEY DE EDUCACION NACIONAL)

      主たる内容……県教育事務所の権限を増大し，教育地方分権化を推進（予算，人事権の移譲，地方カリキュラムなど）

  (2) 教員学歴のインセンティブ法 (INICIATIVA DE LEY DE INCENTIVOS A LA CARRERA DOCENTE)

      主たる内容……教員資格のための学歴（最低1年延長）の引き上げ，優秀教員に対する教員給料優遇処置（評価は，教育省とコミュニティーが実施）

また地方分権に向けた方向性としては，「教育の新しい管理運営 (Gestión Educativa)」を発表した。その内容は，地方分権化を推進し，2021年に向けたビジョンを明確にし，各学校が「学校プロジェクト」を実施し，財政運営，管理運営，教育技術への支援をローカル単位で実行されることをめざしていた。

この実行単位として新しい学区（行政区ではなく，言語文化などで，まとめられるいくつかの小学校単位からなる教育単位地域）を設定することを目指している。

　2005年後半には，教育省に対して抗議行動を起こしたが，教育省は話し合いの場を持たなかったため，2006年になり他の手段に出た。各政党の国会議員を動かし，教育大臣を国会へ呼び出し，教育大臣としての信任を問うため質問をし，最後に大臣罷免投票を実施した。連日，マスコミでも報道された。投票の結果，国会としては不信任票が上回り大臣罷免の立場をとった。すぐに大統領が声明を発表し，国会の大臣罷免勧告は受入れられず，現大臣は，教育大臣として適任であり任命し続けることと，現政権として教育を重視し，教員組合との対話を推進すること強調した。その後，第三者（教会関係者，人権擁護担当者）も入り，対話テーブルを持つことになり，何度か対話テーブルをもっているが，入り口部分（誰が対話テーブルに参加するか，どのようなプロセスで進めて行くか，何をテーマにするか）での合意に時間がかかり，また一時期，教員組合が反自由貿易（農民団体等との抗議行動）運動のため対話が中断した。さらに，教育省は組合委員長の勤務状況問題（地方小学校勤務でしばしば首都に来ているため授業時間を確保していない）を取り上げ，一時解雇しようとしたが失敗し，対話のプロセスを一層遅らせることとなった。大統領も一度，教員たちとの対話を持ったが，その後もなかなか合意に達せず，教会関係者も含めた合同委員会による話し合いは，長期に継続した。

5　2つの衝突（2003年と2006年）の比較

　まず，先に見たラ米全体との傾向と比較してみると，ほとんど同じ傾向をもっていることである。教育改革がより先行していった国々の後追いをしている傾向がみられる。

　類似点は，開始時期が，新学期であるため教員側からは政府や国民へのインパクトを強められるというメリットがあるが，学校運営の面からは，マイナス面が大変多い。どちらも政治的な色彩が強い。Gajardoの分類の中　（第1節(2)参

表15-4 2003年と2006年の教育省と教員組合の対立の対比

	2003年（前々ポルティージョ政権）	2005年（前ベルシェ政権）
政権の特徴（マスコミ評価）	腐敗・汚職	企業に奉仕（貧困者でなく）
教育大臣の仕事ぶり	政治家タイプ	実務家タイプ
共通点	大きな抗議行動は，新学期当初の時期 政治的インパクトを強く意識 最終的解決は，第三者も含めた対話テーブル 学校の授業への直接的なマイナスの影響	
相違点	要求の中心は，教員給料の引き上げ，教育予算の引き上げ	要求の中心は，教員関連2法案の撤回あるいは大幅見直し
一般国民の抗議行動に対する支持（世論調査）	腐敗政権であったため強い国民の支持	教育省の仕事ぶりを支持する父母，国民の動きもあり世論は二分

出所：筆者がマスコミ報道などをまとめ作成．

照）では，2番目のタイプに近く，衝突が激しい割には，なかなか合意に達せず，社会的損失が大きいタイプである。

相違点としては，2003年の衝突では，労働問題が中心で，教員給料も実際低かったため同情もあり，なおかつ腐敗政権であったため，多くの国民の支持が存在したが，今回は，教育問題が中心で，教育改革の仕上げとしての教育関連2法案に反対が中心で，必ずしも多くの国民の支持を集めていない点である。教員組合の側としては，国民の支持が政府，教育省に傾きつつあるので，教員側も方針を変えないと，いずれ国民の支持を大きく失う可能性がある点である。

6 対立を乗り越えた教育改革推進の可能性

過去におこなった筆者による現地小学校調査でわかったことは*，小学校を修了できない理由は，家庭の経済的な要因によるものが比重を占めるが，学校側の要因すなわち「勉強がわからない」「学校がおもしろくない」も多く，学校運営や授業そのものの質も問題である。また，教員の授業や学校活動の実態としては，教授技法や教材作成法の研修ニーズが強く，さらに心理学への研修

要望が強いことから，子どもたちの心の状態を理解できない状況で，教員たちも日々の授業実践に悩んでいる様子がうかがわれる。教員側にもこれらを改善していくための自発的な努力が望まれる一方，現在，小学校教員は，師範高校を卒業して教員免許を取得して教員となっていくが，根本的に教員の専門性のレベルを改善していくための新しいシステムも必要である。

　＊学位請求博士論文　江連誠『初等教育完全普及を阻害する要因に関する研究――グァテマラの事例』第5章（表2，3）参照。

しかし対立が繰り返され，長期化すると，両者とも現実の業務の実行に大きく負の影響を与えてしまう。

Gajardo, M.は，ラ米諸国内の教育対話の事例研究（8ヶ国）を通じて，以下の結論に達した。

1）90年代に教育改革の法改正が行われたが，交渉して解決すべき点，社会合意に到達すべき点がまだまだ残されている。

2）教員組織は，交渉や合意形成の技術能力を開発・強化する必要がある。また政府は，社会対話への参加を促進させる気があるなら教員組織や他のアクターに対して関連情報へのアクセスを提供する能力を改善させる必要がある。

3）適切な制度的なサポートが開発あるいは強化される必要がある。いくつかの政府が，社会対話の環境を整備したり，政策デザインや評価への教員参加を増加させただけである。

また，Gajardo は，教育対話の重要性を十分に認めながらも，反面，教員の状況に目を向けることの重要性も指摘している。多くのラ米諸国では，教育の質と公平性改善の多大な努力がなされており，教員の地位や教員の役割の再定義でよい実践例もいくつかは存在するが，しかし，大多数の国は，国際基準への要求や教育ゴールへの達成のためにうまく対処できていないとも述べている。

Gajardo らは最後に，ラ米諸国内の教育対話の促進のために以下の4点を提案している。

1）各国比較に基づいた地域内の教育条件（特に教師の待遇条件）に関する情報の利便性，質の改善の必要性。

表 15-5 ラ米各国の教員組合と市民合意形成

国 名	教員組合が特徴的な重要な役割9ヶ国	国家，教員，父母，学生間の合意が比較的成功
アルゼンチン	×	×
ボリビア		×
ブラジル	×	×
コロンビア	×	
チリ	×	×
コスタリカ	×	
ドミニカ共和国	×	×
エクアドル		×
グァテマラ	×	
ホンジュラス		
メキシコ	×	×
ニカラグア		×
パナマ		
ペルー		
パラグアイ		
エルサルバドル		
ウルグアイ		
ベネズエラ	×	

出所：Roberto［2004］を筆者がまとめたもの．

2）教育における社会対話の新しいあるいは改善されたメカニズムを可能にするような良質な調査，データに基づいた国際スタンダードのフレームワークを共有する必要性．

3）国や地域レベルの教育における社会対話の前進状況を，国を基礎として国ごとにモニターしていくことの重要性．

4）合意形成能力を強化する手段として，教育における社会対話に関するよい実践の確認と普及の必要性．国際的コミットメントや基準に向けて，国際的説明責任を果たすことをスタートさせる意義の重要性．

［Gajardo et al., 2002］

グァテマラは，今まで見てきたようにラ米のなかで，後発組として同じような経過をたどりながら教育改革の進行と教員組合との対立を繰り返してきた．

あきらかに地域的な教育改革の影響を強く受けており，グァテマラにとっては先行する他国の例に学ぶところは多く，Gajardの提案は，グァテマラにとっても重要と思われる（たとえば，教員給料一つにしても，他国の実額，昇級システムなどは，合意形成にとって重要な基礎資料となる）。

教員側主張の教育予算がまだまだ不十分であり，教員給料がまだ低い点などは，実際にその通りであり，改善される必要がある。教員給料の低さは，長期的には優秀な教員が確保できなかったり，長期間勤務せずに転職してしまうことにつながり，教育の質にも深く影響する。しかし，教育省側主張の教員の学歴レベルが，ラテンアメリカのなかでも低く，それが授業のレベルの質をも大きく規定しているのも事実である。

7　教育改革の新展開がもたらすもの

教育改革の課題でもっとも繰り返し議論され，最も時間がかかったのが，新国家カリキュラムの作成である。議論が開始されてから10年以上かかったが，現時点では高等学校段階まで，ほぼ完成している。

完成年をみると，就学前カリキュラム2003年，小学校2004年，中学校高等学校2009年＊である。小学校レベルでは，新教科書も作成され全国配布がなされている。注目すべきは，2006年に教員形成（教員養成から若年現職教員指導力向上まで一貫したもの）用のカリキュラムが策定されたことである。

＊教育省の下記ホームページから各教育段階の新国家カリキュラムを見ることができる。
http://www.mineduc.gob.gt/default.asp

教員組合や教員たちは，この教員形成カリキュラムに反対の立場をとってきたが，2008年の政権交代以降，流れが大きくかわった。政治的な立場は中道左派とされる新コロン政権の誕生に，教員組合が大きくかかわってきたからである。選挙運動期間中に，教員組合と大統領候補だったコロン氏は，合意書をかわした。その後，大接戦の末，教員組合の応援もありコロン氏が当選した。

教員形成カリキュラムの重要な点は，たとえ小学校教員であっても，徐々に

大学卒業資格の学士のレベル*を求めていくことである。この仕事は，大学に委託するよりほかにはなく，こまかい詳細に関しては，未定ながら教育省は，唯一の国立サンカルロス大学と今後，教員形成で協力していくことで，合意書を取り交わした。

> ＊現在は，小学校教員免許は高等学校卒業資格で取得可能で，現職小学校教員のほとんどは，高卒資格しかもっていない。

教員組合も表向きは，一応教員形成カリキュラムには反対の立場をとっているが，「新資格取得に際し，金銭的負担が少なく学士資格がもらえ，しかも給料が確実に上がるのであれば，別に悪くはない」と考える教員が増えてきている。また，過去の歴史で教員組合と国立サンカルロス大学は，社会運動の盟友として友好関係にあり，大学の参加には反対できず，むしろ歓迎の教員たちも多い。

すなわち，教員組合の強い反対なしに，今後の教員形成に大学が大きくかかわっていくこととなった。

8　今後の教育改革と教育協力

今後の教育改革の重点は，ずばり「教育の質の向上」そのなかでも特に，「教員の指導力向上」である。

新コロン政権における『国家教育政策2008-2012』では，5つの一般政策と3つの横断的政策をかかげている。

5つの一般政策は，
1．質をともなった教育に向けて前進
2．貧困や社会的に脆弱な子どもたちに焦点をあてながら就学カバー範囲の拡大
3．教育の平等性と就学の継続性を確保することによる社会正義の実現
4．二言語多文化教育の強化
5．教育コミュニティの必要性に応じた教育管理，教育運営モデルの強化

そして，3つの横断的政策は，
1．教育投資の増大
2．地方分権化
3．教育行政制度の強化
としている。この中でも，最重点は教育の質であるが，とくに教員の指導力向上を強調している。

その方法としては，大学との協力による教員の学歴上昇である。

大学（特に国立サンカルロス大学）が，高いレベルの教員養成や現職教員研修を担っていくことにはなったが，問題点も多い。現時点でも明白なのは以下の4点である。
1）教員形成を担えるリーダー人材の不足
2）高等教育機関（すなわち大学教育レベル）の質の低さ
3）教育予算のさらなる大幅増額の必要性
4）過去関係が希薄だった教育省と大学との関係強化

つまり，教員形成を大学が担うにしても，その大学そのものが大きな問題点を抱えている。教員形成に直接かかわることができる大学教員の人数は多くない。しかも，ある程度理論的な内容は講義できても，より学校現場の実践で応用できる教科教育法とか学級経営などの講義を担当できる教員は極端に少ない。

また，大学そのものの問題点として，中退が大変多いため，わずかの学生しか卒業にまで至らないという根本問題がある。学生自身の学力不足と大学教育の質の悪さが複合されている。

財政的な問題は深刻である。多くの若年教員が，大学の講義を受講できるためには，奨学金を充実したり授業料免除の措置が必要で，全国の教員に適応するためには政府予算が逼迫しているなかで，さらなる予算増額が必要になってくる。

教育省と大学の関係は，過去には良好な関係にはなく（サンカルロス大学は，どちらかと言えば教員組合を支援していたため），しかも予算的には完全に独立分離している*。教育省は，長年，大学を教育省の管轄下におきたいと考え

てきたが，逆に大学はつねに政府や教育省の影響を極力排除し，大学の自治を守ろうとしてきたこともあり，協力していくのが困難な面がある。しかし，今後の教員形成がうまく機能していくためには，両者の緊密な連携が1つの鍵になる。

　　＊「サンカルロス大学の予算は，政府の一般予算とは完全別枠で，確保される」ことが憲法に明記されている。予算上は，教育省とは完全別予算である。

　このような新たな展開のもとで，グァテマラへの教育協力は，どこへ向かっていくのだろうか。
　特に和平合意後10年間は紛争終了後で，すべての領域の教育援助が必要であったため，国際機関，二国間援助機関，NGOで多数のプロジェクトが存在し，それぞれは一定の役割を果たしてきた（日本も学校建設，女子教育協力，算数指導力向上などで支援してきた）。＊しかし，今後の教育改革の重点が，教員形成にあるとすると，いままでの教育協力の手法は通じなくなる可能性がある。

　　＊過去のグァテマラへの教育協力に関しては，小川啓一・江連誠・武寛子（2005）『万人のための教育（EFA）への挑戦──日本のODAに対する提言』平成16年度　独立行政法人国際協力機構，客員研究員報告書74頁（グァテマラの事例）を参照のこと。

　財政支援的援助は，教員形成にかかわるものであれば，今後も有効である。まだ達成状況が不十分な二言語多文化教育への支援も当面必要と思われる。また教員形成に直接支援するのであれば，教員形成担当部門の大学へ人的支援が最も有効である。今後の教育協力の対象として，仮に初等教育強化が目的であるとしても，大学への協力の可能性を最初から外すことはできない。初等教育の質向上の課題で大学の果たすべき役割は，ますます高まっている。

　［謝辞］本章は，江連誠（2008）学位請求博士論文『初等教育完全普及を阻害する要因に関する研究──グァテマラの事例』神戸大学大学院国際協力研究科，の付章B第4節の一部をもとに，最近の動向をふまえて，加筆・修正したものである。博士論文作成の際に，貴重なコメントをいただいた神戸大学の各先生方や仲間の院生，また学会発表時にコメントをいただいた参加者の各位に心より感謝申し上げる。

引用・参考文献

牛田千鶴編 (2007)『ラテンアメリカの教育改革』行路社。

江連誠 (2008) 学位請求博士論文『初等教育完全普及を阻害する要因に関する研究――グアテマラの事例』神戸大学大学院国際協力研究科。

小川啓一・江連誠・武寛子 (2005)『万人のための教育 (EFA) への挑戦：日本のODAに対する提言』平成16年度，独立行政法人国際協力機構客員研究員報告書。

小川啓一・西村幹子・北村友人編 (2008)『国際教育開発の再検討――途上国の基礎教育普及に向けて』東信堂。

小川啓一・西村幹子編 (2008)『途上国における基礎教育支援 上 国際潮流と日本の援助』学文社。

斉藤泰雄 (2003)「ラテンアメリカ・カリブ海地域における基礎教育の開発20年間の成果と課題」『国立教育政策研究所紀要』第131集，平成14年3月

JICA (2003)『グアテマラ共和国 基礎教育基礎調査報告書』国際協力事業団社会開発協力部。

JICA (2008)『グアテマラ国の教育システム一般概要』JICAグアテマラ駐在員事務所 (JICA GUATEMALA [2008] COMPENDIO SOBRE LAS GENERALIDADES DEL SISTEMA EDUCATIVO DE GUATEMALA)

原清治・山内乾史・杉本均編 (2004)『教育の比較社会学』学文社。

COPARE (1998) Diseño de Reforma Educativa., Guatemala.

Gajardo, M. et al. (2002) Social dialogue in education in Latin America: A regional survey, Geneva, ILO.

Gentili, P. et al. (2004) Reforma Educativa y Luchas Docentes en América Latina, Educ. Soc., Campinas, vol. 25, n. 89, p. 1251-1274.

Maceira, D. et al. (1998) Social sector Reform in Latin America and the Role of Unions. Yale Univercity. IDB research Depatment Working paper series 456.

MINEDUC (1999) La EPT Evaluación 2000 : Guatemala.

MINEDUC (2001) DIALOGO Y CONSENSO NACIONAL PARA LA REFORMA EDUCATIVA.

MINEDUC (2003a) Plan Nacional de education a Largo Plazo.

MINEDUC (2003b) PLAN NACIONAL DE EDUCACION PARA TODOS 2004-2015 (BORRADOR), Guatemala.

MINEDUC (2004a) EL DESARROLLO DE EDUCACION EN EL SIGLO XXI, INFORME NACIONAL, REPUBLICA DE GUATEMALA.

MINEDUC (2004b) PLAN NACIONAL DE EDUCACION 2004-2008.

MINEDUC (2004c) METAS DEL MINISTERIO DE EDUCAION 2004-2007.

MINEDUC (2008) PLAN NACIONAL DE EDUCACION 2008-20012.

MINEDUC Web HP: http://www.mineduc.gob.gt/default.asp

Nickson, A. (2001) Education Reform in Latin America: Decentralization or restructuring?

PREAL (1999) Mañana es muy tarde.
PREAL (2001) QUEDANDONOS,Un Informe del Progreso Educativa en América Latina.
PREAL (2003) Time to Act.
PREAL (2006) Cantidad sin Calidad.
PREAL (2007) Mucho por Hacer.
PREAL-BID (2004) Maestros en América Latina, Nueva Perspectivas sobre su Formación y Desempeño, Santiago.
Robert, S. A. (2004) EDUCATION REVIEW, Tiramonti, G., & Filmus, D. (2001). Sindicalismo docente y reforma en América Latina (Teachers' Unions and Reform in Latin America) (1 ed.). Buenos Aires, Argentina: Temas Grupo Editorial.
Ruano, C. R. (2002) Reforma educativa en sistemas administrativos con características premodernoas: el caso de Guatemala. Bogotá. Revista Electrónica de Investigación Educativa Vol. 4, No. 1, 2002
Tiramonti, G. & Filmus, D. (2001) Sindicalismo Docente & Reforme en América Latina, FLACSO, Buenos Aires.
Tiramonti, G. & Filmus, D. (2002b) Dakar Follow-up Bulletin No. 38.
UNESCO (2004) Educación para Todos en América Latina: Un objective a nuestro alcance: Informe Regional de Monitoreo de EPT 2003.
UNESCO/OREALC (2001) The state of Education in Latin America and Carribean, 1980-2000, THE MAJOR PROJECT OF EDUCATION, Santiago Chile.
UNESCO/OREALC (2004) La conclusión universal de la educación primaria en América Latina: ¿Estamos realmente tan cerca?, Santiago Chile.
USAID (2005) Evaluación del rendimiento en lectura y matemática de estudiantes de primer y tercer grado primaria de escuelas oficiales de Guatemala, USAID GUATEMALA.
USAID (2006) Estado del Sistema Educativo, Guatemala, USAID GUATEMALA.

(江連　誠)

索　引

A―Z

DAC（開発援助委員会）　18
EC（ヨーロッパ共同体）　156
EFA（万人のための教育）　173, 195
ESD（持続可能な開発のための教育）　38
ESL（第二言語としての英語）　5
EU（ヨーロッパ連合）　149, 160
FAO（国連食糧農業機関）　19, 22
Filmus, D.　220, 221
FPE（初等教育無償化政策）　184, 185, 187, 191, 192
Gajardo, M.　221, 228, 228, 229
Gentili, P.　221, 222
GDP（国内総生産）　91
GNP（国民総生産）　20, 21, 169
ILO（国際労働機関）　22
JICA（国際協力機構）　173, 176, 177
MDGs（ミレニアム開発目標）　18, 26, 27, 30, 38, 42, 173, 196
Nickson, A.　217
NGO（非政府組織）　20, 22, 23, 30, 31, 33, 35-37, 39, 41, 51, 173
　国際協力――　33, 37
NIEO宣言（新国際経済秩序樹立に関する宣言）　21
NPM　218
NPO（特定非営利活動法人）　30, 38, 88
　教育――　14
　国際――　14
ODA（政府開発援助）　20, 30, 31, 34
OECD（経済協力開発機構）　18
Ogbu, J. U.　47

PREAL　217, 2193
PROMEDLAC　17
Twining Program　92
UNDP（国連開発計画）　25, 35
UNESCO（国連教育科学文化機関）　19, 22, 23, 26, 32, 41, 109
UNICEF（国連児童基金）　19, 22, 23, 25, 26, 32, 39
UOIF（イスラム組織連合）　11
WASP　5
YMCA　33

あ　行

アクレディテーション（質保証）　92
アジア経済危機　80
アジア太平洋大学交流機構　111
アジア通貨危機　93
アスピレーション　154
ASEAN工学系高等教育ネットワーク　116
アファーマティヴ・アクション　5, 6
アプレンティス　170
　キャンディデイト・――　170
アプレンティスシップ　165, 166, 168, 169, 171
　キャンディデイト・――　169
アプレンティスシップ・トレーニング　169, 171
アプレンティスシップ・プログラム　160, 168, 171
粗就学率　162
「新たな留学生政策の展開について――留学生交流の拡大と質の向上を目指して」　81
イスラム組織連合　→　UOIF
異文化間教育　27, 148, 156, 158

異文化教育 88
イングリッシュ・オンリー 6
イングリッシュ・プラス 6
インドシナ難民 45
インフォーマル教育 15
ウィリス，ポール 64,71
エラスムス計画 113
欧州グローバル教育会議 27
オン・ザ・ジョブ・トレーニング
　(on-the-job training) 168

か 行

外国人受け入れ問題に関する提言 87
外国人生徒 148,150,154,157
開発教育 18-27,30-33,35,36,38-41
開発教育協会 30,31,38
開発教育協議会（現，開発教育協会）30,34-36,38,42
開発教育報告書 23
開発教育を考える会 34
開発のための教育 25
学年別学級 198
学年別指導 202
学歴病 190
学級編成 201
学級編成規準 201
カナナスキス・サミット 41
科目別グループ 206
科目別指導 206
苅谷剛彦 62,63
環境教育 23,25,27
環境と開発に関する世界委員会 24
基礎教育 161,162,173,179,195
教育援助の基本方針 196
教育改革 132,136
教員形成カリキュラム 230,231
共通一次試験 33
共通時間割 206
近代化論 40

グアテマラへの教育協力 233
クオーター・システム 5,6
グリーン，アンディ 15
グローバル教育 4,23,27,42
経済難民 11
玄田有史 61
構造調整政策 183,191
合同学習 202
高等教育 160,161,164,176,177,179,185,186,189,190-196
国際機関 20
国際教育勧告 32
国際理解 188
国際理解教育 2,4,11,12,87,88
国費留学生 80,86
国民国家 12,16
国民戦線 10
国立サンカルロス大学 231,232,233
国連開発計画 → UNDP
国連・持続可能な開発のための教育
　(UNDESD)の10年 37
国連児童基金 → UNICEF
国連ミレニアムサミット 18
小杉礼子 62,70,71
コスト・シェアリング 183-185,191
国家教育政策 2008-2012 231,232
国家貧困撲滅計画 182
コミュニティ・スクール 173
コロン政権 230,231,232
混合一斉授業 198

さ 行

サッチャー政権 58
ジェンダーと開発 40
自習 199
持続可能な開発 24,35,37,39-42
持続可能な開発に関する世界首脳会議
　(WSSD) → ヨハネスブルク・サミット
自発的マイノリティ 47

私費外国人留学生統一試験 85
私費留学生 80, 83, 85, 86
ジャーニマンシップ 169, 170
社会的排除 57, 73, 74
収益率 165, 189
従属理論 40
シュレジンガー Jr, アーサー 3
巡回指導 199
初等教育 162, 165, 166, 182, 184
初等教育無償化政策 → FPE
人権教育 23, 27
人種主義 6
人的資本論 181, 188, 191
スカーフ論争 10, 11
スクリーニング仮説 181, 188-191
ずらし 202
政策評価書 83, 86
政治難民 11
青年海外協力隊 31, 33, 40
世界教育フォーラム 41
世界銀行（国際復興開発銀行）19, 164, 165, 166
世界高等教育会議 109
1988年教育改革法（英）15
『1000ユーロ世代（Generazione Mille Euro）』 58, 66
相違への権利 10
総合（的な）学習 12, 206
総就学率 184
挿入 10
挿入主義 10

た 行

第1次国連開発の10年 20, 41
大学教育 161, 165
大学国際戦略本部強化事業 85
第3次国連開発の10年 41
第三者評価 85
第2次国連開発の10年 21, 41
第2次石油ショック 24
第4次国連開発の10年 41
多学年混合学級 198
多元文化主義 3
ダブルディグリー課程 79
多文化教育 8, 154
多文化共生 36
多文化主義 3, 8
多民族主義 3
団塊の世代 87
単式学級 197
チャブ, J. E. 13
中央教育審議会 77, 81
中央集権 129
中等教育 88, 160-162, 164, 184
直接指導 199
同化 10
同化主義 5, 7, 10
統合 10
統合主義 7, 10
同単元指導 202
同内容指導 202
トロウ, マーチン 114

な 行

内発的発展論 40
中曽根康弘 79
ナショナル・カリキュラム 15
ナショナル・テスト 15
難民ニューカマー 45
21世紀への留学生政策懇談会 79
21世紀への留学生政策に関する提言 79
二重政治経済（エスニシティ）論 181, 188, 190, 191
ニート 57, 59, 61, 62
日本学生支援機構 82, 86
日本経団連 87
日本語教育 80
日本留学試験 85, 86

ニューカマー　34,36
人間開発　25,39
ノンフォーマル教育　14,53,171

は 行

ハーグリー，アリック・G　14
働く貧困層（ワーキングプア）　58,59
パートナーシップ　173,174
バブル崩壊　39
反人種差別主義（教育）　7
万人のための教育　→　EFA
引きこもり　57
PISA 国際学力比較　220
非自発的マイノリティ　47
フォー・ドラゴン　90
フォーマル教育　15,165
複式学級　195
ブラック・スタディーズ　7
フリーター　57,59,61,65,66
ブルントラント報告書　24
プロビット・モデル　170
文化多元主義　3
文化的多元主義　5
分権化　128,129
平和教育　23
僻地教育　200
ベトナム戦争　46
ヘリコプター・ペアレンツ　73
ベルゲンダル・ワークショップ　22,41
ペルシェ政権　224
ポスト青年期　62
ポルティジョ政権　223,224
本田由紀　61

ま 行

マグレブ系　10
マグレブ系移民　11
マスターシップ　161
マトリョーシカ構造　65,71
ミレニアム開発目標　→　MDGs
ミレニアム宣言　26
モー，T. M.　13
モラッティ改革　148

や 行

ゆとり教育　60
ユニセフ　→　UNICEF
ユネスコ　→　UNESCO
ヨハネスブルク・サミット　26,37,41

ら 行

ラオス系難民　48
ラテンアメリカ・カリブ教育改革促進プログラム　217
ラ米諸国の教育改革　217,218,219
ラ米諸国内の教育対話事例　228
ラ米諸国の教員組合　220,221,222
留学生受入れ10万人計画　76,79-81,85,90
留学生受入れ推進施策に関する政策評価書　80
留学生政策　76,79-81,85
類似内容指導　202
累積債務問題　24

わ 行

「我が国の高等教育の将来像（答申）」　77
和平合意　223
わたり　202
ワールド・スタディ　23

執筆者紹介（執筆順，執筆担当）

山内乾史（やまのうち・けんし，編著者紹介参照）第1章
武　寛子（たけ・ひろこ，神戸大学大学院国際協力研究科学術推進研究員）第2章・第3章
原　清治（はら・きよはる，佛教大学教育学部教授）第4章
山崎　恵（やまさき・めぐみ，姫路獨協大学外国語学部教授）第5章
内田康雄（うちだ・やすお，同志社大学政策学部教授）第6章
乾　美紀（いぬい・みき，神戸大学国際交流本部特命准教授）第7章
正楽　藍（しょうらく・あい，香川大学インターナショナルオフィス専任講師）第8章
藤井美樹（ふじい・みき，帝塚山中高等学校教諭）第9章
杉野竜美（すぎの・たつみ，姫路日ノ本短期大学非常勤講師）第10章
小川啓一（おがわ・けいいち，神戸大学大学院国際協力研究科教授）第11章
桜井愛子（さくらい・あいこ，内閣官房内閣事務官）第12章
西村幹子（にしむら・みきこ，横浜国立大学非常勤講師）第13章
鈴木隆子（すずき・たかこ，九州大学大学院言語文化研究院／人間環境学府准教授）第14章
江連　誠（えづれ・まこと，国際開発コンサルタント（元国際協力機構））第15章

編著者紹介

山内 乾史（やまのうち　けんし）

神戸大学大学教育推進機構／大学院国際協力研究科教授
1963年大阪府生まれ　大阪大学人間科学部卒業，同大学院博士後期課程中退。広島大学助手，神戸大学専任講師，助教授，准教授を経て2009年1月より現職。

専門分野：高等教育論，教育計画論，比較教育論

主要業績
〈単著〉
『文芸エリートの研究──その社会的構成と高等教育』有精堂，1995年
『現代大学教育論──学生・授業・実施組織』東信堂，2004年
『僕らは敷かれたレールの上を走ってきたのか？（仮題）』ミネルヴァ書房，近刊
〈共著〉
『学力論争とはなんだったのか』ミネルヴァ書房，2005年（原清治と）
『「使い捨てられる若者たち」は格差社会の象徴か──低賃金で働き続ける若者たちの学力と構造』ミネルヴァ書房，2009年（原清治と）
〈訳書〉
アジア開発銀行・香港大学比較教育研究センター『開発途上アジアの学校と教育──効果的な学校をめざして』学文社，2006年（単監訳）
ジークリット・S・ルヒテンベルク編『移民・教育・社会変動──ヨーロッパとオーストラリアの移民問題と教育政策』明石書店，2008年（単監訳）
リチャード・オルドリッチ編『教育の世紀（仮題）』学文社，近刊（原清治と共監訳）
〈単編著〉
『開発と教育協力の社会学』ミネルヴァ書房，2007年
『教育から職業へのトランジション──若者の就労と進路職業選択の教育社会学』東信堂，2008年
〈共編著〉
『比較教育社会学入門』学文社，2003年（原清治・杉本均と）
『教育の比較社会学』学文社，2004年（原清治・杉本均と）
『21世紀のエリート像』学文社，2004年（麻生誠と）
『現代アジアの教育計画（上・下）』学文社，2006年（杉本均と）
『学力問題・ゆとり教育（リーディングス「日本の教育と社会」第Ⅰ期第1巻）』日本図書センター，2006年（原清治と）
『論集　日本の学力問題（上・下）』日本図書センター，2010年（原清治と）
『学歴と就労の比較教育社会学──教育から職業へのトランジションⅡ』学文社，2010年（原清治と）
『ネットいじめはなぜ痛いのか（仮題）』ミネルヴァ書房，近刊（原清治と）

MINERVA TEXT LIBRARY⑥
国際教育協力の社会学

2010年11月20日　初　版第1刷発行　　＜検印省略＞

定価はカバーに
表示しています

編著者　　山　内　乾　史
発行者　　杉　田　啓　三
印刷者　　田　中　雅　博

発行所　株式会社　ミネルヴァ書房
607-8494　京都市山科区日ノ岡堤谷町1
電話代表(075)581-5191番
振替口座01020-0-8076番

©山内乾史ほか，2010　　　創栄図書印刷・清水製本

ISBN978-4-623-05893-8
Printed in Japan

学力論争とはなんだったのか
──────── 山内乾史・原　清治著　四六判　244頁　定価1890円

●「学校とは？」「教育とは？」「学力とは？」，はたして子どもたちの学力はほんとうに低下しているのか──。学力低下をめぐる論争に関して，事実を整理しながら，文部科学省にも，改革論者にも寄らない，ニュートラルな学力論を展開する。

「使い捨てられる」若者たちは格差社会の象徴か
──────── 原　清治・山内乾史著　四六判　250頁　定価1890円

●低賃金で働き続ける若者たちの学力と構造　教育や就労をめぐる若者の学力，意識，就労状況の連関を解きほぐしながら，若年者のうち，誰が，そして，なぜ不安定な就労状況や失業状態におかれているのか，解明を試みる。

教育社会学概論
──────── 有本　章・山﨑博敏・山野井敦徳編著　A5判　240頁　定価2625円

●教育社会学の対象・方法・内容をわかりやすく解説する。「教育」の営みのなかの「社会」的な側面や，「教育と社会」「学校と社会」の関係に着目させて，学校，教育へ社会学的にアプローチする。

データアーカイブSRDQで学ぶ 社会調査の計量分析
──────── 川端　亮編著　B5判　184頁　定価2940円

●ブラウザを使ってアクセスするだけで多様な統計分析の練習ができる。先行研究の事例紹介・解説と，事例のデータを実際に分析することで，様々な統計分析の手法を身につけよう。

質的調査法入門
──────── S.B.メリアム著　堀　薫夫／久保真人／成島美弥訳　四六判　440頁　定価4410円

●教育における調査法とケース・スタディ　欧米で定評のある体系的テキスト。サンプル選択から，データの収集・分析の技法，妥当性・信頼性と倫理の問題，調査結果の報告まで，わかりやすく解説した。

調査研究法ガイドブック
──────── S.B.メリアム・E.L.シンプソン著　堀　薫夫監訳　A5判　292頁　定価3675円

●教育における調査のデザインと実施・報告　好評の『質的調査法入門』（2004）の同じ著者による調査・研究法の入門書。質的調査法のみならず，実験法や哲学的調査法・歴史的調査法なども取り込み，調査の企画・デザインから文献のレビューや論文執筆までの手順をわかりやすく示した。

────ミネルヴァ書房────